原书第 4 版 白金版

产品经理手册

The Product Manager's Handbook, Fourth Edition

[美] 琳达·哥乔斯 (Linda Gorchels) 著

祝亚雄 冯华丽 金骆彬 译

机械工业出版社
CHINA MACHINE PRESS

图书在版编目（CIP）数据

产品经理手册（原书第 4 版）（白金版）/（美）琳达·哥乔斯（Linda Gorchels）著；祝亚雄，冯华丽，金骆彬译．—北京：机械工业出版社，2017.6（2025.9重印）

书名原文：The Product Manager's Handbook

ISBN 978-7-111-57060-8

I. 产… II. ①琳… ②祝… ③冯… ④金… III. 企业管理－产品管理－手册 IV. F273.2-62

中国版本图书馆 CIP 数据核字（2017）第 130944 号

北京市版权局著作权合同登记　图字：01-2013-8263 号。

Linda Gorchels. The Product Manager's Handbook, Fourth Edition.

ISBN 978-0-07-177298-3

Copyright © 2015 by McGraw-Hill Education.

All Rights reserved. No part of this publication may be reproduced or transmitted in any form or by any means, electronic or mechanical, including without limitation photocopying, recording, taping, or any database, information or retrieval system, without the prior written permission of the publisher.

This authorized Chinese translation edition is jointly published by McGraw-Hill Education and China Machine Press. This edition is authorized for sale in the Chinese mainland (excluding Hong Kong SAR, Macao SAR and Taiwan).

Copyright © 2017 by McGraw-Hill Education and China Machine Press.

版权所有。未经出版人事先书面许可，对本出版物的任何部分不得以任何方式或途径复制或传播，包括但不限于复印、录制、录音，或通过任何数据库、信息或可检索的系统。

本授权中文简体字翻译版由麦格劳－希尔教育出版公司和机械工业出版社合作出版。此版本经授权仅限在中国大陆地区（不包括香港、澳门特别行政区及台湾地区）销售。

版权 © 2017 由麦格劳－希尔教育出版公司与机械工业出版社所有。

本书封面贴有 McGraw-Hill Education 公司防伪标签，无标签者不得销售。

产品经理手册（原书第 4 版）（白金版）

出版发行：机械工业出版社（北京市西城区百万庄大街 22 号　邮政编码：100037）

责任编辑：杜若佳　　　　　　　　　　　责任校对：李秋荣

印　　刷：中煤（北京）印务有限公司　　版　　次：2025 年 9 月第 1 版第 18 次印刷

开　　本：170mm×242mm　1/16　　　　印　　张：21.5

书　　号：ISBN 978-7-111-57060-8　　　定　　价：65.00 元

客服电话：(010) 88361066　68326294

版权所有·侵权必究
封底无防伪标均为盗版

| 译 者 序 |

全球化的发展和电子商务的普及,使得生产厂家之间的竞争变得前所未有的激烈。要想在如此激烈的竞争环境中获得更多的优势,企业经营者必须在产品管理方面下足功夫。在当前的社会经济中,产品的设计与生产的复杂性不断增加,产品经理的工作也已经成了决定产品成败的关键。

琳达·哥乔斯在威斯康星大学麦迪逊商学院高管教育系从事教学与研究工作,对产品管理的整个流程有着深刻的见解。她的著作涵盖产品管理与渠道管理等各个方面,她还为诺基亚、西门子等跨国公司提供培训服务。

她的这本《产品经理手册》为我们详细讲解了产品管理的整个流程。在第一部分,作者先解释了一些基本概念,让我们大概地了解产品管理工作,以及领导力和管理能力之间的关系。当然,作为产品经理还必须具备一定的业务能力和信息收集能力,并知道如何开展宏观规划工作。作者把产品管理分为上游和下游两个阶段进行分析。产品管理的上游阶段需要考虑的问题是比较战略性的,产品经理需要具备的知识包括如何形成路线图,如何创新、制订企划方案、监督整个新产品项目,以及如何制定和执行产品发布等工作。下游阶段的产品管理比较微观,主要关注产品生命周期管理、品牌资产管理以及营销策略与产品上市。在介绍了产品管理的整个流程之后,作者也不忘提醒我们,要用全局的视角考虑问题,协调好目标与最后绩效的关系。因此,必要时我们需要对某些过程进行微调。

在本书中,琳达的分析深入浅出,通过大量图表,并结合各种真实生动的案例,向我们讲述了产品管理的方方面面,让我们仿佛亲身体验了产品管理的整个流程。本书每章开头部分的一两个判断题能很好地激发读者思考,引起大家对后面内容的期待;每章的最后还附有对知名产品经理的访谈,使读者可以更加深入地了解产品管理的流程，以及产品经理的成长历程，从而更好地规划自己作为产品经理的职业生涯。

本书在翻译过程中，得到了浙江师范大学经济与管理学院和外国语学院许多同事和学生，以及绍兴文理学院经济与管理学院金骆彬老师的帮助。参与初稿翻译工作的有：祝亚雄（前言，第1、2、3、4、5、8、9章）、冯华丽（第10～14章）和金骆彬（第6、7章）。本书由祝亚雄负责统稿。冯华丽、金骆彬承担了主要的协调工作；浙江师范大学外国语学院翻译系的邵惠君、王娜，经济与管理学院的王怡、郑春芳，金华市湖海塘中学的张永青老师等承担了大量的资料查询和校稿工作。在此一并致以诚挚的谢意。

祝亚雄

于浙江师范大学

前　言

本书是专门为产品经理创作的,目前已出版第 4 版。第 1 版把该领域知识扩展到传统包装消费品之外(厘清了基本概念);第 2、3 版加入了更多基本建议和分析工具。在过去的 15 年间,已有数十位咨询师、培训师、协会会员,以及 2002 年之后的领英网站(LinkedIn)的会员,受益于产品管理知识的增长,并纷纷开始传播其基本原则。他们中的很多人几乎完全专注于某一行业或利基市场。

当前,我们又一次需要对该领域的知识进行更新——从填补空白式、按部就班式的流程化产品管理,升级为更加便于执行的战略性思考能力(是的,这里仍会有很多模板和各种建议,但更着重于分析为什么这些模板很重要)。对于书中所做的改动,列举如下:

- 与内容框架所体现的一样,本书按上游和下游产品管理职责来组织内容。因此,我们对新产品开发(从产品经理而不是研发部门的视角)和产品生命周期管理两方面进行了更为深入的讨论。
- 本书是与客户合作完成的成果。每章后的访谈都由产品经理,或者由监督其工作或与其合作的高管完成。我们还附有现任产品经理所撰写的企业案例,描述了各种原则运用的具体问题。他们中的多数人对前几个版本中的概念进行了修整和扩展。
- 在每章结尾处,我们不再随意列举一个条目清单,而是提出了一个综合整章内容、高水平且引人思考的话题。产品经理的经验越丰富,所提出的问题就会越深奥、越复杂。

整本书中,有好几处介绍了一些包含各种视频信息或其他解释材料的网站，就我们所探讨的问题为读者提供更为深入的信息。这些外部资料，有的非常发人深省、让人大开眼界或者令人感到奇特，它们将伴随你的职业成长，帮助你构建自己的学习"包"。几十年来，我与成千上万名产品经理合作过，我最大的贡献是，能够把大家引到我自己力所不能及的各种资源中去，而这也是我在这个版本中所力求实现的目标。如果你有值得与产品经理分享的其他知识资源，请一定与我联系，我的电子邮箱是：lgorchels@exed.wisc.edu。请好好享受阅读吧！

致 谢

本书是基于很多其他资源的合作产品。我尤其想对如下人员表示感谢。

首先,我要感谢的是对我的访谈问题做出让人深思的回答(这些答案收录在每章的结尾部分)的各位,他们是:

- 马克·罗思韦尔(Mark Rothwell),迪恩诊疗机构(Dean Clinic)营销沟通副总裁
- 斯科特·戴维斯(Scott Davis),先知公司(Prophet)首席成长官
- 道格·沃恩(Doug Vaughan),英格索兰公司财务副总裁
- 葆拉·格雷(Paula Gray),国际产品营销与产品管理协会(AIPMM)常驻人类学家
- 布拉德·罗杰斯(Brad Rogers),美国教师退休基金会企业整合和流程优化经理
- 戴夫·弗兰契诺(Dave Franchino),设计概念公司总裁
- 凯文·布思(Kevin Booth),海因斯集团总裁
- 劳拉·法纳姆(Laura Farnham),江森自控副总裁
- 埃莉丝·凯(Elyse Kaye),(百得公司)家用医疗设备公司高级产品经理
- 格雷格·迪西罗(Greg DiCillo),生命周期战略公司总裁
- 杰夫·米库拉(Jeff Mikula),屹龙公司全球品牌与营销沟通副总裁
- 加布里埃拉·萨尔达尼亚·布林克(Gabriela Saldanha Brink),普洛麦格公司全球产品经理
- 马克·菲利普斯(Mark Phillips),通用电气医疗集团亚太区首席营销官

- 斯坦·科帕克（Stan Kopec），加拿大北方电信公司知识产权组合经理
- 约翰·卢茨兹克（John Luszczek），加拿大北方电信公司移动卫星服务业务部总经理

其次，我要感谢的是通过企业案例形式与我们分享成功故事的产品经理，他们是：

- 格洛丽亚·格林（Gloria Green），春季橱窗时尚公司精益化营销高级经理
- 丹·罗奇（Dan Roche），百力通公司市场营销经理
- 韦德·惠特莫斯（Wade Whitmus），信合集团产品开发经理

再次，我要对以下两位"建议专栏作家"的贡献表示感谢，他们是：

- 马克·菲利普斯（Mark Phillips），通用电气医疗集团亚太区首席营销官
- 理查德·盖斯特兰德（Richard Gesteland），全球管理有限公司总裁

最后，我要感谢诺克斯·休斯敦（Knox Huston）、罗恩·马蒂拉诺（Ron Martirano）和麦格劳-希尔集团的团队对于创作这部最终作品所提供的帮助。

| 目 录 |

译者序
前　言
致　谢

第一部分　基本概念

第1章　产品经理工作的多面特性及其运作　/　2
第2章　领导力与管理能力　/　12
第3章　业务能力　/　31
第4章　情报收集　/　50
第5章　产品企划框架　/　91

第二部分　上游产品管理：战略新产品与创新行动

第6章　路线图、创新和模糊前沿　/　128
第7章　制订企划方案并获得批准　/　153
第8章　监督新产品计划　/　172
第9章　制订和实施产品发布方案　/　190

第三部分　下游产品管理：持续的生命周期管理及发展

第10章　生命周期管理　/　220
第11章　品牌资产管理　/　249

第 12 章　营销策略与产品上市　/　268

第四部分　微调

第 13 章　构建全球化思维模式　/　290
第 14 章　实现目标与绩效的协同　/　308

注释　/　326

第一部分
基本概念

第1章

产品经理工作的
多面特性及其运作

请判断对错：产品经理的工作是入门级岗位。

错。事实远非如此简单。一般而言，产品经理完整的职责不是什么入门级的岗位。承担全面职责的产品经理，多数在任职前拥有多个领域的工作经验。有些企业设置了产品经理助理或产品营销经理等岗位，这些岗位几乎是为刚入行的人员设立的。任职者在这些岗位获得足够的经验后，便可升任至专职或高级职位。本书所说的产品经理是指高级产品经理（换言之，有些人会升任至如图 1-1 所示的戏谑式招聘广告中所描述的急聘职位）。

你的工作独一无二

从包装消费品（如食品杂货和零售商品）到工业品（如成套设备和零部件），再到服务产品（如卫生保健和金融服务），各行各业都需要产品经理。有些产品经理出身于专业的 MBA（工商管理硕士）项目（如美国威斯康星大学麦迪逊分校商学院"品牌与产品经理中心"的 MBA 项目），不过多数产品经理转行自其他领域，如工程、护理、计算机编程

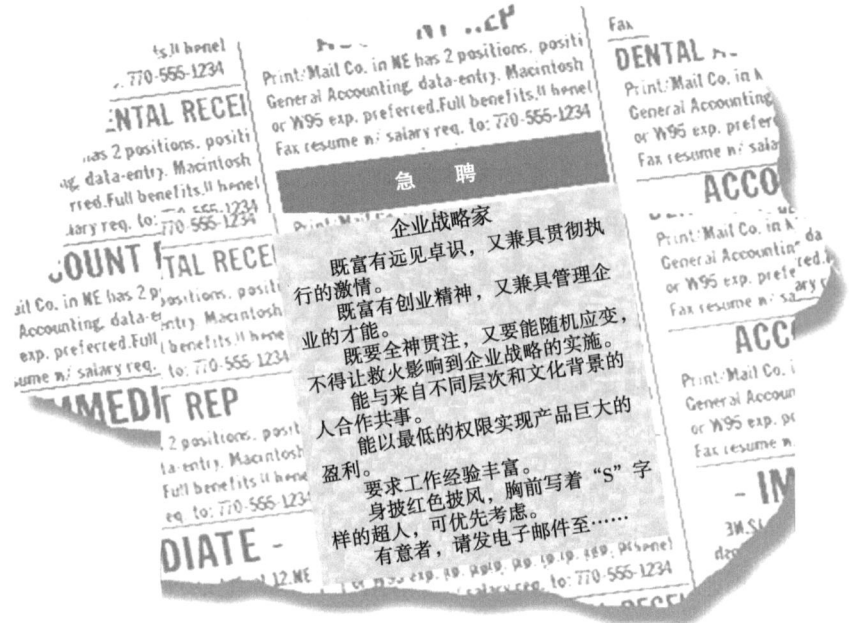

图 1-1 戏谑式招聘广告

之类的岗位。这些来自不同领域的产品经理的工作,既有相似的地方,也有不同之处,且他们彼此可以相互学习。

过去 20 年间,我与成百上千名产品经理共事过,发现了他们的许多共同疑问。下面我简单列举了几个典型问题,并做了扼要的回答。

- B2B(企业对企业)产品经理与 B2C(企业对个人)产品经理之间有什么不同?企业产品通常比消费品更加复杂。产品和购买流程越复杂,产品经理就越可能需要具备更多的相关技术背景。另外,产品的上市战略也可能不一样,但无论如何,这两类产品经理首先都需要了解他们的目标客户。
- 产品经理不都是产品设计人员吗?有些公司把产品管理作为专注于产品开发的上游活动,而不是专注于营销和产品生命周期管理的下游活动。不过,绝大多数产品经理同时负有上游和下游的管理职责。
- "典型"的产品经理需要管理多少产品?这个问题没有标准答案。我曾与多名成功的产品经理共事,他们当中有些只负责一件复杂产品,有些则需要负责几百件甚至上千件同类产品的工作。
- 产品经理是如何开展工作的？绝大多数产品经理在矩阵式组织中履行其职责，即必须通过他人来实现自己的目标并实施战略。这就要求他们拥有高效的沟通以及影响他人的能力。
- 产品经理在组织中处于什么位置？显然，产品经理需要向工程部门、产品开发部门或生产部门报告工作，但多数人只向营销部门报告工作。

产品经理的工作是监督产品线或服务线的方方面面，以创造和提供良好的顾客满意度，同时为公司带来长期价值。请注意这句话所表达的重要含义。首先，产品经理监管产品，他们需要通过他人来实现自己的目标；其次，他们的根本目标是实现顾客满意，而不只是提供一个产品或一组功能。虽然工程师和设计人员可能更加清楚是不是能够生产出某种产品，但产品经理应更具市场洞察力，他们应更知道是不是应该生产某种产品。最后，产品经理必须实现盈利。成功的产品经理需要具备从财务知识到市场预测，再到合理定价以及运作有效性等方面切实的商业感觉。

产品管理工作也适用于服务

作为一种组织形态，产品管理工作早就进入了诸如金融机构和医院之类的服务型公司。很多大型银行为信用卡、储蓄、信托业务以及商业现金管理等服务设立了产品经理。财产和意外保险公司为诸如汽车险和商业保险等多种产品线配备了产品经理。事实上，领英网站在刚创建时，其保险产品经理小组就已拥有1200名员工。

有些医院也因为引入产品管理体系取得了成功。《卫生保健营销期刊》（*Journal of Health Care Marketing*）刊载过一篇研究论文。该文指出，实行产品线管理的医院比不实行该做法的医院，几乎在床位使用率、每床总收入、平均资金利润率、资产收益率等所有绩效指标方面都表现得更为出色。[1]随着竞争的加剧和病床规模的增大，执行产品线管理的医院数量也增加了，这一点不足为奇。其他卫生保健研究发现，在医院，产品线管理带来诸多好处，增强了人员的责任感，减少了重复服务，并使服务更具市场导向；其局限性在于可能会增加成本（因为这样做并没有完全消除根据职能部门分工开展管理的方式），并且增加了对更为及时和准确的数据的需求。虽然这项研究是几年前开展的，但产品管理目前仍在该行业盛行。

值得注意的是，尽管对服务而言，产品经理的工作仍然是实施监督，努力提升客户满意度，竭力打造公司的长期价值，但服务管理和实物产品管理存在一些差异。服务要比实物产品更难以触及，要"证明"它的质量和优异性更为困难。因此，服务业产品经理的一部分职责便是管理品质的证据。客户会借助各种支持服务（如客户服务）、体验、信任以及其他微妙的"线索"，形成自己对该服务的认识。通常，在这些方面，实物产品如此，服务更是如此，产品经理必须极尽所能地管理好这些品质线索。

企业家的思维习惯

能够像企业家那样思考问题的产品经理认为，企业家都把自己看成自己的产品和成就的所有者，他们为企业付出"心血、汗水和眼泪"。因此，产品经理像企业家（也许用"内部企业家"这个词更合适）那样思考很重要。

具体说来，人们可能认为，企业家和产品经理不一样，他们对事务拥有更多的控制权，可事实正好相反。很少有哪个企业家所拥有的个人财富可让他轻而易举地采购各种原材料、调整企业经营并且随意雇用劳动力；多数企业家只是对自己所热衷的产品或服务拥有一个愿景。为了实现这一愿景，他们必须寻求各种资源。他们必须制订商业计划书，以获得风险投资家或银行的投资。这和产品经理为开发新产品制订企划方案时所面临的各种问题没什么两样。企划方案本质上是吸引公司投入时间和对各种资源的提议。事实上，有些公司希望产品经理像对待天使投资人那样对待管理团队，让公司相信，他们提出的产品概念未来会很有价值。

有了资金保障之后，企业家就要寻求原材料或选定合作生产商。为实现所设想产品或服务的设计、完善以及商品化，他们必须与自己无法直接控制的第三方谨慎合作。同样，产品经理要实现自己的目标，也必须不断地与他们没有直接管理权限的其他组织部门合作，他们必须运用各种说服技能及外交手段来推动业务的发展。

企业家经常需要和独立销售代表或渠道商合作，以打入预期市场。为了帮助这些团队更有效地工作，企业家不仅必须提供相关产品的知识，还必须表明他们很了解目标市场，并清楚说明进入该市场的最佳方式。产品经理在培训和激励销售团队时，所面对的挑战与此类似。为推动销售的进展，产品经理需要对销售人员的各种需求感同身受。

企业家的商业计划和产品经理的企划方案的共通之处是，客户的需求必须非常明确。卓越的企业家和产品经理都清楚客户的情况，即客户的需要、情感以及驱动他们购买的因素。他们不是只考虑产品特性或各种好处，而是要考虑这些特性或好处如何比竞争对手的产品更能帮助客户实现自己的目标，以及销售这些产品需要做些什么。他们的营销能力很强，拥有以客户为中心的能力。

企业家都有影响他人思考方式的特点，他们具有爱冒险、有激情、专注、了解产品和消费者并能容忍失败的品质。有能力的产品经理同样拥有这些影响他们思考和决策过程的特征（或这些特征中的某些要素）。

我们更深入地做个类比。成功的企业家能够创办成功的企业（捎带说一句，连续创业的企业家往往能创办多家企业。我所说的重点不是连续创业，而是他们专注于单一的经济尝试行为）。伴随着公司的成长，他们的激情、关注点、与产品和消费者的联系会逐渐分散，这时就是产品经理应该介入的时候。产品经理在自己的职责范围内能够恢复激情、集中注意力，并加强与产品和消费者的联系，他们事实上延续了原创企业家的角色（和精神）。

产品经理的工作：从上游到下游产品管理

产品管理的职责有着两个相互联系又根本不同的类别：上游职责和下游职责。上游职责是处理产品路线图和开发新产品战略。这通常包括识别重要的组合需求，然后提供从新产品开发一直到产品发布整个过程的营销领导力。下游职责是对产品生命周期的持续管理。有些医疗设备和诊断器械制造商（尤其如此）会分别雇用不同的人员来承担这两种职责。例如，通用电气医疗集团就设有上游产品经理，负责全球产品战略与发布工作；还设有下游产品经理，负责营销和产品发布，以及之后实现产品销售利润所必需的销售支持工作。有时候，下游产品经理负责产品在不同国家的营销工作。贝克曼库尔特公司（Beckman Coulter）也设置了类似的不同职位，但分别称之为战略产品经理和战术产品经理。

不同行业对上游和下游职责的区分并不完全一致。有些公司，特别是高科技领域公司，上游职责在商品化前终结，下游产品经理在产品发布时全盘接手。有些公司在新产品项目实施时（从研发转向积极的开发时），就从上游职责开始转至下游。每个公司所实施的"最佳实践"取决于其在特定环境下是否最为有效。漫长的开发周期、繁重的日常监管、定型前的冗长检验可能表明，把产品管理的职责从上游转移至下游的一个合适环境。可是，我所合作过的绝大多数公司希望产品经理能够身兼两职，同时负责上游和下游的工作。

在本书中，我所讨论的产品经理的职责同时兼顾上游和下游两个部分。图1-2中的框架很好地兼容了两个部分的内容。

本书第一部分探讨产品经理所应具备的基本技能。其中，第2～5章概述了框架下部所列出的各种能力。接下来两个部分专门论述产品流程与相应的职责。其中，第二部分分析了战略性的新产品和创新方案的上游活动；第三部分探讨了有关产品生命周期维护与开发的下游产品管理活动。第四部分讨论了全球化和组织结构这两个专门问题。

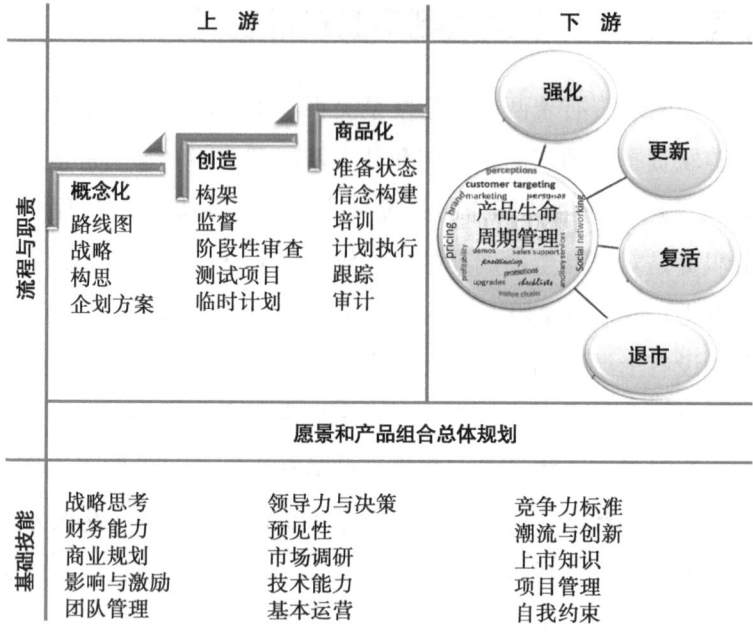

图 1-2　产品管理框架

资料来源：© Linda Gorchels.

本章思考

像企业家那样思考问题，成为产品线的创新灵魂。

马克·罗思韦尔访谈：品牌管理的多面性

马克·罗思韦尔（Mark Rothwell）
迪恩诊疗机构（Dean Clinic）
营销沟通和社区伙伴关系副总裁
威斯康星州麦迪逊市

马克，你最早是在包装消费品公司从事品牌管理，后来又转入零售业和服务业。你能不能说一说，在这一系列的转变过程中，你所碰到的不同的品牌管理"思想"。

很幸运，我曾供职于一些世界顶级的品牌管理公司（从可口可乐到米勒啤酒公司，再到一些著名的鞋类企业）。从这些企业中，我学到了一系列重要管理哲学。它们之间的主要区别是，对品牌管理艺术的认同以及在创建、保持和强化伟大品牌形象上的投入不同。

从一个行业跳到另一行业的过程中，不断有人问我这个问题："你是不是觉得在某行业没有任何经验其实就是你的优势？"我的回答非常简单，并且一直是相同的："不是。"

不论是传统公司，还是其产品组合中提供耐用商品、纺织品或各类服务的新生活方式的倡导型公司，有些方法是任何行业中最成功企业一致信奉的。下面是我通过头脑风暴所得出的管理思想：

- 消费者，消费者，还是消费者（或者在B2B中，客户，客户，还是客户）。内心装有自己的目标受众并了解自身差异的组织，在影响消费者思想和内心方面将具有长期优势。
- 让目标受众容易记住自己。市场中赢得消费者的品牌，不仅要坚持兑现品牌的承诺，而且它们做的永远比承诺的多，这样就能让消费者记住它们。
- 永不满足，永葆好奇。获胜者总会勇于尝试新的东西，会在精心权衡后承担一定的风险，并能从错误中及时吸取教训。犯错误时，他们会自己承担责任，并始终会为消费者着想，努力纠正自己所犯的错误。
- 诚信制胜。我们都在追求完美，在我们最终无法实现完美结局时，我们的品牌和公司需要认错、致歉或者承诺纠正所犯错误。
- 从不愉快的经历中发现品牌支持者。很多研究表明，在品牌确实出错时，勇于直面错误并积极寻求解决方案的品牌，会培养出一个稳定的、支持该品牌的群体。

○ 成败在于一念之间。在当今技术时代，消费者说了算。因此，根据消费者各自的要求与他们建立积极的关系，就是你的职责。如果不能有效地完成这项任务，你的品牌会在点击鼠标之间顷刻消失。

越来越多的卫生保健组织在组建不同的产品或品牌管理机构。请问，你在这个行业有什么经验？

浏览一下各种品牌资产价值最高的顶级品牌目录，卫生保健类组织根本没有几个。一些有远见的卫生保健组织正向行业之外寻求帮助，来创建并维持自己的品牌优势。成功的品牌结构需要组织自上而下的承诺，而后需要雇用大量有着品牌意识的人员来实施这个战略。这些人应严于律己、充满好奇、坚韧不拔，只有这样才能确保品牌的成功。但在多数情况下，我们需要做的只是简单地实施正式的品牌管理方法。当你用各种数据和见解去说服聪明的消费者，让他们喜欢上你的品牌时，你最终兑现了此哲学理念。许多传统品牌的领导者纷纷进入卫生保健领域，不是因为它具有开发特殊产品的机会，而更多地是为了实现他们内心的利他动机，"做好了，你就是在帮助他人"。卫生保健产业对致力于提供不同寻常的体验并寻求改变游戏规则的组织来说，是个成熟的行业。"第一个吃螃蟹者"能够创建巨大的品牌优势，让患者舍不得离开，很多人也会心甘情愿地接受这一品牌。卫生保健事关人们的生活品质，能极大改善消费者生活质量的品牌将会真正改变游戏规则。

B2C 品牌经理和 B2B 产品经理的工作并不完全一样，你觉得他们之间有什么异同？

我们先讲这两者之间的相似之处。首先，品牌经理和产品经理都应深入了解自己的目标人群，并与各自的目标人群建立紧密的联系。不论是 B2C 还是 B2B 行业，对客户的了解都非常重要，这可让我们比竞争对手更有效并且连续地满足客户的需要。其次，要创作一个差异化的故事，让你的目标人群明白，为什么你的品牌是满足他们需要的最佳选择，这一点十分重要。

为此，我们需要不断地监控并预测目标客户的需要。最后，我们必须坚持履行自己的品牌承诺。这就意味着，如果犯了错误，我们就要勇于承认并积极改正错误。

接下来，我们看看他们之间的不同之处。两者之间不同的资源配置，造就了不同的客户关系类型。在 B2C 企业中，资源主要用于营销研究和与消费者的沟通上。对于消费者，营销起主导作用；对于渠道，销售有着非常重要的辅助作用。在 B2B 企业中，产品管理、销售、工程设计和支持系统必须通力协作，才能形成应对复杂问题的解决方案，同时有必要关注多个层次的购买决策人员的情况。这导致了另外一个差异，即技术知识和品牌知识之间的差异。在 B2B 企业中，品牌知识和方法专注于技术方面的满足，或者说更多地针对人的理性（head）；在 B2C 企业中，品牌知识关注情感上的满足，或者说更多地针对人的心理（heart）。

这么看来，企业产品经理、消费品产品经理和服务业产品经理都必须了解品牌知识。那么，对此你有什么建议？

品牌知识来自对终端客户和消费者的持续关注，了解他们想要什么，了解与竞争对手的产品相比，自己的品牌如何才能更好地服务客户。在当今技术时代，为了确保通过合适的媒介将适当的信息在适当时间传递给合适的目标人群，市场细分的作用就显得更为重要。想要持续获得好的结果，这一点非常重要。

我在进行品牌管理工作时，心里总会想：这是我的品牌，我一定要让它的知名度比我接手前更高，为后来的管理团队留下一个更健康的品牌。

可是较之以前，现在的购买者更为挑剔，他们能够获得更多信息，也能更广泛地分享自己对产品的感受。成功的品牌经理就应该是消费者或客户生活的积极参与者，能预测到客户的想法，并积极提供自己经过深思熟虑而得出的解决方案。这样，他就能够创建与消费者之间的特殊纽带，迅速获得品牌明星的地位。

第 2 章

领导力与管理能力

请判断对错：领导是先天造就的，而不是后天培养的。

错。2006 年，沃伦·本尼斯曾说过："我们最危险的观点莫过于认为领导是天生的，是由基因决定的，认为有些人拥有与生俱来的领导品质。这简直是胡说八道。其实，领导不是天生的，而是后天培养的。"的确，有人比其他人具有更多的内在领导品质，但这些特质是可以深化培养的。那些比较欠缺内在领导品质的人，则可以通过掌握一些基本要素，提高自己的领导能力。但有趣的是，尽管领导能力是可以学会的，却不是可以由别人教会的。诚然，技巧和能力可以由别人教会，但实际领导能力的发展则来自后天的经验积累和长期的实践，没有捷径可循。

作为领导者的产品经理

与我合作的许多公司坚定地认为，产品经理就应该是领导，可如果产品经理是领导的话，为什么我们不称他们为产品领导呢？事实上，有些公司的确是这么称呼的，有时候还把他们称为产品所有者或产品总经理。可是，领导和管理因具体情形不同而有所差异，产品经理需要同时运用两种技能，他们需要管理产品或产品线，需要带领同行和跨部门团队实现产品愿景。好的产品经理会同时实施战略并运用策略，同时实施领导与管理职能（绝对没人认为这件工作很简单！）。因此，我们先看看领导和管理的不同方面，请记住，没有谁天生就比别人更好。

约翰·科特（John Kotter）对两者的定义往往被过于简单地表述为：管理解决复杂问题，而领导则是应对变化。经理通过巧妙地利用各种资源来实现可预见的目标，从而获得价值。他们往往关注的是处理日常事务；而领导则往往是通过影响其他人来指导某项行动，并将其引导到不断变化的未来之中。他们必须能激励并鼓舞他人，并且这通常是在富有挑战的环境中进行的。有时候，最重要的问题是作决策（领导层面），而其他时候则是实施所作决定（管理层面）。实际上，领导与管理之间的界限的确是模糊不清的。

有些专家把领导分为两种类型：变革型领导和交易型领导。照相机公司（如柯达公司）在面对其主营业务模式从传统照相产品向数字照相产品转变时，就需要变革型领导；相反，如果变动只需要对产品作适当的改进，变化强度不是很大，则更需要交易型领导。多数产品经理需要先"演练"交易型领导技能，然后才能做变革型领导。

公司聘请产品经理来充当"变革代理人"时，往往希望这些人是变革型领导，当然有些则希望要交易型领导，但多数时候公司只是希望产品经理能让公司发展壮大。

那么，产品经理怎样才能成为领导呢？人们看待领导，往往是看他们如何对直属下级提供指导。人们希望他们能为直属下级消除各种障碍并提供资源，但多数产品经理并没有（或只有很少几个）直属下级；相反，他们必须不断进步，以实现产品的愿景。从产品管理的视角看，领导要求能够预见市场需求、分析情报、做出决策，并能通过他人执行计划。领导是通过信任、影响力以及逻辑说服能力而不是正式权威来进行的，这有点像即兴发挥。

决策建议

包括产品经理在内，多数人并未接受过制定决策方面的培训。因此，他们可能会通过各种"最佳实践"来替代制定决策。可不幸的是,"最佳实践"并不一定就能教会人们思考。事实上,这些"最佳实践"做法往往会让人们在可能有更好的选择时,却采用了勉强可行的方案。放弃这些显然可用的方案,转而探索其他的方案,则需要付出相当的努力。我建议产品经理在探讨产品的前景时,除了运用"最佳实践"外,还要多多寻求更好的实践做法。否则,往往会让人产生自满情绪,这样做有时足以致命(或者至少不会带来最佳结果)。

接下来,让我们对整个决策过程稍加分析。它通常包括(见图2-1):(1)确定和框定需要决策的事项、目标或问题;(2)收集适当的资料;(3)找出各种可能的解决方案;(4)对可能方案进行评估;(5)选择一个可接受的方案;(6)实施所选择的方案;(7)对实施方案的结果进行评估。产品经理的决策方法对整个过程的其余步骤具有重大的影响。例如,假设某位产品经理正因为产品利润率低于预期而考虑提高价格。如果把决策问题框定为是不是需要涨价,所获得的信息很可能与把决策问题定位于怎样才能提高产品利润率时完全不一样。因此,如何做出决策,需要认真思考。

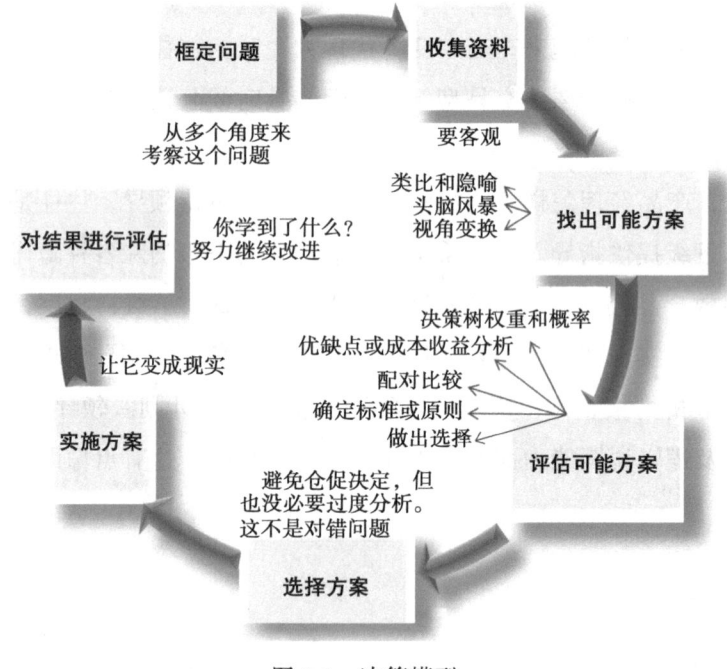

图2-1 决策模型

明确了决策问题之后，就需要收集并分析各种信息。我们将在后面两章中讨论如何收集各种类型的情报并对其进行评估，这里先略过不谈。现在讨论如何运用信息来获得可能的解决方案。实施这一步骤时，我们一定要放开心态，不带任何偏见。不能把任务仅仅限定于提供一个方案假设（需要你尽力用数据来证明），而是要打开思路，考虑更多潜在的、新颖的解决方案。我们常常会在收集到充分数据之前就给出问题的答案，其后才用各种数据来证明决策的正确无误。这样做有时可行，但不应成为解决问题的标准流程。

获得几个可能的方案后，我们必须对其进行评估。不同情况需要运用不同的评估方法。有时候，列出每个可能方案的优缺点，就能给我们提供足够的认识。在此过程中，我们要关注执行问题，留意可能不希望产生的结果。如果通过不同渠道进入一个新市场，会对与现有渠道伙伴之间的关系造成什么样的影响呢？评估可能方案的另一种方法就是，只列出优先选项，包括它们的权重以及成功的概率。此时，运用第 5 章要讨论的过程图和其他规划工具会比较有用。用这些工具并不会让我们在两个同样有吸引力的备选方案之间的选择变得更加容易，因为我们必须放弃其中之一。不过，认真评估这些问题有助于提前做好准备，当我们最终把方案推销给他人时，便可应对可能遇到的问题。

不论你怎么评估可能的方案，都必须选择其中一个，你必须决定选择哪一个。记住，你是从几个方案中作选择，而不是判断孰"对"孰"错"。很多时候，执行一项决定要比做出一项"正确"的决定更加重要。这时候，掷骰子式决策和深入分析之后的决策可能同样合适。需要将决策速度与后果的"永久性"结合考虑，如果决定可以轻松改变，就可以快速决定，但如果决定是永久性的话，这样做的风险就大了。如果决定的结果会影响到他人，或需要他人来执行决定时，则要把他们邀请到决策过程中来，你需要他们的介入。这就意味着，你需要与不同的利益相关方建立相互尊重的关系，我们会在以后的章节中再作讨论。

最后，你不仅需要作决定，还必须执行决定。就像木工工具箱里的工具不会自己建造楼房一样，决策工具也不可能凭其自身就能带来最终结果，而必须由产品经理来采取行动。决策实施后，必须对它进行评估，弄明白今后应如何改进。要记住，在所有决策过程中，情绪因素自始至终都会起作用（有时候会起重要作用）。产品经理应该努力了解自己与决策有关的情绪，当然也要了解其他利益相关方的情绪。

有效矩阵结构与跨部门团队

规划只是产品经理工作的开端，它要一直延续到执行阶段。对产品经理来说，这意味着大部分工作需要由那些不直接向他报告工作的人来执行。

要成为变化代理人或跨部门领导，产品经理必须与很多利益相关方建立相互尊重的关系。从定义上看，产品经理是个通才，他必须依赖很多其他专家来完成把产品或服务呈现给客户的任务。这些专家可能是公司内部成员，也可能从公司外面聘请。有了内部支持团队（如广告和营销调研团队），产品经理在这些方面也可以不需要那么精通，转而更多关注产品的成功问题。不过，掌控外部人员要比掌控内部团队更费力，这是因为他们无法直接对外部人员发号施令。因此，最好一开始就列出需要打交道的职能部门。制作一个表格，列出需要从他们那儿获得的帮助，以及你认为他们要从你这儿获得的帮助。和同事分享你所列的这些期望，可以让这些期望事项得以有效实现。他们和你的想法是不是一致？理解并妥善处理这些期望，有助于建立彼此之间的信任关系。

利益相关方

我们现在来讨论组织内部的典型关系。图2-2是对产品经理所做的一项专门调查，让他们按五个等级评出自己与各种职能部门的接触强度，数字1表示根本没有接触，数字5表示接触非常频繁。结果，产品经理接触最为频繁的职能部门是销售部、研发部和客户部。产品经理与每个职能部门接触强度的平均值列示在图2-2的中间一栏。

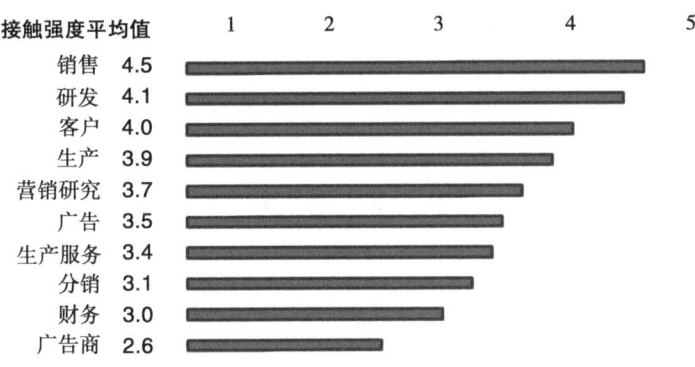

图 2-2 产品经理与特定组织部门之间的接触强度

根据具体公司和情形的不同,产品经理开展的跨部门互动作用也不完全相同。对于现场销售部门,他们的回答来自现场问题,他们协助回复需要回答的销售问题,提供产品信息以简化销售流程,对新产品销售提出各种激励建议,或者制作资料和其他客户读本,帮助销售活动的开展。他们还可能和分销商或代理商合作,对可供选择的渠道提出建议,或者加速发货。图 2-3 展现了产品经理经常联系的部门。深色框的部门表明互动频率最高,但这些部门的人员可能会认为产品经理"有求必应",这就要求产品经理仔细分配自己的时间。下面的讨论可以帮助产品经理制定自己的"相互期望"表。

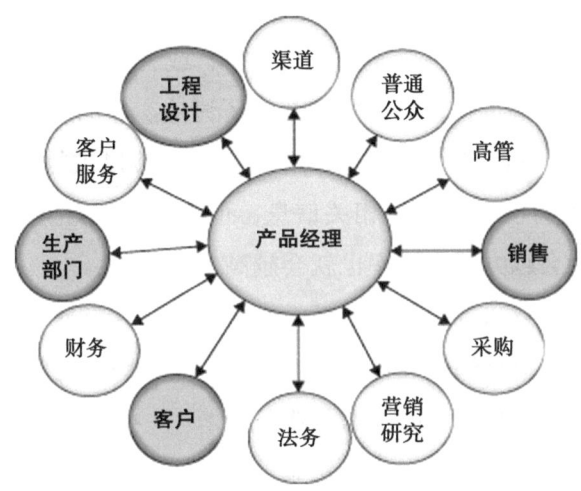

图 2-3 产品管理:首要角色的影响

销售

产品经理的角色至关重要,他们要帮助销售人员实现公司的销售目标(不用说销售人员个人的目标)。两者之间的关系根据组织文化和产品经理自身理念的差异而有所不同。有些产品经理被看作销售支持人员,有些则被看作与市场脱节的产品开发人员,还有一些会被认为是产品专家。不论如何看待他们,产品经理都应能抵制住诱惑,不依仗公司总部的权威来"强迫"销售部门与之配合,因为这种"强迫"对合作关系中所需要的相互信任与尊重极具破坏力。

销售预测通常是产品经理的工作职责,但如果没有来自销售部门的信息,这项工作往往是做不好的。所以,一定要请销售人员整体预测其职责范围内的销售情况(或其顾客数量或产品销量)。如果这些信息是按不同目录分类的,请他们尽量对实现销售目标的可能性一并进行预测。预测信息通常要提供给不同国家或地区的销售经理,经过他们的校对之后,再送至各营销部门。产品经理要与这些部门通力合作,针对某一产品线,预测出真实的销售情况。

与销售人员的沟通

产品经理每天都需要花大量时间与销售人员沟通,共同探讨销售前景。有时候沟通只是为了讨论是否需要调整价格,或者某些特殊交易是否需要产品管理部门的许可或授权,有时候则是为了讨论产品品质。产品手册(在第5章会讨论)中所列的条目越清晰,产品经理能够提供的答案也就越有效。即使销售人员先前已经收到过相关信息,但如果产品经理能够现场提供的话,沟通起来就会越方便,效率也就会越高。

当然,这并不意味着产品经理就没必要给销售人员提供书面信息了。销售人员应该比客户更早知晓任何关于产品或营销策略变化的信息,因为这些信息会影响他们与客户之间的关系和业务洽谈。

很多公司要求产品经理安排一定量的时间(如25%～30%的工作时间)会见客户,有些会面是通过销售人员的上门拜访实现的。销售拜访活动让产品经理有更多机会了解客户,有时能帮助实现销售任务。但在拜访客户之前,每个人都要清楚地知道,产品经理究竟应该发挥怎样的作用。

多数此类日常工作并不会出现在产品和营销计划上,尽管它们可能是年度业绩目标的一部分(如现场工作时间)。产品经理工作计划中的事项应包括差旅开支预算、各项激励方案(为了刺激尚未实现销售目标的产品的销售,或者为了推出新产品),或者销售区域重新划分或销售力量调整方面所实施的任何活动。

销售培训

销售培训包括多项内容:销售技巧、公司数据、产品知识以及市场与竞争对手情报。有效的培训是新产品发布成功的重要因素。尽管传授销售技巧本身并不是产品经理的典型职责,但任何产品培训的执行都应符合公司关于产品销售流程的整体框架。

首先要考虑清楚,销售人员计划拜访客户应准备哪些具体信息。他们需要知道谁最有可能购买产品。产品经理不应只对主要和次要目标市场进行描述,而应清楚了解最有可能的客户,如有可能或合适的话,直接推荐具体的客户。要把非客户培养成新客户,销售人员就应该清楚产品的用途、使用方法以及功能。例如,销售平板显示器的公司就可以让销售人员将产品直接对准对显示器图像清晰度要求极高的具体行业的工程师。

产品经理和销售人员都应该能够区分关键客户、目标客户以及维护客户(自然也包括"不值得费心的客户")。关键客户是指那些贡献了约20%总利润的客户;目标客户指的是竞争对手的关键客户,或是新产品或服务的潜在用户;维护客户则包括现有小众客户,以及未来有可能具有战略意义的客户。

接下来,产品经理要明确销售人员需要从客户那里获取哪些信息才能确定他们的真实需求。销售人员需要了解客户的真实要求,确定对其销售是否合适。客户的满意来自产品的实际功用与消费者需求的完美匹配。如果销售人员"成功地"向错误的客户销售了产品,或卖出了错误的实用功能,那么所产生的收益都是临时的。因此,产品经理必须提供客户友好型问题,让销售人员能在交易达成之前评估交易是否合适。

产品经理需要清楚的问题还包括：预期客户会如何使用产品所提供的功能，他们对产品缺陷的容忍度怎样，他们当前以及未来希望实现的功用有哪些，等等。这些问题不是简单地触发预期客户的购买行为，而是明确预期客户是否真正需要这一产品（据此筛除不适合的客户）。例如，负责向大学老师出售大学教材的产品经理就需要提出各种问题，了解教学理念、老师的严格程度，以及教职员工对于内容的偏好程度；销售平板显示器的产品经理可能需要确定这种显示器是在户外阳光下使用还是在办公室内灯光下使用，是主要用于显示文本还是图片，需要的是简单软件还是大型软件。

最后，产品经理得确定需要用什么样的支持和材料来帮助销售人员取得更大成功。产品经理应与销售人员紧密合作，确保营销信息对于主要受众而言的确非常重要。

运营与研发

无论负责的是服务类产品还是制造类产品，产品经理都需要依赖运营才能做到在合适的时机提供合适的产品，并且在合适的时间将其送到消费者手中。不论"运营"是指承销、信贷管理、生产，还是物流，运营部门和产品管理部门的紧密合作对于新产品开发和战略决策都非常重要。

| 新产品开发

产品经理与运营部门最明显的互动也许发生在新产品的开发阶段。研发部门需要评估技术可行性，生产部门需要评估未来的生产效率和生产能力，采购部门则需要考虑是自己生产还是向外采购，所有这些都需要全局考虑。产品经理要代表客户发出声音，需平衡企业投资回报率、客户满意度和生产成本之间的关系，在品质和客户服务方面需要建立双方都能接受的标准，让生产和营销战略彼此互补而不是相互冲突。

| 战略互动

产品经理除了参加新产品项目讨论会之外，可能还需要参加运营部门的战略会议。在会议上，产品经理要对市场上发生的实际问题或者竞争对手的动态进行说明，这些东西可能激发大家对新产品的思考，并集中讨论未来的产能需求。此时，产品经理也就有机会得知哪些技术正在寻找市场，这会激励他们思考，探索如何才能以市场可以接受的方式把新技术整合到现有产品或计划中的产品上去。福特汽车刚开发出前碟制动技术时，因为这项技术不可避免地会引起价格变动，曾对该项技术的应用犹豫不决。最后，福特公司决定将其作为高端配置应用于高端车型，等到可以批量生产，使价格降低之后，再应用到普通车型上。

产品经理必须始终保持与运营部门的合作，才能改进和提升产品线。这要求产品经理至少对工人因为失误而导致材料报废（在生产环节中）、建立生产线所需时间以及其他运营绩效测量方法等有基本了解。在保险领域，产品经理可能需要了解基本的承销原则；在金融服务领域，产品经理则需要了解贷款的二级市场以及各种财务比率。

产品经理也要经常和运营部门共同参与成本降低项目。因为人们希望产品经理提供各种来自市场的观点，所以他们就必须关注各种能够降低成本而又不损害产品预期价值的办法。削减成本不可能一挥而就。也就是说，必须注意，节省成本不应是临时性的，不能让未来成本上升成为必然。

产品经理需要参与的其他运营活动包括：

- 主持协作会议，确保所有部门朝同一个目标发力；
- 鼓励大家对未来新产品开发可能影响的技术进步情况展开讨论；
- 组建工作组，对现有产品开展价值分析；
- 监督生产能力的提升；
- 促进团队合作，不断提高生产能力。

客户与产品支持服务

客户服务职责因公司的组织结构不同而有所不同，可能分别存在于营销部门、仓储部门、销售部门或其他部门。产品经理应就产品表现从客户服务代表（CSR）那里收集信息，同时向他们提供信息，增加客户对产品线的满意度。很多产品的增值部分就包括公司提供的服务。产品经理必须确保建立服务标准，并且让服务部门的员工充分理解并掌握这些标准。

为了达到服务标准，客户服务代表应该接受培训。产品经理可能需要得到公司人力资源部门的支持，让客户服务代表参与为销售人员开展的培训，或者为他们专门开发培训课程。作为产品竞争优势的服务部分越是重要，产品经理采取积极行动确保培训得以开展的重要性也就越高。

产品支持人员应该非常清楚如何处理质量保证问题。如果是30天的质量保证期，可是某个质量投诉却发生在第31天，那么产品支持人员在处理这个问题时拥有多少操作空间？员工应具备的自由裁量权有多少？

财务

产品经理必须和财务部门合作，以实现产品成本与预计市场价格之间的平衡。客户不会在意公司内部作为定价基准的成本分配机制，他们担心的只是相对于市场上可获得的同类竞争产品而言，该产品是否具有足够的价值。尽管公司必须支付所有费用以确保长期利润，但它应该让差异定价法与市场分区定价法或产品生命周期定价法协同作用。例如，药品公司就是运用差异定价法来确定在一个新产品上市后，老产品还需继续销售多长时间：

> 通常，疗效更佳或副作用更少的新药上市后，老产品仍然可以销售，不过价格应该有所下降。当它们不再贡献利润时，公司就会停止销售。公司能够运用现有生产能力来生产利润贡献率更高的产品时，它们就会让老产品更早退出市场。[1]

产品经理还必须依赖财务部门为预算表、预计利润表或产品的资产负债表长期提供产品系列信息。协商好哪些信息对于决策更为重要之后，这两方才能更加高效地运作。具体成本的重要性因具体环境不同而变化，也依赖于所要做出的决定。能和财务部门合作、确定合适成本的产品经理更能做出正确的决策。

营销沟通

无论是和公司内的广告部还是和外面的广告代理商打交道，产品经理都需要对各种推广方式有个总体了解，以便能有效地评估关于文案和媒介方面的各种提议。产品经理通常需要明确自己产品的定位，但对于这种定位的沟通，需要由具体部门的专业人士来做。产品经理需要尽可能准确地向他们描绘意欲到达的目标市场，以便广告人员运用这些信息来选择合适的传播工具。

如果一个公司中有很多产品经理，他们就必须考虑，以公司的整体形象开展广告宣传，与将各种产品独立于公司之外进行定位相比，是不是更具优势。有些公司正在转向商标定位的统一方法，公司整体的名称、声誉和定位获得了与单个商标一样或更多的关注。产品经理和广告专家可以讨论每种选择的比较优势，并在大量投入促销活动之前达成一致意见。

如果产品经理要在内部广告部和外部广告代理商之间进行选择，他应该选择哪一个呢？很显然，这需要考虑很多问题。对于那些需要获得外部观点、面对内部资源约束难以在最终期限前完成工作，或者希望利用代理商来共担部分费用的产品经理来说，外部代理比较有吸引力。相反，对于需要利用来自非常专业化市场的经验，自身拥有必要技能，并且希望更好地控制整个过程的产品经理来说，选择内部广告部门则更为合适。

①除了广告，还需要开展什么类型的促销活动？很多公司尤其是B2B公司，都需要直邮、潜在客户开发项目、贸易展销报道、电子商务网站或专门的促销技巧。

②广告代理商是否了解我们的目标市场，他们是不是能用恰当的语言传递广告信息？这并不是说，广告中的技术信息就必须由技术人员撰写。事实上，当我们需要把客户而不是产品特性作为关注目标时，选用技术人员撰写就完全错了。不过，文案人员倒是需要了解该如何把这些特征适当地转化为带给顾客的福利。

③公司应该聘请大型还是小型代理商？通常最为有效的安排是根据客户规模来确定代理商的规模。当然，客户规模不大却聘请大型代理商，要远远

好于客户规模很大却只聘请了一个小型代理商。但是，也有例外情况，在涉及创新型的新产品时尤其如此。

④我们是否应该指望代理商帮助我们进行常规营销、互联网营销、调研或战略规划工作？如果能这样的话，我们就可能缩小合适代理商的选择范围了。

营销研究

尽管产品经理必须拥有市场以及竞争对手的充分信息，可他们通常在数据收集和分析方面并不一定在行，这就是为什么有些客户调查需要转交给内部调研部门或者外部调查机构进行。产品经理还可运用广告公司或者贸易协会所提供的营销调查成果。

客户

几乎所有产品经理都应该与客户保持联系。消费品品牌经理往往通过典型群众、脸谱网和其他的技术手段来与客户沟通。B2B 产品经理更可能通过拜访销售人员，并通过客户回访活动联系客户。与客户接触的重点在于，了解客户的长期需求，以及现有产品的不足。尽管做起来很困难，但是产品经理必须把创新的想法落到实处，以期能够预测并满足那些没能确定下来的、没能明确表述出来的客户需求。

影响利益相关方

在公司这个舞台上，产品经理既是演员也是导演，他必须为市场，即最终客户，呈现一系列演出活动。如果舞台上什么都没发生，则一切都徒劳无功。因此，他们必须直接与所有之前讨论过的部门以及管理高层开展互动。至于互动所到达的程度，则因公司规模和产品经理的阅历不同而异。企业案例 2-1 给我们描绘了电子市场上产品经理的互动做法。

企业案例 2-1

电子市场上产品经理的互动做法

电子产品领域的产品生命周期很短，市场分区都碎片化了。厂商面对着巨大的竞争和价格压力。面对这些挑战，产品经理必须能够与各类人员合作，并通过他们与其他更多人合作。

产品经理的职位因公司规模而异，正如比尔·梅泽夫（Bill Meserve）发表在《电子商务》上的文章"产品管理职责的变化"所描述的那样：

在通用工具公司的一个零部件生产部门中，产品经理的职能通常是协调负责产品开发的工程部门和营销部门之间以及营销部门与销售部门之间的工作。他们直接负责产品线的广告和促销预算，但对于产品开发项目，他们只是从营销角度提供意见，整个项目则由工程部门发起并管理。相反，惠普公司的产品经理通常是新产品开发的核心，他们制订开发计划，授权实施并监督其进展。

不管公司赋予产品经理什么样的职责，他们都必须培养管理技能，以便能在产品开发和产品营销过程中领导自己的团队。这需要具备几个条件。首先，产品经理不应害怕承认自己的无知。即使多数技术产品经理拥有本领域深厚的背景，他们也有可能不具备团队中工程师所具备的技术或知识。其次，知道什么时候应采取干预措施很重要。尽管团队成员学会合作很重要，尤其是在新产品开发方面，但产品经理仍然要为产品线的成功负最终责任。

这些技术技能需要时间来积累。比尔·梅泽夫认为：

承担特定任务的产品经理新手需要了解公司产品和竞争对手

产品方面的专门知识。随着工作阅历和责任的增加，技能积累的重心转变为诸如财务分析、促销、定价、新产品开发和战略销售等职能领域。并且，随着职业责任不断增加，管理技能就显得更为重要。产品经理要学习组建团队、达成共识，协商约定、考核表现，以及处理人际关系问题。诸如艾伦－布拉德利公司（Allen-Bradley）、3M公司和杜邦公司，都通过直接与客户互动、导师制和跨部门培训等方式来增强产品管理的技能。

资料来源：Adapted from Bill Meserve, " The Changing Role of Product Management," *Electronic Business*, 9(January 1989), pp.143-146.

沟通产品愿景

产品经理认识到他们必须为自己的战略"收买人心"，可是他们往往不知道究竟该怎么做。尽管事实和各种统计数据很重要，但必须将它们融入具体的故事（或者情境），才能使大家采取相应的行动。在关键信息被埋没在各种幻灯片和空洞夸张的陈述中时，人们只能对那些经过深入细致研究才得出的见解一笑了之，不加重视了。[2]

"讲故事"是最具有启发性的一种可用工具，并且有史以来一直被广泛使用。一个擅长讲故事并能声情并茂地描绘出未来画面的产品经理，能转变同事的想法，并能激发出他所期望的行动。产品愿景就是人们能够为之奋斗的东西，而不仅仅是人们所追求的数字。

知名的3M公司把通过讲故事进行激励作为企业文化，塑造了众多的成功故事。众多赢得成功的创新故事，又不断激发员工想出更多的新点子。对销售代表进行相关培训，让他们用讲故事的方法向客户解释使用其产品的种种好处。最近，3M公司的领导人又开始运用讲故事法开展战略规划。他们发现，这种方法能够产生出更多振奋人心的想法和人们对他们的认同感。[3]

建立业绩记录

产品经理最初碰到的挑战是如何成功地建立并不断增加成功业绩的记录。尽管我们有必要保持谦卑，但产品经理不能想当然地认为组织中每一个人都能充分掌握自己所在专业的全部知识。有时候，简要概述自己所建议的方法如何在另一公司的前一职位中成功实施的故事，不仅会增加这个"想法"的可信度，还可增强自己"个人"的可信度。[4] 在这个时候，就要把自己定位成一个专家，但是千万不要自以为是，以为自己的经验放之四海而皆准。

你如果还只是停留在努力创建这么一个业绩记录上面，这项任务就显得更为困难。这时，你有必要和组织中可以支持你实现产品愿景的同事联合起来，在整个公司跨越性地实施该战略。一定要选择已经在公司内赢得大家尊重的人作为你的同盟者。

培养信任

信任需要在具有多个要素的环境中才能培养出来。首先，要诚实，即没有欺骗也不夸夸其谈。做事要尽己所能，并以公正客观的方式传递信息。其次，愿意公开分享信息。有些人会私藏信息，以期增加自身的实力，但这种做法从长期来看对自己是不利的。再次，要呈现出前后一致且可预见的行为模式。竞争战略中突然袭击能够起作用，可这却不能成为组织惯常行为的一部分。最后，作为产品经理，你必须接受并尊重人们的个体差异和各种不同观点。

持续学习

过往的成功可能导致未来的失败，反之亦然。不断督促自己去了解市场并积极地观察潮流；和与你不同的人多开展互动；培养新的爱好；参加各种新潮团体；大量阅读；大方接受自己的过错并从错误中学习，而不是因此消沉；认认真真、不打折扣地倾听不同人的观点；不管以前如何成功，一定要坚持学习。

本章思考

制订自我培养计划,提升领导力、决策能力和管理技能。明确与利益相关方建立信任所需要的步骤,建立业绩记录,提高决策能力。

斯科特·戴维斯访谈:产品经理可以是企业成长的领导者

斯科特·戴维斯(Scott Davis)
先知公司(www.prophet.com)首席成长官
电子邮箱:sdavis@prophet.com
(也可以通过推特 scottdavisshift 联系到他)

斯科特,请你描述一下你在先知公司任首席成长官的职责,并谈谈你写《大变动:从今天的营销者向明天的成长官的转变》(以下简称《大变动》)这本书的原因。

首先,我得说先知公司是一家专注于战略、分析、创新和执行的全球性咨询类综合型企业。在过去几十年间,我们坚定地认为,很多公司根本没有对经济的下行做好充分的准备,有些甚至对成长驱动的经济复苏也没有做好准备。所以,我成了首席成长官,帮助客户以全新且富有戏剧性和新奇的方式推动企业的成长。

这就是我写《大变动》的原因。几年前,我重新翻阅了我于9年前写的一本名为《创建品牌驱动的企业》的书,想从中引用一句当年采访对象说的话。我发现,受访者中没有一个仍在我采访他时的公司工作。当我去凯洛格管理学院和宝洁公司聚会的时候,我也有类似的发现。人员变动大得出奇。通常,营销人员开始工作时,根本没有什么战略目标,结果第二年就离职了。这给了我非常大的启示。

关于你所描述的成功转型的公司，你能举几个实际案例吗？

我写《大变动》时，肖恩·伯克（Sean Burke）是通用电气医疗集团（约有100亿美元的业务）的首席营销官。他极具战略性地带领团队完成了一个大规模的市场分区重组项目，找到了一个组织市场的不同方法。这导致了商业组织的结构重组。他想知道，钱在哪里，通用电气如何才能获胜（的确，他最后取得了巨大的成功）。这要求他同时做好几件事情：以公司损益为导向，尽早安排合适的人员参与到整个流程和解决方案之中，以及实施客户引导、战略引导和数据引导的做法。

另一个例子是史蒂文·奎因（Steven Quinn），沃尔玛公司的第一位首席营销官。刚入职时，他主要负责营销沟通，晚上加班，周末也加班，最终创建了一套利润驱动的市场细分战略。他开始物色最为忠诚的顾客，并增加顾客份额的幅度。渐渐地，他开始吸引更多的新顾客。他的转变来自以不同的方式看待顾客及其在店内的体验。

似乎每个公司都渴望成长，首席营销官也必须采取相应措施来实现这些目标，但是产品经理应该怎么做呢？产品经理应该采取什么行动才能不仅仅是营销人员，而是成为成长领袖呢？

有些伟大的首席执行官在职业生涯早期曾经用盈利–损失责任模型来管理产品线。有太多的营销人员根本不知道公司是怎么挣钱的，在哪个阶段创造价值，以及价值又是在哪个阶段丢失的。通用电气医疗集团的现任首席营销官康贝丝（Beth Comstock）曾经和我说过，营销人员应该成为首席财务官最要好的朋友。与单枪匹马地工作相比，他们的帮助能让你更有效地推销自己的想法。

因此，产品经理如果想让自己成为成长领袖的话，我有几点建议。首先，花点时间，实地处理客户问题和电话销售问题。你需要到一线去了解客户问题、疑问以及各种需要。其次，尽早认清谁是你的朋友，谁是你的敌人。找一两个你信任的销售人员，让他们假扮顾客提供反馈意见。并且，和我前面说的一样,成为首席财务官最要好的朋友。最后,更好地理解公司的运营和决策方式。如果没有尽早确定谁是内部有影响力的人,你就很难获得战略性的成长。

我真心相信,产品线和品牌经理,尤其是拥有我刚刚讨论过的那些技能的人,在未来都会成为首席营销官和首席执行官。

在创作《大变动》之前,你还写过《创建品牌驱动的企业》。在你看来,成长和品牌之间有什么关系?

这两者从来没有像现在这么重要过。在仔细思考在多数公司的成长计划中有些什么内容的时候,我发现它们通常涵盖了产品、客户、地域和品牌领域等方面的信息,它们会在成长计划中综合这四项内容。那些品牌界定明确(并因此有一系列指导原则支撑的价值定位)的公司,通常拥有很好的成长计划,公司的思维模式和对品牌的定义很重要。在竞争残酷的经济中,在几乎让人窒息的沟通环境下,品牌可以简化客户的决策过程,并因此帮助公司成长。

如果所讨论的条件都能满足,你对产品和品牌经理还有什么建议?

首席营销官和高级管理人员通常会大声呼吁,一定要有些不考虑预算金额的战略成长计划。麦当劳的成长计划有四五个成长项目,麦咖啡(McCafe)就是其中之一,它被用来帮助公司赢得市场。产品经理和品牌经理需要以同样的方法考虑问题。那么,要实现成长目标,你们公司需要解决的五个成长问题是什么?什么是撬动公司成长的杠杆,即驱动公司向前发展的动力?能够回答这些问题,你已在解决公司的成长问题方面处于领先地位了。

第 3 章

业 务 能 力

> **请判断对错**：成功产品经理要努力提升产品的销量。
> **错**。这个说法的措辞有问题。因为提高销量的最快方法之一就是，给产品定一个基本上相当于白送的价格。产品经理应该理解产品的贡献毛利，并以此信息来增加高利润的业务。这不仅包括提升产品销量，还包括鼓励利润率更高的销售来增强盈利能力，或是以产品线为基础来管理产品定价，以便最优化核心产品本身及其未来相关耗材和配件的销售。

如前所述，我鼓励产品经理把自己当作经营虚拟企业的企业家。这就意味着，他们需要弄清楚产品决策对于资本利用率、现金流、库存、供应链关系以及经营企业的其他方面有哪些影响。产品开发显然受成本影响，成本因素应在企划方案中明确列出，不过也有例外，有些成本因素很重要，但却体现得并不明显。比如在定价时，我们既要考虑客户价值（营销），也要考虑成本构成（财务）。产品经理需要不断加强对这两个方面情况的了解。对于新产品，他们需要准备一份经济价值数据表，以便能够测算：与竞争产品相比，自己的新产品所能带来的客户福利（或福利损失）的货币价值。对现有产品，产品经理应能理解（也许需要说明理由）价目表中的价格与实际价格会有所差异，这个有时是因为计划中的和临时性的折扣导致的。

基本财务概念

因此，为了做出正确决定，产品经理需要构建一整套有关财务的计划、预算，以及与产品、服务和客户有关的财务控制方面的知识框架。首先，他们要有一定的财务和管理会计方面的知识。这让他们能够更好地理解产品的利润贡献情况，因此能够在产品合理化、产品定价以及产品线管理方面做出最明智的决策。其次，从更为宏观的财务管理角度看，产品经理应理解各种财务报表所需的关键比率和概念。最后，他们应了解财务状况，这关系到产品的定价决策。尽管产品经理没有必要成为财务方面的专家，但他们仍然要掌握首席营销官（CMO）的建议专栏文章中所提到的一些基本知识。

首席营销官的建议专栏

首席营销官给产品经理的财务建议

马克·菲利普斯（Mark Phillips）
通用电气医疗集团亚太区首席营销官

好的产品经理没必要拥有财务方面的专业学位，也没必要是财务方面的专家，但他们应具有足够全面的财务技能，以便有能力做好两件事：（1）确定最佳定价策略；（2）制订可靠的企划方案，充分说明新产品开发或为产品增设额外分销渠道和增加营销投入的理由。

这就要求他们熟练掌握电子表格，基本了解利润表，并且熟悉盈亏平衡分析和价格瀑布的基本概念。这些都是必须了解的；当然，还有些更为复杂的工具和其他财务概念，如果都能了解，自然是锦上添花。当今世界，作为产品经理，你至少需要熟悉这些基本知识。

确定最佳定价策略

确定最优价格时，多数定价工具要求人们能够整合基本数据表上的信息，并能理解其中隐含着的财务状况（有时候，只需要进行基础的代数运算）。经济价值预测表（EVE）就是一个例子。这个表格能帮助你计算出购买替代产品或不购买任何产品，顾客可以从你的产品中获得多少经济价值。这一点很重要，因为它能让你充满自信地走进首席财务官办公室（以B2B业务为例），向他说明你的产品是如何削减某些成本、如何帮助公司获得额外收益的。创建可靠的经济价值预测表需要了解客户购买过程以及随之而来的财务问题，如人工费率、销量，或当产品属于价值增值那部分时的产品定价问题。因此，当你需要在电子表格中创建数据模型，输入来自客户的信息变量时，就能运行这个模型。这不是什么高深的财务知识，但需要你掌握用电子表格建模的基本知识，了解客户对产品的使用方法，以及他们使用该产品所带来的财务影响。

另一个例子是盈亏平衡分析或价格－销量分析。这个分析的根本目标是了解产品销量的价格弹性，发现产品价格的"最佳点"。在这个例子中，需要再次使用电子表格，预测产品处于不同价格定位时的需求量，列出每个价格与销量点的利润率，并由此确定能够带来最高利润的产品价格。

针对产品在不同时间和不同条件下价格变动的原因，要进行深入分析。这些不同的条件包括交易规模组合、次级产品组合（产品线中）、市场细分组合、货币价值波动之类的各项目以及其他类似项目。了解驱动价格波动的因素及其背后的逻辑有助于产品经理做好充分准备，针对实战中遇到的各种情况，巧妙地向销售团队和其他部门人员指出问题。

不少产品经理的成功，可能只是用价格－毛利比来衡量的，或者他们自己也只关心价格－毛利比。可是这样做局限性很大，因此，我建议产品经理跳过毛利，而直接考虑边际收益（CM）。此外，我也建议产品经理不要只关注发票价格，而直接关注实际落袋价格。上述两种能力要求掌握一定的电子表格技术和相关财务知识。

价格－边际收益比要求产品经理能够理解与销售、交货和为顾客安装产品有关的各种变动成本要素。了解这些项目及其背后的原因，可帮助产品经理让产品为公司贡献更高的利润率。这使得产品经理所了解到的信息，要远远多于已售产品的数量、价格和成本三个方面的内容。

有时候，还需要考虑价格侵蚀问题，产品经理往往只看发票价格或计算销售佣金所依据的价格，可这并不一定是公司赚取利润的真实价格或落袋价格。能够意识到是哪些财务因素导致了发票价格被侵蚀到落袋价格的，将有助于产品经理获得成功。这些能发挥作用的各种因素，包括年末的数量折扣、提前付款折扣、紧急装运以及其他隐蔽项目上的折扣。了解这些其他要素及其如何影响产品利润率，对公司能从产品获得多大价值影响重大。你可能必须去财务部门，让其帮你制作一份有关这些因素的报告，因为这原本就是财务部门的分内工作，所以要求其这么做倒也无可厚非。但是，作为产品经理，你的工作就是充分了解完成业绩所涉及的各种相关要素，你也就应该知道你需要他们提供哪些帮助，以及如果需要某些变动时，又要到哪里去获取相关信息。

制订可靠的企划方案

我做过产品经理，现在是首席营销官。我曾花大量时间来制作各种企划方案，从新产品方案到新销售团队组建方案，当然也包括营销费用支出方案等。这其中涉及的财务知识倒不复杂，但你需要理解公司是怎么解读利润表以及实现收益的关键要素的。他们根本没必要深入了解税收、利息和其他公司评估方面的信息，只需要能够了解从销售收入、总收益到边际收益再到经营利润这些方面的信息就行了。当然，卓越的产品经理要知道一个销售人员最终能实现的产品销售量是多少，每个销售人员的成本为多少，要成功所需支出的营销费用又是多少。

最后，一定要和财务人员搞好关系，这会让你的事业蒸蒸日上。

一般成本分类

制成品的成本可分为两大类：制造成本和非制造成本。每一类都可进一步细分。制造成本包括把原材料转变成最终产品过程中所产生的所有成本，有直接原料、直接人工和制造费用。例如：

- 直接原料，诸如做桌子所用的木头和做汽车所用的钢材之类的东西，是最终产品不可分割的部分，可以看作直接成本。诸如胶水之类的其他原料难以直接与个别产品联系起来，可列为间接原料，计入制造费用。
- 直接人工，包括生产产品可直接追溯的人工成本。研发人员、后勤人员的时间，以及其他与生产没有直接联系的人工应归入间接人工。

- 制造费用，包括上述直接原料和直接人工成本之外的所有制造成本支出。这一类成本项目还包括间接原料、间接人工、供热、照明和折旧等。

非制造成本包括营销成本、销售成本、管理费用以及与产品生产没有直接联系的支持成本，通常会列在利润表的销售、管理及行政费用中。以前，对多数产品来说，非制造成本没有制造成本那么重要。但是，服务的增加和各种技术的出现，颠倒了多数公司中这两种成本的权重。包括在非制造成本中的有：

- 营销成本和销售成本，包括广告、运输、销售佣金以及薪水。
- 管理费用，包括行政、组织和员工的薪水。

制造成本和非制造成本来自企业的日常运营活动。此外，还可能有其他费用支出，如购置资产，尽管这不是营业费用，却列入当期利润表的支出项下。销货成本包括直接投入的原料、人工以及分摊的制造费用。这些数据通常来自标准成本，并且是固定成本和变动成本的总和（标准成本是个预先设定的额度，表明在最有效的运营方法中什么东西的成本是多少。换句话说，这是用来衡量绩效的标准）。同样，间接费用（非制造成本或者销售成本、管理及行政费用）也可能是固定成本和变动成本的总和。简化后的基本利润表如图 3-1 所示。

图 3-1　简化后的基本利润表

简单说，我们通过下面几个步骤，就可从利润表中计算出净收入了。

- 从销售收入中减去销货成本；
- 从毛利润中减去营业费用；
- 在营业净收入中加入其他收入并从中减去其他费用；
- 从税前净收入中减去所得税。

通过上述过程得出的利润表，体现了经营结果的历史发展。它并不必然为产品经理提供他所需要的、用来规划和改进产品管理过程决策的信息。为了提供此类信息，有必要区分与产品有关的变动成本和增量成本，这样的话，产品经理就能更好地理解自己占用了多少成本以及贡献了多少利润。

市场细分财务报告的概念

变动成本是成本中直接参与生产活动并随生产活动水平变化而变化的成本。如果活动水平加倍，变动成本也会加倍。这不无道理，因为在一定范围的相关活动中，单位成本几乎不变。直接原料和直接人工是变动生产成本，销售佣金则是可变销售费用。此外，还有阶梯式变动成本（类似于累进成本或半固定成本）。准备时间、季节性用工以及与特定数量业务有关的类似活动，相对于该项业务，可看成变动成本。相反，固定成本则不会随着活动水平的变化而发生变化；不论是否生产产品，固定成本始终存在。由于固定成本总量保持不变，每单位成本的数量随着所生产产品数量的增加会逐渐减少。据说，有时候人们把变动成本称为"做"生意的成本，把固定成本称为"入行"成本。

成本被分为固定成本和变动成本之后，产品经理确定不同产品或细分顾客对企业利润的贡献就简单多了，公司评估产品经理的业绩也容易多了。表3-1对传统利润表（用历史成本信息）和贡献利润表（区分固定成本和变动成本）进行了比较。

表 3-1　传统利润表和贡献利润表　　　　　　　（单位：美元）

传统利润表			贡献利润表		
销售收入		17 000	销售收入		17 000
减去销货成本		11 000	减去可变费用		
			可变生产费用	5 000	
			可变管理费用	2 200	
			可变销售费用	500	7 700
毛利润		6 000	边际收益		9 300
减去营业费用			减去固定费用		
管理费用	2 000		固定生产费用	4 000	
销售费用	3 000	5 000	固定管理费用	1 500	
			固定销售费用	2 800	8 300
税前净收入		1 000	税前净收入		1 000

注意，用这两种方法计算时，表3-1中第一行（销售收入）和最后一行（税前净收入）的值都一样。但运用贡献利润方法计算，这些销售贡献了9300美元，由固定成本（收支平衡之前）和利润（收支平衡之后）组成。贡献利润表可用于业务单元、部门、产品经理、产品线、客户或类似的分析单位。运用到这些分析单位时，就必须理解直接成本和共同成本这两个概念。

直接成本是在特定分析单位（如产品经理、产品、客户等）中可以直接识别出来的成本，并且这个成本因该单位或因其内部活动而产生。共同成本是指那些无法判断直接来自具体哪一单位，而是由所有单位共同产生的成本。共同成本（最有可能是固定成本）只能通过主观手段进行分配。表3-2就是一个贡献利润表的例子。

表 3-2　贡献利润表　　　　　　　（单位：美元）

	贡献单位分析		
	整个公司	产品经理 1	产品经理 2
销售收入	900 000	500 000	400 000
减去可变费用			
销货成本	400 000	270 000	130 000
其他可变费用	100 000	70 000	30 000

(续)

	贡献单位分析		
	整个公司	产品经理 1	产品经理 2
总可变费用	500 000	340 000	160 000
贡献率	400 000	160 000	240 000
减去直接固定费用	150 000	80 000	70 000
产品经理贡献率	250 000	80 000	170 000
减去共同固定费用	160 000		
净收入	90 000		
	产品经理 2	标准模式	传统模式
销售收入	400 000	150 000	250 000
减去可变费用			
销货成本	130 000	50 000	80 000
其他可变费用	30 000	20 000	10 000
总可变费用	160 000	70 000	90 000
贡献率	240 000	80 000	160 000
减去直接固定费用	30 000	10 000	20 000
产品收益	210 000	70 000	140 000
减去共同固定费用	40 000		
净收入	170 000		
	传统模式	签约商	租金（居住）
销售收入	250 000	180 000	70 000
减去可变费用			
销货成本	80 000	60 000	20 000
其他可变费用	10 000	3 000	7 000
总可变费用	90 000	63 000	27 000
贡献率	160 000	117 000	43 000
减去直接固定费用	10 000	7 000	3 000
客户细分收益	150 000	110 000	40 000
减去共同固定费用	10 000		
净收入	140 000		

注意，表 3-2 这个例子展现的是把产品经理当成企业，为他们构建的一份利润表。数字显示，公司销售收入为 90 万美元，其中 50 万美元由产品经理 1 创造，40 万美元由产品经理 2 创造。他们分别贡献了 8 万美元和 17 万美元利润，但有 16 万美元的管理费用没有分摊。产品经理 2 的 40 万美元销售收入来自标准模式（15 万美元）和传统模式（25 万美元），分

别贡献了 7 万美元和 14 万美元。产品经理 2 有 4 万美元的固定费用，没有直接由任何一个产品分担。传统模式从签约商手中获益 18 万美元，从固定客户那里获得收益 25 万美元。传统模式有 1 万美元的固定成本，与两类客户群体均无直接关联，细分收益也就没有对这 1 万美元进行成本分摊。

成本驱动因素

产品经理在对产品做出定价或对产品线进行评估之前，必须清楚不同产品和客户的成本驱动因素是什么。有些客户要求额外的加急费用，有些则需要特殊的运输与处理，还有些则希望获得免费服务。这些成本的每一项都应分摊到每个特定的产品或客户身上，才能确定其真实的财务贡献。

财务报表分析

如前所述，财务报表是对一个特定时段内所发生的事情的历史记录。报表所提供的视角能帮助产品经理通过使用率来判断过去的绩效。此外，比较历时数据的变化，可能看出绩效的发展趋势，并运用该信息来制定后续的各种决策。

产品经理可能直接或间接地参与资本预算决策，为新产品、新市场或新的业务方式准备投资建议。评价不同建议最常见的方法是平均收益率、回收期、现值以及内部收益率。

平均收益率是年平均利润和项目投资的比率。运用这种方法，产品经理可以从多年的既定投资中，预测出利润的增长情况。总利润除以年数，就得到了年平均利润，而这可以用原始投资的一个百分比，或者作为每年平均投资的一个百分比来表示。假设下面是来自某一新产品的利润流：

- 第一年： 100 000 美元
- 第二年： 200 000 美元
- 第三年： 300 000 美元

- 第四年： 250 000 美元
- 第五年： 350 000 美元
- 总　计：1 200 000 美元
- 平　均： 240 000 美元（1 200 000 美元/5 年）

如果初始投资为 100 万美元，年平均利润为 24 万美元，或利润率为 24%。同样，这 24 万美元可表示为这 5 年每年平均投资的一个百分比。无论用哪种方法，都应该把这一比率和该公司或者行业的最低利润率进行对比。

回收期是指收回初期投资所需的时间（年数）。在上述例子中，投资 100 万美元，花了 5 年时间收回。4 年后，累计收入为 85 万美元，还剩下 15 万美元本金在最后一年赚回。这再次说明，一个项目回收期绝对年数的长短，还不如与其他项目的回收期年数进行相互比较来得更加重要。

现值（或净现值）是相比于当前首期投资的流出，未来现金流入的价值。

内部收益率是使所有预计未来现金流的现值等于首期投资支出的利率。换句话说，它是让净现值等于零时的一个比率。这个值的数学计算比较复杂，正因如此，让财务部门成为业务伙伴就至关重要。关于这一点，我们在本章末尾对英格索兰公司财务副总裁道格·沃恩的访谈中会有所提及。

为定价决策估算有关成本

评估与产品定价有关的成本看似简单，其实不然。每个公司运用不同方法来分摊成本，因此，变动成本和固定成本之间的界限也是模糊不清。不管怎样，我们都需要先对这些常用定价术语给出明确的定义。

如前所述，变动成本是（总量上）随着产品和服务的生产而变化的成本，包括直接原料和直接人工成本。在特定生产水平上，单位变动成本不变，因此就为定价决策提供了一个基准。长期来看，所有成本都是变动成本。在确定产品的长期定价时,所有成本都应考虑在内。但是短期内,任何高于变动成本的价格都至少要能贡献出固定成本和(潜在的)利润。

财务报表中销货成本(COGS)一行也许是对变动成本最好的估值(尽管它习惯上包括一些标准的分配),并因此可能是与定价决策有关的唯一的增量成本。也有例外情况,如在竞标时形成的固定成本,它在做决策时可能渐增。在此情形下,必须把新增的固定成本纳入变动成本,以确定一个定价的基准。

下面的收支平衡公式可以用来作为计算价格的起点。标准的收支平衡公式表明,必须以特定价格出售多少产品,才能收回全部成本,如式(3-1)所示

$$收支平衡销售量 = \frac{固定成本}{价格 - 单位变动成本} \qquad (3-1)$$

假设有一位产品经理,他同时负责10个咨询服务项目,每个项目收费1万美元,每个项目的直接成本为4000美元,总的管理成本为4.2万美元。根据这些数据,需要出售7个项目才能实现收支平衡。尝试给产品不同的定价,并把得出的收支平衡销量和市场的预期需求进行对比,产品经理就可以开始做定价分析了。另外,目标回报(利润)可以包括在分子中(与固定成本一起),来估算实现特定利润所必须售出的单位产品数量。如果在分子上的固定成本中加入需要实现的1.2万美元的利润,就必须出售9个单位的产品才能实现收支平衡。

根据这个例子,我们来看看边际收益,并评估不同的决策情况。每个项目贡献6000美元(当前价格和变动成本的差额)到固定成本和利润上,将会产生1.8万美元的营业利润,如表3-3第1栏所示。

如果产品经理把每个项目的价格降到9000美元,则每个项目贡献5000美元到固定成本和利润上。如果不存在其他变化,则新产生收益9万美元,新的最后利润为8000美元。降价10%(从1万美元降到9000美元)将使营业利润下跌55%(从1.8万美元下降到8000美元),如表3-3第2栏所示。

表 3-3　价格 / 利润比较　　　　　　　　（单位：美元）

	1	2	3
收入			
（10@10 000 美元）	100 000		
（10@9 000 美元）		90 000	
（12@9 000 美元）			108 000
销售成本			
（10@4 000 美元）	40 000	40 000	
（12@4 000 美元）			48 000
收益率	60 000	50 000	60 000
营业费用	42 000	42 000	42 000
营业净收入	18 000	8 000	18 000

如果要保持 1.8 万美元的利润，公司需要多雇用两个人。我们假设销量增加，营业费用即固定成本不变，其目标是提供边际收益至少 6 万美元。因此，公司需要出售 12 个项目，而不是 10 个（6 万美元除以新项目数就是每个项目的贡献 5000 美元），如表 3-3 第 3 栏所示。两个新增的项目表示需要增加 20% 销售量，才能弥补价格降低 10% 所造成的损失。

调整上述收支平衡公式能让我们迅速发现产品价格变化所造成的影响。修正后的公式见式（3-2）。边际收益是价格和可变价格的差额，本例中是 10 000 - 4000 = 6000（美元）。边际收益变化百分比是价格百分比变化之后单位边际收益的百分比变化（本例中是 6000÷10 000，或 60%）。得出的结果是实现与当前同样回报率所必需的单位销量的百分比的变化。换句话说，当边际收益率为 60% 时，要增加 20% 的销售量，才能取得表 3-3 所示降价 10% 所产生的效果。

$$收支平衡时销售量变化百分比 = \frac{-（价格变化百分比）}{边际收益变化百分比 + 价格变化百分比}$$

（3-2）

$$收支平衡时销售量变化百分比 = \frac{-(-0.10)}{-0.60 + (-0.10)} = \frac{0.10}{0.50} = 20\%$$

这个公式可以放到电子表格中，用来表现价格变化的影响。确定各栏中的相关的边际收益率，每行内列出潜在的价格变化，在单元格中就可以得出表 3-4 所示的类似数据。注意实线 1 前为 60% 的边际收益率，以及降价 10%，得出单元格中要增加销量 20%。

表 3-4　价格变化收支平衡分析表表格样本

价格变化（%）	边际收益率								
	0.65	0.60	0.55	0.50	0.45	0.40	0.35	0.30	0.25
0.10	-0.13	-0.14	-0.15	-0.17	-0.18	-0.20	-0.22	-0.25	-0.29
0.09	-0.12	-0.13	-0.14	-0.15	-0.17	-0.18	-0.20	-0.23	-0.26
0.08	-0.11	-0.12	-0.13	-0.14	-0.15	-0.17	-0.19	-0.21	-0.24
0.07	-0.10	-0.10	-0.11	-0.12	-0.13	-0.15	-0.17	-0.19	-0.22
0.06	-0.08	-0.09	-0.10	-0.11	-0.12	-0.13	-0.15	-0.17	-0.20
0.05	-0.07	-0.08	-0.08	-0.09	-0.10	-0.11	-0.13	-0.14	-0.17
0.04	-0.06	-0.06	-0.07	-0.07	-0.08	-0.09	-0.10	-0.12	-0.14
0.03	-0.04	-0.05	-0.05	-0.06	-0.06	-0.07	-0.08	-0.09	-0.11
0.02	-0.03	-0.03	-0.04	-0.04	-0.04	-0.05	-0.05	-0.06	-0.07
0.01	-0.02	-0.02	-0.02	-0.02	-0.02	-0.02	-0.03	-0.03	-0.04
-0.01	0.02	0.02	0.02	0.02	0.02	0.03	0.03	0.03	0.04
-0.02	0.03	0.03	0.04	0.04	0.05	0.05	0.06	0.07	0.09
-0.03	0.05	0.05	0.06	0.06	0.07	0.08	0.09	0.11	0.14
-0.04	0.07	0.07	0.08	0.09	0.10	0.11	0.13	0.15	0.19
-0.05	0.08	0.09	0.10	0.11	0.13	0.14	0.17	0.20	0.25
-0.06	0.10	0.11	0.12	0.14	0.15	0.18	0.21	0.25	0.32
-0.07	0.12	0.13	0.15	0.16	0.18	0.21	0.25	0.30	0.39
-0.08	0.14	0.15	0.17	0.19	0.22	0.25	0.30	0.36	0.47
-0.09	0.16	0.18	0.20	0.22	0.25	0.29	0.35	0.43	0.56
-0.10	0.18	0.20	0.22	0.25	0.29	0.33	0.40	0.50	0.67

如果变动成本更低（如 3500 美元）但其他条件不变，要实现 65% 的边际收益率，会有些什么变化？（请看 2 下面的虚线）在此情形下，只要增加 18% 的销售量就能够实现收支平衡。如果变动成本大大提高（如 7000 美元），而边际收益率为 30% 时，又会是什么样？同样，如果其他条件不变，应如何调整销售量才能实现收支平衡？答案是增加 50%，也就是说要增加 5 个项目的销售。价格增加也可以用图 3-3 调整过的收支平衡公式来评估。但是，如果考

虑提价，那么在实现增值的产品变化或增加额外服务之后进行比较合适。

要考虑调整价格，就有必要了解价格变化对实现收支平衡所需的销量有哪些影响。要这样，你需要提出如下几个问题：竞争对手还有多少筹码可用？如果在这个产品上对方的变动成本比你的更低，他们降价后就能坚持更长时间。他们降价并保持低价的可能性有多大？还有，顾客对价格变化的敏感程度如何？是否有可能实现价格变化后所必须实现的销量变化？请记住，电子表格中的信息并不能给你提供"答案"，它只提供了一个数据点，有助于你做出更好的决定。

经济价值预测建模

定价战略需要综合考虑主观和客观数据，这对于给新产品定价可能尤其困难。对于设备之类的资本支出，产品经理有责任与竞争对手的产品相比，并把产品收益价值进行货币化。请看图 3-2 中的经济价值预测模型[⊖]。

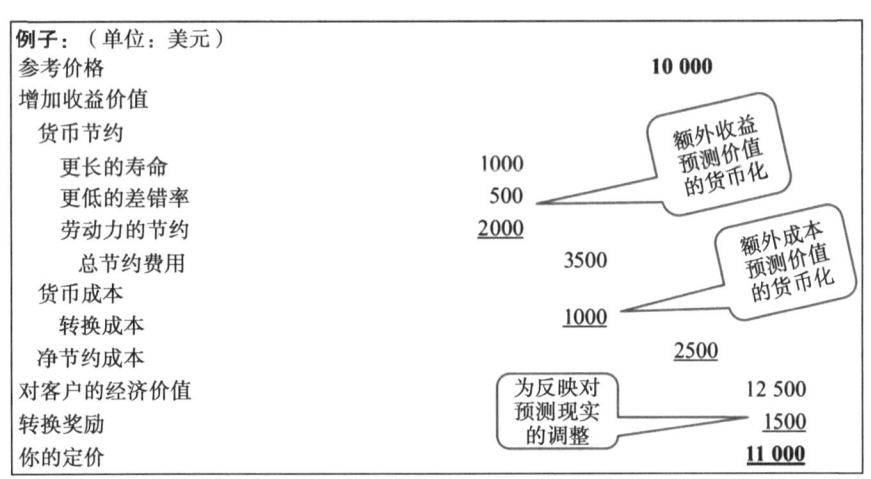

图 3-2　经济价值预测模型

在本例子中，参考价格可以是顾客考虑该产品时所采用的任何一个基准。它可以是某个竞争产品的价格、自己公司中已被取代的产品的价格或者

⊖ 这是汤姆·纳格（Tom Nagle）对《定价战略与战术》一书中提出的经济价值预测（EVE）方法经过调整后得出的。

实现客户提供某些功能所需要的成本。确定了比较基准之后，产品经理就可以开始与知识丰富且愿意合作的客户一起来进行预测，与参考替代物相比，新产品的收益与成本的现金价值是多少。标准产品的估值是根据多位有代表性客户提供的信息而做出的，而对传统产品的估值则根据特定客户的使用情况做出。如果新产品因使用时间更长而预计节约成本平均为1000美元，该值就会被用到价值模型中去。但实际上，这些都是基于多种假设的预测数据。因此，在确定最终价格时必须有一定的灵活性（做出必要的调整）。

落袋价格瀑布分解法

与多数产品经理有关的最后一个财务领域知识是理解发票价格和落袋价格之间潜在的价格侵蚀，也称为落袋价格瀑布（见图3-3）。价格侵蚀（或价格泄露）可能来自为达成交易而给顾客多种形式的折扣和激励。不同部门可能出于不同的原因给顾客提供不同程度的折扣。在确立定价战略，决定是否授权特殊的落袋价格，或分析产品的真正价值时，产品经理需要明确客户为产品所付的"真实"价格。

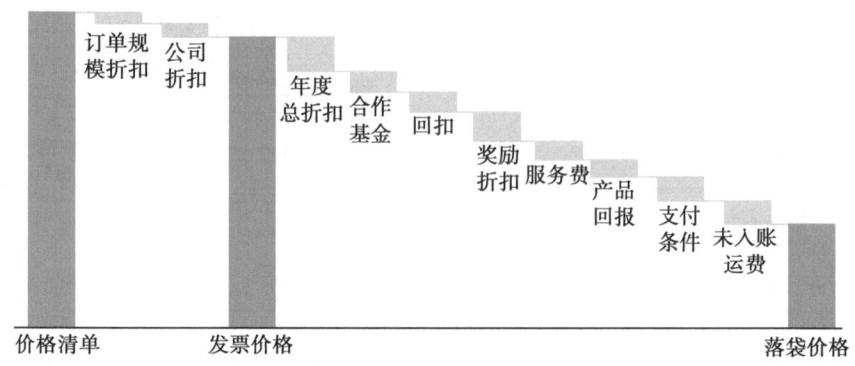

图3-3 落袋价格瀑布分解法

本章思考

学习与产品的定价和利润率有关的基本财务概念，向组织中的财务人员寻求帮助，以实现自己的目标。

道格·沃恩访谈：与财务人员成为业务伙伴

道格·沃恩 (Doug Vaughan)
英格索兰公司财务副总裁
电子邮箱：vaughan36@aol.com
（也可以在领英网站联系到他）

道格，你曾在多家公司担任财务主管或首席财务官，你的大部分工作为内部控制与财务管理，你和你的同事还为产品开发与公司持续运营决策提供各种建议。你能不能谈谈，你在产品开发与维持方面，与产品经理合作时的角色定位？

成功的产品经理必须能够理解他们所管理的产品的各种经济含义。产品利润率多少？产品总成本多少，生产成本、分销成本以及销售成本是多少？产品收益未来趋势如何，对其定价和成本会有什么影响？产品组合有什么影响？财务部门在产品管理中的作用就是确保提供有关产品线的准确且容易理解的经济分析数据，帮助产品经理了解真实情况，并从经济分析中获得灵感。

优质财务支持的很重要的另一领域就是投资领域。产品经理在考虑投资某个新产品时，财务部门能够协助开展全面企划方案的财务分析，帮助产品经理决定是否投资。除了最基本的决定投资与否之外，优秀的财务人员还能帮助投资取得成功。例如，投资获益的根本要素是什么？实现成本目标了没有？有没有获得市场份额？通过帮助确定成功的关键指标，并且帮助优化资源和投入，财务人员能帮助实现项目的成功。

我们通常鼓励产品经理要像"经营一家企业那样经营自己的产品"。这就要求产品经理和财务人员成为战略合作伙伴。在你看来，要构建双方紧密的合作关系，他们彼此需要采取哪些行动？

首先，财务部门要给产品经理提供良好的财务数据，帮助他们更好地管理产品。不过，在多数成功的案例中，他们所做的远不止这些。财务人员作为业务伙伴，这意味着他们要成为产品管理团队的一员，那么他们就必须具备商业敏感度、沟通能力以及公关技巧。财务人员要与产品经理紧密合作，深入了解企业，并且能够运用财务和业务技能，帮助产品经理做出正确的决策，开展正确的行动。

这是财务和产品管理部门之间关系比较积极的方面，你认为还有哪些方面需要改进的？

典型组织中都有很多方面需要改进。通常，会计制度或财务制度的基本出发点不是为了提供正确的数据。因此，我们需要做大量工作来组织信息，使之有益于产品管理。问题的另一方面是财务组织本身，组织结构方面和能力方面同样如此。最好的做法是确立产品管理和财务部门之间明确的组织界限。换句话说就是，每个产品经理都配备有财务人员与他们一起工作。财务人员必须掌握相应的基本技能，以便更有效地完成本职工作。这样，财务人员的工作态度就显得至关重要。他们应把自己看作团队的一分子，并努力帮助产品经理取得成功。利用自己掌握的信息来破坏合作伙伴工作的财务人员应该尽快被清除，不能让他继续担任相应职务。

财务理解能力（从制订新产品企划方案到完善现有产品定价），你认为每个产品经理都需要具备的三四项最重要的技能是什么？

显然，他们首先要能够看懂产品利润表，理解收益和任何对于收益的减损情形；深入了解产品的成本结构，以及所有将产品投放市场所需要的其他支出（如销售、工程、坏账等方面的支出）。

理解投入资本回报率的概念，如何将该概念用于对产品的持续管理（"存货和服务水平之间如何平衡"），以及如何将该概念用于投资决策（"什么是现金流量贴现"）。

定价：能理解价格落差，以及如何确定自己的产品与竞争对手的产品相比所具有的特征、优势以及价格。

预测：理解如何运用公司财务预测流程发现产品线盈利能力的发展变化趋势，并根据这些数据采取适当行动。

请问，你还有其他什么"真知灼见"要对产品经理说的？

如果你有一位很好的财务伙伴，一定要让他成为你的团队的一员，让他参与你所做的每一项工作。如果你暂时还没有这么一位伙伴，请赶快物色一位。

第4章

情报收集

> **请判断对错**：客户总是对的。
>
> **这种说法比较有趣，但并不全面。**如果是正确的客户，那么该客户就是对的。如果没有这个限定条件，产品经理会被引导到错误的方向。在调查客户的过程中，产品经理必须警惕，随时保持对他们未来客户的关注（而不是他们过去的客户）。他们不应主观地认为所有客户在任何时候都是对的。

成功的产品经理都会收集各种来源的大量事实情报。有关市场行情的外部信息尤为重要，包括细分市场的规模和增长率、客户期望、竞争产品与竞争战略、监管要求与限制、经济和政治因素，以及所有这些因素的发展趋势或变化情况。内部信息也很重要，包括涉及公司宏观生产能力方面的知识、围绕着产品经理自己负责的产品的各种成本与财务问题、工序流程以及公司内部政治问题。在本章中，我们将讨论这两类情报，首先讨论外部情报。

产品经理的时间总是很紧，工作常常夜以继日。因此，他们首先需要认真思考的是 TIME 问题（见图 4-1）。这个缩略词由下面四个词的首字母构成：技术（technology）、产业（industry）、市场（market）和事件（events）。用时钟来象征这一个事实：任何信息都不是静态的，各种调整与趋势的动态变化都需要持续的情报支持，以构建一定的知识基础。我们接下来讨论外部情报收集过程的各个部分。

图 4-1 情报收集的 TIME 分类法

技术

产品经理应从两个层面思考技术问题：可能成为新产品（或新产品部件）的新技术，或成为促成者或计划变更者、可能作为外部变量（如社交网络）的技术。例如，多年前，惠普公司发现了影响其打印机业务的违背潮流的情况。大多数个人电脑所有者已拥有打印机，因此市场上新增销量几乎为零。竞争对手也变得更加咄咄逼人，致使惠普公司市场份额不断减少。同时，市场上还出现了一种新的加墨技术，打击了惠普打印机墨水的销售。可是，打印机业务部在惠普公司的重要性仍十分显著（2004 年占其收入的 73%）。公司必须重视这些趋势，必须投入资源开发新产品。[1]

技术发展既带来机会，同时也带来威胁。纳米技术，在其尚处于创新的模糊阶段时，就已经具有影响众多产业的潜力。² 网络为世界提供了海量数据，也带来了很多机会。随着越来越多的医院限制了医药销售代表的进入，产品经理开始转向网络寻求解决之道。在线诊断、产品网址以及电邮营销方面的投入预计会不断增加。³

产业

产业知识包括对某一产业的"规则"的广义理解，以及对特定竞争对手信息更为具体的了解。在广义产业知识方面，多数领导力培训项目整合了波特（Porter）的五力分析法（见图4-2），来评估特定产业的"吸引力"。这五种力量包括：（1）购买者的议价能力；（2）供应商的议价能力；（3）新进入者的威胁；（4）替代品的威胁；（5）现有竞争者。

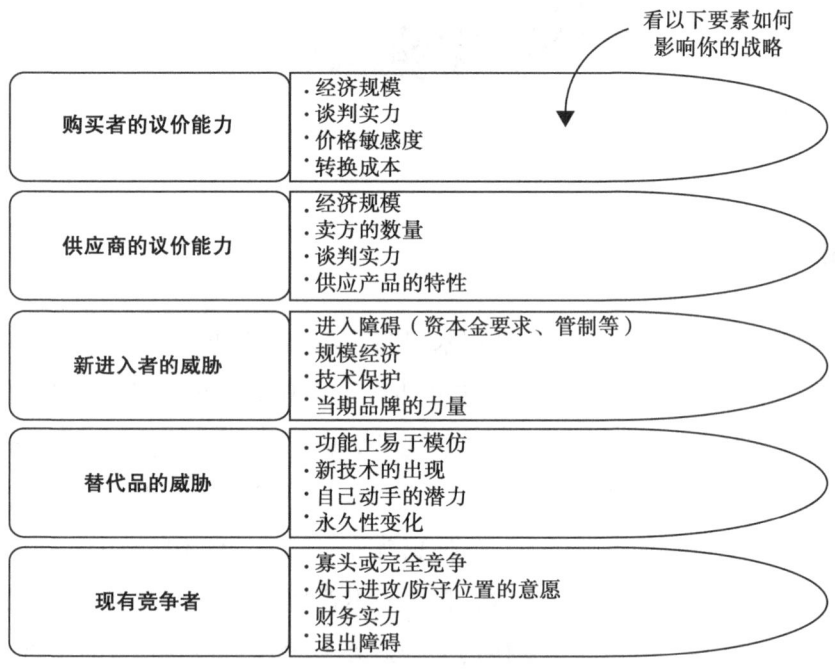

图 4-2　波特的五力产业分析模型

购买者和供应商的议价能力依赖于他们自身的经济规模和相对于生产商

的影响。例如，从英特尔公司采购或出售给沃尔玛公司，都会降低产品经理的谈判能力。这些在供应链规划和市场战略制定过程中就应予以考虑。请阅读企业案例4-1"对沃尔玛说'不'的人"。

企业案例 4-1

对沃尔玛说"不"的人

消费类产品经理通常希望通过仓储式零售商，如沃尔玛、家得宝（Home Depot）或者史泰博（Staples）等，来销售自己的产品，以获得更大的销量。这些公司都是每个行业的非常强大的买家，足以导致你的战略的动态变化，并对你的定价造成压力。因此，一定要记住，这只是一个商业决策，而不是必然的结局（预料之中一定会发生的事情）。斯蒂尔公司（Stihl）是通过工厂用电力设备零售商，而不是大型商场，来销售其手持户外电动设备，如修剪器、剪枝机和鼓风机等。多年来，该公司用新闻标题形式发布各种特定产品的广告，如"是什么让这个修剪器变得如此功能强大，甚至不能在劳氏零售公司（Lowe's）或家得宝销售呢？"

还有一个案例，是几年前《快公司》（Fast Company）杂志中报道的简洁公司（Simplicity）的草坪设备。该文章宣称，公司管理层决定，在沃尔玛销售的施纳博（Snapper）牌割草机与该品牌及其战略不符：

每年都有数万名高管涌向阿肯色州西北部去朝圣，罗列出各种理由、数据、样品，并运用他们完美的说服力，希望为自己的产品获得订单，或增加订单的数量。不论你卖什么，沃尔玛在全美国的3811家"门店"所带来的诱惑让人难以抵制。很少有人会坐飞机前往阿肯色州西北部的支线机场，只是想对沃尔玛说"不"

或"别再"。

2002 年，吉姆·威尔（Jim Wier）的公司——简洁公司——收购了施纳博公司。这是一家拥有 50 年历史的公司，专门生产高品质家用和商用割草设备。威尔对这笔新收购交易做了深入的研究分析，并得出结论，如果继续把施纳博牌割草机通过沃尔玛各门店进行销售，用他的话说："与我们的战略方针不符。并且我认为，我应该去拜访他们一次，亲口告诉他们，我们为什么不再继续把产品卖给他们。"

在沃尔玛门店出售施纳博牌割草机不只与施纳博的未来发展不相适应，维尔认为，这会危害到施纳博的健康发展。在户外设备行业内，施纳博的知名度并非来自其巨大的销量，而是因为它的品质、可靠性和耐用性。一台保养不错的施纳博牌割草机可以用上数十年；很多客户成年后来购买该款割草机，就是因为小时候他们的父亲曾经用过。但是，施纳博牌割草机并不便宜，就像瓦伊金（Viking）系列也不便宜一样的道理。其价值不在于价格，而在于其性能及较长的使用寿命。

波特的分析方法也许表明，存在强大买家会使某一行业失去吸引力，因此这些分析或情报本身并不是终点。产品经理必须决定是否具有足够的收益，来弥补其内在的风险；或者他们必须决定，是否采用备选战略（如斯蒂尔和施纳博）来改变行业内的某些规则。

资料来源：Adapted from Charles Fishman, "The Man Who Said No to Wal-Mart," *Fast Company* (Jan.-Feb.2006):66+.

新进入者的威胁部分依赖于行业的进入障碍。没有品牌资产、资本开支或监管合规等方面的限制，产品经理可以预料到，单个竞争者数量会持续波动。因此，他们需要多运用竞争能力比较的方法。如果技术变化或者对提供各种功用的不同方式的认识表明有新的替代产品出现,产品经理就需要将其纳入计划。如果消费者能在外面干洗的地方用像 Dryel 这样的家庭干洗产品,这会对干洗行业的收入流造成影响,哪怕它不是直接竞争者。

最后,所有这些要素以及退出障碍,都能影响竞争的剧烈程度。行业参与者如何积极竞争,以实现工厂的持续运营?产品经理在对这些不同的行业因素进行深思熟虑之后,可以尝试"改变规则",为自己的产品战略创造更有利的环境。如果任何一个产品战略带我们进入一个新的行业,我们就有必要对这些力量的影响开展一定的评估了。

至此,我们宏观考察了竞争问题。接下来,我们把关注重点转向获取竞争情报的过程,并从更为微观的视角来审视这个问题。

竞争分析

产品经理工作的重要方面是客观界定市场所认为的自己的产品与竞争对手的产品相比较所具有的优势和劣势,并运用该信息成功地执行竞争战略。为了能持续执行竞争战略,你就必须持续获取自己产品所处的竞争环境方面的信息,以及该环境对产品竞争能力影响方面的信息。这种收集并处理此类信息的过程就称为竞争情报收集(CI)。

竞争分析是编辑和摘要来自各种电子和书面出版物以及人员的信息。年度报告、新闻报道、贸易展销、销售人员、政府和行业协会报告以及与客户的非正式会谈,均能提供大量必要信息。此类情报收集活动是产品经理工作的重要部分,为制定竞争战略和产品定位提供基础概念。下面是情报分析活动中需要考虑的一些问题:

1. 你在业务方面输给了哪些竞争对手?从哪些对手手中争得了业务?(这是从顾客的角度来理解竞争情况)

2. 在哪些部分(哪个区域、哪些应用领域、哪些行业等)竞争最为激烈?为什么?

3. 拥有竞争产品的公司的企业竞争力在哪儿?这些能力和产品之间有什

么样的联系？

4. 竞争产品的标价是多少？实际价格又是多少？

5. 市场对竞争产品的看法如何？对它的认识水平怎样？顾客忠诚度如何？

6. 是否有某些产品具备"同类最佳"的特性，可以作为自己产品的标杆？

7. 竞争产品是竞争对手公司的一小部分业务，还是该公司的主打产品？该产品的销售对于竞争对手的重要性如何？它们愿意投入多少资源来保护该产品的市场销售？

建立竞争情报收集流程

众多原因表明，产品经理应认识到自身所处的竞争领域。这有助于预测市场变化；有助于预测特定竞争对手的行动或反应，或者判断新增竞争情况；有助于从他人的成功和失败中获得教训；有助于了解会改变自己产品战略的各种新技术、新产品或新事件；有助于设计各种工具和方法，供销售人员或营销沟通人员运用。

假设一个销售人员告诉你，竞争对手降低了某个产品的价格，而且该产品与你的收益率最高的产品具有直接竞争关系。在跟进降价之前，请先自问，竞争对手的这次降价行动是否会影响到你的产品的竞争力。如果是，你应该做一点"调研"来回答下列问题：这次降价是否具有可比性，或者对手是否已就所选产品的某些特征或服务做过调整？降价的幅度是否足以改变消费者选用该产品的惯性，改变他们的购买习惯？如果是，竞争对手是否有足够的生产能力来应对突然增长的需求，并且不会影响到消费者的满意度？降价是只限于某一地区或某些客户，还是全面降价？

开始研究和开发某一产品或改变营销策略时，你应该考虑同样的问题，并预测潜在竞争对手对你的行动可能做出的反应，否则，可能会使你陷入不利的竞争地位。当百时美施贵宝（Bristol-Mayers）投放达特利牌止痛药[Datril，强调与泰诺（Tylenol）相比更为便宜]时，似乎没预料到强生公司对此可能做出的反应速度和强度。强生公司运用竞争情报分析手段，弄清楚了所设定的市场进入战略，并能通过自己的媒体战略抵消这种冲击的有效性。[4] 同样，当科亿尔公司（Corel）20世纪90年代中期购买了WordPerfect套装时，企图运用低价策略，直接与微软的办公软件套装开展竞争，可是它没有能力与微软打一场旷日持久的价格战。

谁是真正的竞争对手

开发竞争情报收集流程的起点是，确定要持续研究哪些竞争对手，以及定期研究哪些对手。长期收集所有竞争对手的全部数据根本不可能，因此要根据重要程度安排一个先后顺序。这样限定了关注的焦点，也许会错失一些信息，但更高的可控性能为我们提供更多的可用数据。

我们先考虑一下这个有点欺骗性的问题：谁是你的竞争对手？很多人对此问题的回答是"这要看具体情况而定"，这样回答合情合理。正因如此，我们需要从多个视角来研究竞争对手。最为关键的竞争对手往往是提供类似种类产品或服务的直接竞争者，如牙膏（如佳洁士和高露洁）和装备方面（如卡特彼勒和小松）。在这个层面竞争，你必须明确强调自己的产品相对于主要竞争产品所具有的特别优势有哪些。

另一层面的竞争是品类竞争。尽管可能存在多个构成直接竞争关系的竞争对手，在品类竞争中，你可能与相同类型或产业的几十家公司展开竞争。例如，工业装备零部件生产商可能与多家本地私人商家竞争。此时，产品经理所面对的挑战就是如何保住"同类最佳"这一产品定位。

第三个层面的竞争是替代竞争，客户不需要使用同类产品中任何公司的产品，就可以获得这种功能。有些公司可能选择自己生产或提供所需的产品或服务。例如，一家银行可以提供自我保险，而不是向其他私人贷款保险公司购买服务。很多公司加入了"DIY"（Do-It-Yourself，自己动手）的行列（见企业案例4-2"DIY的竞争"）。或者，某个新产业（如卫星电视）可能取代现有产业（如有线电视）。在很多情形中，产品经理必须向顾客表明，坚持目前所用的解决自身需要问题的办法可能存在的风险，或向他们证明自己的产品比现有的产品更为高明。

企业案例 4-2

DIY 的竞争

由于航空行业财务状况脆弱，很多航空公司自己生产某些部件，而不是向供应商采购，尤其是那些易损部件。大陆航空公司就在自己的休斯敦设备公司生产折叠式餐桌和遮光窗帘，这样每年就可节省 200 万美元。它还自行制造塑料马桶座圈，只需要 88 美元一只，而（产品外包）OEM 的价格则需要 719 美元一只；卫生间的镜子自己生产为 460 美元，而供货商的报价则要 3000 美元。美洲航空公司也开始生产某种以前一直向外采购的铝制部件，只需要花费 5.24 美元，每年可以为公司节省 17 万美元。

日益高涨的卫生保健支出也迫使某些公司开始尝试自己动手。Quad Graphics 公司从 1990 年开始就不断增加自己提供的保健项目。它聘请了自己的内科医生、儿科医生以及家庭医生，总共有 26 位；建立了自己的实验室、药房和康复中心，并且与当地医院签署协议，购买它们的高级保健（诊疗）服务。Quad Graphics 2004 年在每位员工身上花费的医疗保健支出为 6000 美元，比其所在的威斯康星州的普通竞争对手低 20%。裴顿农场（Perdue Farms）、斯普林特公司（Sprint Corporation）以及必能宝集团（Pitney Bowes）都建有自己的医疗中心。丰田汽车公司、科勒管道公司（Kohler Plumbing）和米勒酿造公司（Miller Brewing）也正在考虑采用这一做法。

当很多公司在不断增加外包任务以节省费用时，某些公司却反其道而行之。诸如此类的任何变化都会影响你处理竞争情报的方法。

资料来源：Melanie Trottman, "Nuts-and-Bolts Savings," *Wall Street Journal* (May 3, 2005) pp.B1-B2. Vanessa Fuhrmann, "One Cure for High Health Costs: In-House Clinics at Companies," *Wall Street Journal* (February 11, 2005) pp.A1-A8.

替代品竞争的另一例子因技术趋同和中断而产生。如苹果的 iPod 引发了一次革命,因为它让消费者可以通过互联网下载,而不再通过零售 CD 的形式来购买音乐。但它现在正面临来自无线通信公司的竞争,这些公司正鼓励顾客运用手机下载歌曲。

第四个层面的竞争是预算竞争。对产品经理来说,这个也许难度最大,因为它最难触及。顾客可能选择购买新的软件系统,而不是投资购买新的办公家具。同样,房屋所有者可以选择购买硬木地板,而不是浴缸。尽管产品经理不能制定战略,以保证在顾客花钱购买别的任何东西之前,说服他们购买自己的产品,但至少要认识到竞争的水平,并相应调整销售预测。

最后一个层面的竞争是组织竞争。对于很多 B2B 产品和不少服务,顾客的购买决定不是仅仅依据产品的特征,还依赖他们从某个公司所能够获得的服务和奖励、他们可能获得的一系列产品,或者他们与该公司已经建立的关系。在这些情形下,产品经理必须与组织内部的其他人合作,在整个公司层面建立某种可持续的优势。我们在表 4-1 中列出了所有这些类型的竞争情况。

表 4-1 竞争种类

竞争种类	对手是谁	未来影响	启示
直接竞争产品	列出竞争对手和具体产品特征	目前和未来这种竞争所占的百分比是多少?针对哪些顾客	如何在这些产品方面确立差异化优势
种类	描述竞争种类,以及该种类内部的公司和产品	目前和未来这种竞争所占的百分比是多少?针对哪些顾客	如何才能把自己的产品定位为同类中最好的
替代	描述产品或服务满足其功用的真实"需求"	目前和未来这种竞争所占的百分比是多少?针对哪些顾客	如何才能影响顾客转向替代产品的可预见的风险
预算	突出顾客对把钱花在你们这类产品或需求方面的潜在抵制力量	目前和未来这种竞争所占的百分比是多少?针对哪些顾客	如何才能鼓励顾客将预算内的开支用在你的产品上
组织	解释竞争对手公司提供的"附加/扩展"产品	目前和未来这种竞争所占的百分比是多少?针对哪些顾客	如何协同合作来更好地定位你的公司,以超越竞争对手

注意,不同市场对待竞争性供应商的看法是不一样的,因此产品经理需

要根据市场–竞争者组合的重要性来确定自己产品的最佳定位。有时候，需要制定不同的战略。例如，包装消费品产品经理可能需要针对消费者层面直接竞争产品制定营销战略，并同时在渠道层面（根据不同的价值定位）与其他组织开展竞争。

请记住，顾客在做出某个产品的购买决定时，都会有意或无意地把它与他们认为是竞争对手的产品进行对比。明确谁是顾客认为的竞争对手能为我们了解顾客的价格敏感度提供线索。经常追踪这些关键竞争对手，能发现对方可能迫使你改变定价或营销战略的各种战略变动。我们可以通过多种方法了解客户认为我们的竞争对手是谁。尼尔森（Nielsen）方法可以用来确定变换品牌行为。这帮助我们认清一个竞争行为指标：自己的业务到底输给了谁，或自己从谁的手上赢得了业务。另一种方法（除了用在消费品方面，还可用在服务和企业产品方面）是相似性评估。运用这种方法，给顾客提供产品或产品线索（如产品文献或者在3寸×5寸见方的纸牌上的产品名称），并让他们根据相似性对产品进行分组。

另外，顾客把你所归入的竞争集合可能与你所希望的不一致。你也许希望自己被看作高端或低端竞争者，或者只是利基市场中的一员。在这种情形下，你需要自行审查你所处集合中的公司，并确定你是否能够改变你的顾客对你的认识的定位，或者你是否需要增加一个新的品牌。加州葡萄酒行业内就有这么一个例子。格伦·艾伦（Glen Ellen）和嘉露（Gallo）决定从低价葡萄酒转向增长更快的优质酒分区。嘉露通过创建一个新的商标——香叶（Turning Leaf），实现了转型，并按优质酒零售价来定价。格伦·艾伦则试图不引入新商标就实现转型，他专注于品牌的传承、蜡封以及提升产品质量。[5] 两个案例中，两种葡萄酒都在更高的价格点上与新对手展开竞争。

不论你所处何种情形，一定要降低你需要持续获得其信息的竞争对手的数量到一个可控范围（这个可控的少数范围可能会不断变化，因为新竞争对手不断加入，也会有退出市场的，因此不要担心变化，因为条件发生了变化）。不在可控少数范围之内的竞争对手，则应定期或必要时对其开展研究。

需要了解什么

并不是所有信息都同样重要。对手的竞争优势是什么？了解竞争对手哪些方面的东西可以帮助我们保持自己的竞争优势？如果我们的竞争优势在于交货方面，那么只与对手推行同等水平的交货标准，可能会危及我们继续保持这种优势。如果差异化优势在于先进的技术支持，我们需要密切关注竞争对手所拥有的、可能会对我们的地位造成负面影响的技术支持活动。我们的目标是避免可能导致与对手开展价格竞争的突然变化。如果真是这样，我们就容易理解为什么很多产品经理这么在意获取竞争对手的价格以及成本信息了（记住，如果我们所能获得的唯一竞争数据是价格的话，我们可能会被迫开展价格竞争）。

很多竞争价格在公共场所就可以获得。除了封闭式投标之外，多数公司能从贸易展销会、销售人员、共同客户或者互联网上获得竞争对手的价格清单。尽管这些可能不是顾客所支付的"真实"价格，但我们仍然可通过持续跟踪价格清单，并寻找各种价格变化来收集信息。所公布价格的变化应引起我们在这方面开展一些额外的评估活动。价格变化是不是与其他因素有关，如组织重组，或者生产能力的变化？这些因素通常是战略转变的部分内容。

有多种因素出现就表明需要对战略做出调整，如管理层的变动、生产能力的变化或者企业宗旨的变化。下面我们具体分析这三个因素。

首先，来看管理层的变动。如果竞争对手产生了新的管理团队，这个团队可能指明新的发展方向（旧的管理团队被董事会解职时，情况尤其如此）。对新管理团队的要求可能是，重现他们在前任雇主那里所获得的成功。对新管理人员在其之前的组织中所执行的战略方向进行分析，我们就能够了解他们可能会在新公司推行的类似战略。

其次，生产能力的变化可能来自新的区位变化、研发方面的额外投入或者增加配备了人员。通过对来自行业刊物、贸易协会、招聘广告以及个人资源方面的信息进行拼接处理之后，我们就能预测到，这种变化可能对我们竞争对手的未来战略造成什么影响。招聘广告不但提醒我们，竞争对手的战略在未来人员配备方面有什么要求（如在某个特定科学领域的能力，或者更加强调客户服务），而且它们还提供了有关公司方面的重要知识，因为它们正努力向潜在员工"推销"自己。

最后，企业宗旨的变化也能给我们指示公司新的发展方向。例如，把公司宗旨的措辞，从"成为美国最好的以客户为导向的地产公司"改为"成为美国最好的以客户为导向的地产服务公司"，这样做就突出了新战略强调服务的重要性。

监控特定客户群的活动。竞争对手可能给大客户提供特别激励。促销闪电战可能表明，对方重新强调了某些产品或市场分区的重要性，或者它们可能企图直接从我们手中拉走某个关键客户。

最重要的长期信息来源也许就是销售人员。销售人员最直接接触顾客，拥有有关竞争对手最为真实和永久的客户反馈信息。但是，由于他们的主要工作是销售，让他们参与收集竞争对手情报的时候，一定要非常谨慎，这一点很重要。

要成功获取来自销售人员的信息，你必须向销售代表和他们的经理证明，这种做法对他们也有价值。这样就意味着，有必要做一些准备工作。了解已经可以从公司内部获得什么信息。财务报告、利润表以及销售记录都可以用来分析、找出需要警示的地方，以及未来的发展趋势。在某个领域的一次竞争动作可能看起来无关紧要，但如果增加从其他领域获取的信息，或者把它看作更大的全局性推广战略的一部分的时候，情况就大不一样了。把这些发现推广到一些公共数据中（各种已经出版的资源和行业分析报告），你也许就能够给销售人员提出建议，帮助他们更好地与对方开展竞争。

做了一定准备之后，就需要与销售人员面对面接触了（任何公司内部邮件、电子邮件或者命令都不能取代这个会面）。花些时间做做自我介绍，让销售人员了解自己，同时也了解一下他们的客户。承诺与他们分享重要信息，帮助他们开展销售，了解他们的世界。通过开展这种信息分享，让他们知道"这里面的东西，什么是给他们的"，你就能诱导出销售人员的互惠行动。做好准备，通过销售行政部门、营销部门或者协调工作所必需的其他部门来开展工作。

让销售人员相信，与你分享信息确实能帮他们在工作上取得更大成功。之后，你就需要做出决定，确定收集与传播信息的最佳方法。说服销售人员把每一份与你的产品有关的价格清单、客户意见或竞争对手资料都转发给你。

销售人员和其他员工能在贸易展销时收集到很好的竞争情报，只要你要求他们做，或给他们提出具体目标。列一个你希望在展销会上调研的问题清单，给展位工作人员规定"任务"。例如，你可能希望了解竞争对手 A 所宣布的降价信息，以及竞争对手 B 提出的产品发布情况和竞争对手 C 在促销定位方面的变动。把每一个问题布置给一个人去调查，不论其是展位工作人员还是展馆巡视人员。一天或展会结束时，对他们进行回访，了解信息收集情况。

新产品销售培训可能是另外一个不错的地方，可以为未来的信息收集准备好人员。培训的部分内容可包括一定的解释，说明为什么产品经理需要市场情报，以及该情报有什么作用，提供这些情报能如何帮助销售人员。标准的情报报告格式可融入财务报告中，设计到局域网内的一个菜单系统中，或充当支出报表的一部分。因为该信息通常会传到销售管理部门或销售行政部门，因此需要建立一定流程，把有关产品的数据复制一份，发送给适当的产品经理。这类有用并需要传送的信息包括如下几个方面：

- 竞争对手的新产品的发布情况；
- 有效和无效的产品销售方式；
- 竞争战略的变化；
- 顾客对产品的反常用途，尤其是在这些用途显示一种潮流的时候；
- 可能影响公司战略的有关市场趋势的看法。

如何才能把片段信息整合在一起

竞争情报收集可分成几种类型：持续性收集、周期性收集、基于项目需要而收集。持续性竞争情报收集关注需要持续监控的、最直接的竞争对手

（或行业、技术等），应包括可能对你在市场上竞争能力造成最大潜在影响的外部环境的各个方面。从销售人员那边获取的信息流（如前所说）是持续性收集信息的一部分，但我们不能止步于此。在确定了所需信息，以及想要监控的杂志、报纸和网站之后，建立一个竞争情报警示程序。很多专门服务公司，如Factiva、Dialog及Lexis/Nexis等，都提供电子警示。不过，如果公司没有订购此类服务，可以转向运用谷歌公司，定制更加基本的预警服务。

尽管你不能在全部时间监控所有的事情，你仍应对非直接的竞争对手或趋势开展周期性竞争情报收集活动，确定是不是有什么变化发生。根据所处的行业，周期性竞争情报收集活动可以每月开展一次，也可以每季度或每年开展一次。周期性情报收集的价值在于，可能发现某些影响持续数据收集活动的优先顺序的意料之外的变化情况。

看其名称可知，基于项目需要的竞争情报收集是根据具体需要而开展的，类似于营销调研项目。当连续性或定期性的数据收集发现了某些预料之外的情形，或者在准备发起一个新产品，或者需要为某个新战略提供特别的见解时，就有必要对该问题开展专门且深入的调查分析工作。此类情报收集活动中可以运用的一个技术就是战争游戏（www.fuld.com 中有一些简短的战争游戏视频资料）。为了确立这种方法，可能需要来自销售部门、营销部门或公司其他员工的帮助。选择最重要的2～4个竞争对手，把每一个竞争对手分配给由3～6人组成的小组。这样，每个小组就"变成"了指定的竞争对手，并且收集资料，让自己像竞争对手那样考虑问题。此后，召集各小组成员，分享在该游戏角色扮演中所获得的见解。

所有这些竞争情报收集活动的主要目的就是，预测竞争公司未来可能采取什么行动。如果在寡头竞争行业内参与竞争，要关注的就是单个竞争对手的策略。它们会对你参与的提案申请（RFP）采取什么反应？它们会在什么时候推出更好的产品？此外，如果在"完全"竞争的环境中与大量竞争对手开展竞争，可能就要更加关注本行业的宏观发展变化情况。

竞争情报收集要求权衡竞争对手数据和客户数据的作用。过于关注某一方，特别是在因此而忽视了另一方时，风险就会很大。真正做到以市场为导向，双方的信息都是必要的。只停留在收集市场导向的数据根本不够，产品经理必须运用该信息来改进他们的竞争战略。否则，就像马萨诸塞州韦尔斯利的核子研究公司（Nucleus Research）的研究副总裁丽贝卡·韦特曼（Rebecca Wettemann）所说的那样，"就会像拥有一个有数百万美元的银行账户，却没有自动取款卡一样。如果你不能取出钱来，并且不能让它为你服务，那么它就根本没用"。[6]

在最根本的层面比较产品特征的相对优势和弱势，可以帮助产品经理明确定位战略、营销沟通方法以及销售支持材料。如前所述，苹果公司的iPod正面对来自无线网络的竞争。尽管在最为"纯粹"的意义上它们不是直接竞争对手，可它们对iPod的未来竞争能力构成潜在威胁。因为存储、压缩和电池寿命等方面的技术进步，用手机和其他移动设备接收和存储音乐变得更加容易。

制药公司正面对各种竞争挑战，它们努力设想产品专利到期之后，基因技术出现时的情形。产品经理需要监控与基因产品生产商有关的各种竞争情报。然后，他们就能构建模型（用Excel表格），预测在多种变化情景中，在其销售或市场份额损失并转移到竞争对手那边之后会产生的影响。他们可能还在预测这些情形真实发生的可能性。

市场和客户情报

现在我们转向信息收集工作最重要的一类：关于市场细分以及客户的信息。细分市场与明确客户的能力，已随技术的发展变得越来越复杂了。因此，产品经理不能再认为自己的工作就是销售产品。相反，他们的工作是帮助客户购买产品。由于不同客户有不同的需求和期望，产品经理必须表明差别在哪里，以及这些差别在他们的计划中的重要意义。

有效企业战略的基石是吸引和保持住高利润客户的能力。应该更加关注客户人数的增加，而不仅仅是产品销量的增加。产品经理必须能明确地了解与解释他们的产品的市场。这些市场可包括现有客户和潜在客户、单个客户和团体客户或市场分区，以及使用产品的个人和影响该产品购买的个人。这一部分是关注分析市场并制订计划以实现利润最大化时所涉及的问题。

预备性客户分区问题

市场分析是指为某个产品或产品线而对当前或潜在客户进行的研究。首先问问自己有关现有客户的一些基本问题。

1. 是不是存在一个很依赖该产品的群体？在这个群体中，真正买家占的百分比是多少？
2. 主要目标市场是还在增长、处于稳定阶段，还是正在萎缩？
3. 客户在哪种情况下购买产品？
4. 产品的地理覆盖范围是如何受到限制的？为什么？
5. 国内客户在全部客户中占百分之多少？国际客户呢？
6. 是不是多数客户是新客户或是回头客？
7. 客户是不是最终用户？如果不是，能够获得有关最终用户的什么信息？
8. 你的客户是比较超前、传统还是消极？
9. 客户对过去的价格变化的敏感程度如何？
10. 客户基础是由少数几位大客户还是由众多小买家构成？

如果你还没有提过这些问题，请把当前或潜在客户进行分类或细分。客户分区是有共同人口学特征、共同需求、共同心理特征或共同用途/使用方法的客户群体。细分过程让营销人员更加了解客户，开始关注更小的客户群体的要求。尽管网络沟通努力做到更加接近一对一市场营销，但多数产品开发需要最小市场规模能超过一个分区（根据不同的市场细分参数），才能实现产品的盈利。

把整个市场根据不同原因分成多个次级市场很重要。首先，这样做可以让我们对整个市场有更好的了解，包括客户如何购买，以及为什么购买。其次，这样做确保了更好的资源配置，因为这确保了对特定分组所寻求的福利有了更好的了解，使得把竞争性特征或服务融入所供应的产品中去成为可能。最后，市场细分让公司能够发现隐藏的利基市场，利用好各种机会。

细分市场需要运用所处行业最合适的标准，如表4-2所示。消费品公司会运用诸如年龄和家庭状况之类的人口学变量，或者诸如态度和生活方式之类的心理变量。分组的目的是，发现他们可能用来应对产品战略的方法的相似点。当然，要记住，千万不能夸大个体之间的差异性。对此，利兹·托利斯（Liz Torless）指出：

> 理解人们在所做分类决定以及他们所选品牌方面是什么把他们彼此联系起来，要比确定他们是多么不同更能揭示问题。通常，是情绪和思维模式，而不是他们的人口学和心理学特征把他们彼此联系起来。来自多伦多的19岁女性自行车速递员与来自萨斯喀彻温省的58岁男性农民根本没有什么共同的地方：不同的人口学特征、完全不同的生活方式以及可能不同的价值观。但他们都喜欢卡夫晚餐（Kraft Dinner）、支持新民主党（NDP）、在折扣店购物、上网获取新闻，以及都去拉斯维加斯赌博。[7]

表4-2 细分标准

因素种类	产品与市场	
	消费者	B2B
人口学特征	年龄、性别、民族 收入 家庭规模 家庭所处的生命周期阶段 家庭位置	产业（NAICS） 地理位置 公司规模 执行决策者 利润率
心理学特征	生活方式 态度	风险种类 决策者的心理
产品运用/使用方法	购买频率 购买数量 如何运用产品	运用 购买的重要性 总量、频率
收益（可能超过产品所能带来的）	情感上的满足	支持要求 服务要求 关系

工业产品公司运用北美工业分类系统[8]、公司规模或者部门头衔进行市

场细分。很多公司把产品的最后用途作为市场细分的标准，例如，尼龙产品经理可能把市场细分为诸如男士衣服、轮胎和填充物之类的终端使用小组。多数 B2B 行业的市场可分为多个层次。例如，医院的产品供应商可能首先考虑不同公司种类，如教学型医院、社区医院、专科医院、家庭健康企业、门诊诊所、基金会或者公司资助的医疗机构；其次，医院内部也有市场分区或者业务单元，如肿瘤科、儿科、遥测医学科、心脏服务科、行为生活方式科、普通外科、产科、病例管理科、术后康复科和急救科；最后，部门头衔可能代表不同的需求，如内科医生、护士长、护士等。值得注意的是，同一职能部门内部不同个人的不同的个性和兴趣，可能表现出对产品和服务的不同层次的兴趣。

服务公司运用需求强度、风险种类或与公司的距离这些标准进行市场细分。生活方式存在差异，这也可作为市场细分的基础。爱玛克（Aramark）在对其医院饮食服务的客户细分开展研究时，根据个人的见解把卫生保健工作者分为五个类型。银行也针对客户建立了购买倾向模型（见企业案例 4-3 "服务业的市场细分"）。

企业案例 4-3

服务业的市场细分

爱玛克花了好几个月研究顾客，试图改进其零售食品部门。本次研究包括多个典型人群，访谈了 700 多位卫生保健员工，并发出了 40 000 份客户看法调查表。基于本次研究结果，爱玛克把卫生保健工作者分成了五类：健康型、忠诚型、自带型、充电型和逃避型。

健康型：他们吃什么的决定因素是健康。

忠诚型：对医院的饮食表示满意。

自带型：自带午餐人群。

充电型：边吃边走人群。

逃避型： 因对医院饮食持负面观点而不在医院吃饭的人群。

作为研究的一部分，爱玛克先预测了归入每个细分市场的顾客的百分比，确定了对目标客户的排序，并发现了通过制定战略来实现这些目标的最好方法。心理分区所用的方法，比标准的人口学方法更有利于改进产品的开发和营销沟通。

越来越多的社区银行开始根据有别于传统的人口分析方法的多种标准对客户进行细分。这些银行通常在自己的数据库中分析高利润的客户，并把他们的信息与外部资料进行匹配，从而建立潜在客户模型。

五年前，联邦商业银行（Commercial Federal）开始运用预测模型，根据顾客购买某款产品的倾向给其打分。如今，每月邮寄促销单（每个月大概33次，对从支票账户到房屋净值贷款等各种产品进行促销）都是根据基于诸如到期贷款或客户存款周年纪念等因素所得出的倾向得分投寄的。通过分析购买过某些种类产品的客户特征，这样的市场细分营销真的很有作用。为了确定需要房屋净值信用额度的潜在客户，需要运用某个程序来核查数据库中的成千上万名此类客户。然后运用标准方法，开发一个模型，用来识别拥有相同特征的潜在客户。

同样，电器元件分销商鼎联公司（Tri-Tech Corporation）决定根据客户如何决定从该公司购买的信息，对客户进行分区。"现在，现场代表去拜访希望亲自体验销售过程的客户；电话销售人员处理希望通过电话或者互联网订购商品的客户。"这类分区过程尤其适合分销商的需要。

资料来源："Aramark HMS: Hospital Foodservice Customers Ready for Their Close Ups," *Nation's Restaurant News* (April 4, 2005), p.16. Chris Costanzo, "Finer Customer Segmentation Paying Off," *American Banker* (December 14,2004), p.6A. Andy Cohen, " Addressing Their Needs," *Sales and Marketing Management* (July 2004), p.18.

区分了拥有不同需求的细分市场后，考察每个细分市场中产品的表现。平均订单规模多大？每个细分市场的销售额是多少，或者每个细分市场所创造的收益有多少？表 4-3 中的例子呈现了四个细分市场。谈判者分区由拥有特殊需求的最大公司组成，它们因为巨大的需求而拥有讨价还价能力。对 6 个购买标准的重要性按 1~5 级进行评级，其中 1 表示"必须"，5 表示"不重要"。我们发现，价格的重要性水平为 2，品质/特征为 5，发货为 3，安装为 5，营销/工程支持为 5，销售覆盖为 4。公司根据行业数据预测，该分区的总销售额为 8900 万美元，行业平均订单为 1.5 万美元。该分区中所占的份额为 13%，市场平均订单规模为 1500 美元。对全部信息的研究表明，公司最为成功的是在大量订货分区和解决方案分区。这两个分区加在一起，占了大多数市场份额，并且订单规模也大于行业平均值。

表 4-3 根据关键购买因子的市场细分

	谈判者分区	大量订货分区	解决方案分区	传统分区
共同的购买决策标准（购买因子）	• 技术自助者 • 标准产品 • 大量购买 • 强大的价格协商者	• 大客户 • 标准产品 • 大量购买 • 对价格非常敏感	• 解决方案寻求者 • 改进过的标准产品 • 中等量 • 价格敏感度中等	• 非标准驱动的买方 • 特殊功能 • 少量 • 价格通常处于次要地位
价格	2	3	4	5
品质/特征	5	4	3	2
发货	3	4	4	3
安装	5	5	3	2
营销/工程支持	5	4	3	1
销售覆盖	4	4	3	1
规模与比重	8 900 万美元 13%	11 340 万美元 31%	6 930 万美元 30%	6 660 万美元 25%
平均订单规模	1 500 美元 行业：15 000 美元	6 998 美元 行业：5 000 美元	2 345 美元 行业：2 000 美元	923 美元 行业：3 000 美元

列出市场分区的潜在方法，包括旧的和新的市场分区法，下一步就是把分区的数量减少到可控水平（3~7 个）。去掉公司没办法服务的分区，不

管是什么原因。然后用是否与公司资源相适应、长期战略、到达成本以及服务风险等指标对剩下的分区进行研究。对各分区进行排序，保证最大部分资源用于最重要的分区。

产品经理解决这个问题的一个方法是同时评估不同市场的吸引力，并确定公司满足那些市场需要的能力。不是所有的客户都是平等的，努力实现所有客户的忠诚对公司的健康发展有害无益。产品经理必须确定哪些客户能提供未来最好的投资回报。对于大众产品（如快速消费品），共同的做法是确定大型用户，并制订计划吸引他们。客户信息情况包括标准的人口变量，如年龄、性别、收入、位置、婚姻状况、家庭规模以及心理特征，如对自我的认识和期望的性格特征。对于工业产品（如资本设备）要求特别的用法或用途的客户，可能比其他客户更有利可图，因此他们被视为"最优"客户。

市场和客户分析过程

我们用一个称为进步食品服务公司（Progressive Foodservice）的虚构公司来做个例子。该公司把各类食品卖给两大类客户，即食品服务分销商和食品服务运营商，每类客户都可以继续细分。食品服务经销商有普通分销商、专业分销商和采购集团。食品服务运营商有商业运营商（寄宿、快餐、饭店、咖啡厅、餐厅和零售主机）和非商业运营商（卫生保健机构、教育机构、航空公司和自动售货公司）。我们从最高层次开始细分，第一步是哪些需求是这些分区中独有的。假设普通分销商和采购集团偏爱集中采购、大量购买以获得一个折扣价，并且有专门的送货要求。专业分销商拥有特定的产品线或服务特定类型的客户，偏好独特的产品和可能的销售支持，以服务他们的客户。

对于通过快餐店运营商而不是分销商实现的直接销售，最终客户也有不同的需求。在商业集团内，快餐店要求食品产品必须及时发货，价格必须尽可能的低。其余的商业运营商（不同程度上）希望凭菜单来保障和表达意图。非商业运营商偏好持续保持库存充足并要求较长的保质期。研究了这些需求之后，进步食品服务公司的产品经理重新把市场分成五大类需求分区，并观察两个方面的内容：（1）作为整体，这些分区的吸引力如何；（2）在应对各分区需求时，公司是不是拥有竞争优势。

为了确定市场吸引力，产品经理研究了市场规模（每个分区顾客的总数）、增长率、竞争力量、客户的价格敏感度以及类似变量。然后，产品经理用数字1～5对各分区进行打分：1为最没有吸引力；5为最有吸引力。普通分销商（分区A）得3分，专业分销商（分区B）得4分，快餐连锁店（分区C）得2分，商业运营商（分区D）得3分，非商业运营商（分区E）得1分。注意：这时客户与非客户之间的界限有些模糊，我们不想把分析局限于现在发生的事情，而是考虑了增长的潜力。把整个市场上每个分区的规模、购买量以及增长率与现有每个客户分区的规模、购买量和增长率进行比较。分析时要问各种问题。每个分区对产品的需求量是多少？产品的市场渗透性如何？分区中只购买竞争产品的潜在客户有多少？为什么他们只购买那些产品？市场份额是增加了还是减少了？有没有进入行业中利润率最高的分区？表4-4对上述信息做了摘要。

表4-4 进步食品服务公司市场分区吸引力评级

市场分区	占公司销售的百分比（%）	占行业销售的百分比（%）	市场吸引力特征（规模、增长率、购买量等）	评级（1～5分）
普通分销商	39	27	行业内前五位起关键作用。价格是重要的驱动因素	3
专业分销商	14	13	表明因为老年人特殊饮食服务要求而实现的增长	4
快餐连锁店	16	22	这一类产品接近饱和，竞争激烈并且价格压力大	2
商业运营商	22	30	因为双收入家庭而实现的快速增长（如零售熟食店）部分，这类产品的重要潜在市场	3
非商业运营商	9	8	市场静止或开始萎缩	1

为了确定进步食品公司在处理特定分区的需求时是否具有竞争优势，产品经理诚实地评估了公司的能力，并对满足分区需求的能力打了分。还是运用1～5分的量表，1分表示存在强大竞争对手且对方拥有满足特定需求的

巨大能力，3分表示与竞争对手一样，5分表示明显好过竞争对手。进步公司的竞争性服务能力得分如表4-5所示。"满足需要的要求"一栏凸显了进步公司需要做出的改进或改变，来满足所确认的5个分区中每一个分区的需要。这个得分表明了进步公司与竞争对手相比，如何才能很好地满足需要。

表4-5　服务能力评级

市场分区	需　求	满足需要的要求 （产品、技术集、位置、成本）	评级 （1～5分）
普通分销商	集中购买：按折扣价购买的量；专业配送标准	改进发货条款，建立商业情报（BI）部门	3
专业分销商	专门产品；销售支持	对研发和新产品开发的承诺	4
快餐连锁店	最低价格，即时发货	分担成本的运输服务	2
商业运营商	菜单支持；陈述建议	向随叫随到的主厨咨询；监测厨房；在线教育项目	4
非商业运营商	持续的库存补充，长保质期	产品开发	1

合并市场吸引力和服务能力的信息得出了图4-3所示的坐标。例如，普通分销商分区的市场吸引力得分为3，满足需要能力得分为3，这样它正好处于坐标的中间位置。

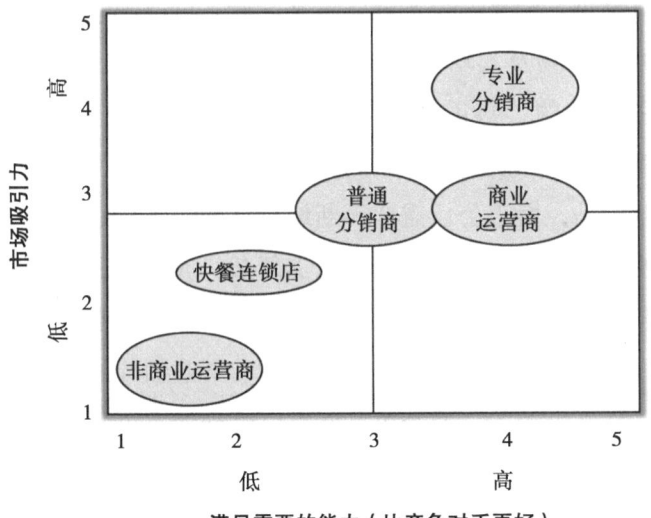

图4-3　进步食品服务公司市场吸引力坐标

如果其他保持不变，那么最好的目标市场将位于右上象限，在这里，公司拥有极具吸引力的客户分区，以及服务该分区时具有很强的竞争优势。当然，也有其他的担心。首先，也许没有哪个市场分区会完全落在这个象限。这样的话，公司就将目标定位在既有的最有吸引力的分区，并明确需要开发出什么产品以及培养什么技能，让这个分区成为恰当的分区。其次，右上象限内的分区与现有的其他分区相比，也许未来的利润潜力较小。为了更加形象化地表示出这种情形，可以调整圆圈的大小，以体现这个象限内的潜在机会。再次，右上象限的分区可能已经被大公司占据，再增加资源投入，所能获得的收益都相当有限。这样的话，分配一定的营销资源来保留客户比较合适，将更多的资源转移至其他更有希望的市场分区。为了让该坐标内容更加形象，把圆圈画成饼状图，用来区分已有市场和未来市场。最后，有些市场分区从绝对量上看已没什么吸引力，但事实上，如果竞争对手没能很好地开发，也可能相当有吸引力。

为编辑这类信息，需要同时参考内部信息资源和二级（已出版的）信息资源。内部资源方面，销售记录应与人口特征关联起来，确定哪些变量与利润率的联系最为紧密。公司规模、地理区位、应用种类以及任何其他变量是不是能帮助"预测"销量？变量确定下来之后，可以把它们外推运用到非客户身上，来预测市场及其增长潜力。在这个分析步骤上的"待交付的"就是产品信息手册中的"知识章节"（我们将在第 5 章讨论这个问题），它总结顾客忠诚度的决定因素和确定有利可图的客户分区。

值得注意的是，由于公司需要不断地设计和实施新的服务项目来满足客户的预期，所以这个过程通常会变得更加复杂，成本也通常会随之增加。传统成本会计方法不能很好地识别服务成本方面的差异。它们不能识别为应对具体市场分区的需要而形成的生产完成之后的某些额外成本。重要的是要认识到，成本不是不可控的，而是由某些可以管理的、可测量因素导致的。因此，理解市场分区报告和因活动而产生的各种成本的能力，应该成为产品经理工作技能的一部分。

这些信息编制完成之后，产品经理就能够创建此前为进步食品服务公司描述的可视化坐标。该信息可用来识别主要和次要目标市场、市场的需求，以及公司必须处理好才能满足需要的各种问题。注意，前面例子模糊了渠道客户和终端客户的区别。尽管这个例子不是"纯粹的"或者"理想的"，但这可能会是个真实的情形。有些产品经理（尤其是消费品产品经理）将渠道看成自己的客户，而将终端用户看成消费者。在很多情形中，理解渠道客户的需求和期望，对企业的生存至关重要。例如，宝洁公司就极其依赖其与沃尔玛（2005年为宝洁公司贡献了17%的销量或者87亿美元的销售额）的关系。两家公司共享数据和销售计划；为提高效率，这两家公司还把计算机系统也连起来了。

留住老客户与获取新客户之间的平衡

对目标市场作全面分析之后，下一步就是考虑如何实现客户资产的增值（见图4-4）。我们可能需要采取以下一种或一组行动：（1）增加现有客户的利润率；（2）吸引未来可能带来高价值业务的新客户；（3）"放弃"低潜力客户。要增加现有利润率，首先要在高价值客户身上投资。额外销售和交叉销售（有时甚至是其他产品经理的产品）如何才能增加客户资产？（不能让产品或品牌管理的侧重点妨碍这种做法。记住，品牌本身并不创造财富，客户才能创造财富。）[9] 应尝试改变市场上的什么行为才能增加利润率？需要改变自己公司的什么行为才能增加利润率？

数据库项目能帮助产品经理弄清楚特定市场分区和二级分区的需求。产品经理应努力确定必要的行动，让现有客户增加他们与公司的生意，让"好的"客户变得更加忠诚，以及让二级分区客户转变为主要客户。然后通过利用灵活的制造和发货技术，产品经理能够提供为每个客户群体量身定制的划算的产品——产品特征、价格折扣、服务安排以及购买保修等都做了精心的考虑的产品。工业公司、服务业公司以及批发商和零售商之类的销售公司，都在运用这种方法。例如，加拿大连锁杂货店分析过为大约1.5万个家庭提供服务、年销售收入2500万美元，以及经营利润率2%的"典型"商店后，发现了如下信息：

第一，公司根据商店周围的客户基础进行市场细分：主要买家（占杂货店80%的杂货生意）、二级买家（购买杂货方面的钱有10%~50%花在这里）以及非买家。

第二，公司计算了对现有客户行为信息微小调整之后，对商店利润率的影响。假设商店成本构成保持不变，客户在这里额外花费每一美元的边际收益率，是商店净利润率的10倍。于是，公司发现，只要众多客户中有一个在行为上做些微小的改变，利润就会明显增加。如果把客户基础扩大到主要客户的2%，商店就会增加45%以上的利润。只要把200位二级客户转变成主要客户，就能增加20%以上的利润。每多向一位客户出售一份农产品就会增加40%的利润。说服每位客户用两个本店品牌取代两个全国性品牌，那么他们的每次购买会增加55%的利润。

但是，公司过去并没有直接注意到这些机会，相反，却像大多数其他组织一样，一直关注着更加传统的目标，如生产率、市场份额和质量。结果，它们忽视了优化客户价值交易行为就能缩小与全部潜力之间差距的这种可能性。[10]

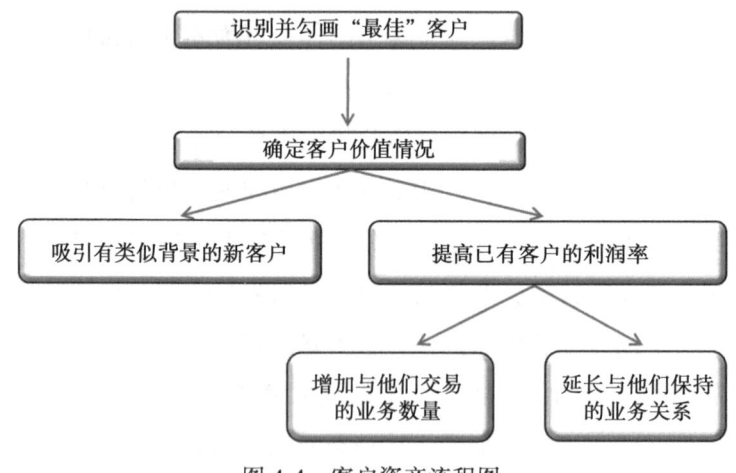

图 4-4　客户资产流程图

主动放弃客户

很多产品经理面对的一个特殊难题就是，如何对一个不给公司创造任何利润的客户（或是不创造利润的客户群）说"不"的问题。所有公司都会有要求特殊服务（而不产生额外的利润）、对任何东西都要最低价或者要求修改基本的产品或服务来满足自己独特需求的客户。这些情形的任何一种，哪怕只出现一次，公司也只有很少几个选择：提高价格、降低对该客户的服务成本，或终止与该客户的业务关系。

提高价格来补偿所提供的额外价值是最显而易见的解决办法，但这种做法却很难实现。客户一定能察觉并相信产品的竞争价值，如果某个特别客户不是目标市场的一部分，可能不存在该客户需求和公司能力之间的匹配关系。由此，到了第二个选择：降低服务成本。这个时候重要的是，产品经理要清楚了解由该名客户所"造成"的额外成本是多少。表4-6是个示范表格，包括由该客户造成的直接和间接收益以及成本。只有了解真实成本才能采取降低成本的行动。

表 4-6　客户利润率分析表

客户：阿特金斯公司（Atkins, Inc.）
行业：半导体机械制造

产　　品	产 品 收 入	产 品 成 本	产 品 贡 献
总计			
其他客户收入 ＋			
其他客户支出 －			
总贡献 ＝			

终止与该客户的业务联系可能是最后却又是必须做出的选择，通常是通过改变服务政策或提高价格等行为间接实施的。不过，在这之前，还得先问

几个问题：该客户是不是只有成为顾客，才能为公司带来业务？该客户今后会不会成为公司的战略客户？如果业务关系终结，这位客户是不是已经承担了需要分配到其他地方的管理费用？先对这个情形做一次真实的评估，并做好在必要时说"不"的准备。

事件与趋势

产品经理需要关注很多外部性和趋势。社会趋势以及不断变化的风俗习惯、政治动荡、宏观经济、环境事件或环境变化、监管合规问题，以及大量其他趋势都可能影响产品的成功。产品经理，不论是否参与新产品构思时的头脑风暴过程，或是为已有产品设计新颖的上市战略，都必须擅长发觉并利用好各种趋势（或将任何负面后果最小化）。

经营中我们太容易迷失于日复一日的救急工作，或者忘记环顾一下四周，看看我们周围都发生了什么变化。因为，发现趋势可能需要全心全意的关注，为此我们应该确定，需要积极寻找的是哪些趋势，以及对哪些趋势需要选择性进行评估。创建几个文件夹（虚拟或真实的），贴上标签，标明你需要追踪的关键趋势。例如，技术产品经理可能跟随虚拟化过程、云计算和商业分析方法，食品产品经理可能会追寻肥胖症、营养成分标示以及监管趋势。有时候请同行来帮帮我们也是有益的选择。建立一个趋势分析团队（TAG 小组），请每个同事向你提供与某个特别趋势有关的信息。在任何情况下，一定要创建好文件夹标签，比如一个专门为杂感和思考准备的、标有随机分析字样的文件夹。把各种文章、顾客数据、渠道和销售见解、各种下载资料，以及杂感装到这些文件夹里。然后养成习惯，经常来看看这些信息。

监控人口趋势和变化也能发现对新产品、语言调整，以及改变营销战略的需要。尽管人们通常认为最新消费品应关注年轻人，但很多公司已经开始接触年纪更大的成年人。宝洁公司确立了大约 30 种可以直接面向年龄在 50 岁或以上的人群销售的产品，索尼公司已经增加了广告投放，让高端工具对于 50~64 岁年龄段的人群更有吸引力。[11] 全球人口老龄化还导致了对传统汽车设计的实质性挑战，日本人已经开始整合这些特征，解决这些问题（见企业案例 4-4 "日本车：老年人的选择"）。

企业案例 4-4

日本车：老年人的选择

随着几乎所有发达国家人口中老年人口比重急剧上升，专门为老年人设计、满足老年人需求的产品和服务的需求量必将日益增加。在日本，65 岁以上的老年人大约占总人口的 1/4，日本已经开始面对这个问题。东京第 31 届国际居家护理与康复展览会上，多个品种的"老人车"就陈列在展示成人尿片和家用电梯的柜台旁边。

尼桑汽车公司的分公司展出了一款连接厢式货车的轮椅坡道和为更小的汽车设计的产品，包括旋转座椅和用来把轮椅吊进和吊出车厢的电动吊机。丰田公司正在开发"无障碍汽车"，并已经开发出了汽车座椅，该座椅同时能当轮椅使用。福特公司甚至已经开发出了限制运动幅度的全身连身衣，帮助设计师理解老年人的各种限制。这种连身衣装有玻璃，用来模拟弱视的效果。

目前，这些类型的交通工具在市场上只占全部已销售汽车的比重不到 1%。其中，很多是为残疾人改装的车辆。因为存在产品责任方面的担心，大多数汽车公司正采取谨慎等等看的态度对待这个问题。但是，人口发展趋势真实存在，必将会对未来产品的需求造成重大的影响。

资料来源：Adapted from Jathon Sapsford, "Japan's Auto Makers Ply the Aged with 'Elder Car's Options,'" *Wall Street Journal* (November 5, 2004), pp.B1-B3.

站在潮流的前沿绝对重要，因为这会影响到你的市场、产品、竞争对手和技术。和任何时候一样，做出先后顺序的安排会非常有帮助。按概率和重要性对趋势进行分类（见图 4-5）。概率是指趋势在你当前规划期限内发生的可能性。重要性则指趋势可能对你的产品战略造成的正面或负面的影响。首先要关注的是发生概率最高、最具重要性的趋势。

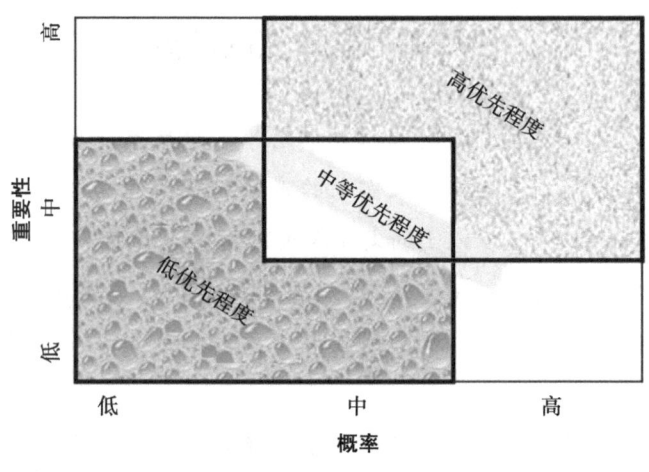

图 4-5　趋势评估坐标

研究项目

收集客户信息通常是营销研究人员的职责，因此这里只作简单介绍，解释一些基本定义或术语。我先区分初步研究、联合调研和次级研究。初步研究是指为明确的目的收集信息而采用的普查、典型群众研究、观察和其他方法开展的研究工作，需要专门为某个特定目的选择一个样本并设计一份问卷。联合调研通常指公司在某个通用研究中插入一两个问题，并"共同承担研究成本"的研究。这样，研究样本和问卷不是专门针对公司的目标选择和设计的，只有当认为它们"够接近"公司的需要时才这么做。联合调研还包括运用诸如由尼尔森之类的公司编辑整理的仓库与零售数据。次级研究则是指对普查数据、贸易协会统计数据以及其他先前整理和出版的数据进行的分析。

研究还可分为定性研究、定量研究或实验研究。定性研究，如分组座谈、人种学研究和案例分析。与一般问卷调查相比，它能提供更为丰富、深入的答案和见解。格里·卡茨（Gerry Katz），应用营销科学公司执行副总裁，曾录制过一份4分钟长的有趣视频，并上传到Youtube上，介绍了人种学方法或观察研究方法。在这份介绍性资料中，他描述了如何通过观察护士对透析机的运用，发现了一个后来转变成非常成功的产品特性，可是却没有被表达出来的需求。

此外，定性研究的优势是靠牺牲其代表性才获得的，其研究结果不可能通过统计方法推广到全部客户。由于样本规模较小，对于整个群体不可能具有代表性，而且提出的问题容易发生变化也对统计分析结果的可靠性提出一定的挑战。

定量研究实质上是定性研究的对立面。它要求措辞严谨的封闭式问题和真实概率抽样。这两个要求是在某一置信水平上，从样本中推测全体（样本的出处）的结果所必需的。事实上，多数客户研究的同时综合了定性和定量研究的一些方面。应该记住，没有所谓的完美问卷之类的东西，因此，即使作概率性研究，也不可能保证完全"真实"地反映现实。

在收集顾客信息时，实验研究的使用频率比定性研究和定量研究要低。消费品产品经理可以运用市场测试或商店测试，来确定哪种包装设计或广告信息比其他的更吸引客户。在设计市场实验研究时，研究人员努力选择类似的顾客群体（控制尽可能多的外生变量），给每个小组不同的包装设计（或者价格或者信息或者其他变量）。信息的对比测试用互联网更为简单，因为不同处理方法都可以随机实现。测量、比较该因素变化后的反应，并将其用作决策的基础。

网络作为获取"群众智慧"的研究工具已经获得了极大的发展。对现有产品的看法、改进意见、新产品的观点以及有关态度方面的见解都可能触发各种可能的机会，增加客户满意度或公司的利润率。

如果没有足够的技能、资源或资金用来开展全面的客户研究项目，还可以试试其他方法：（1）把整个研究分成多个分别关注最重要问题且更能承担得起的小型项目；（2）与其他需要从同一个客户群体获取信息的产品经理共同分担研究成本；（3）到大学找一个营销研究班级，请他们作为学期项目帮助开展研究；（4）聘请拥有这些技能的实习生开展研究项目；（5）确定二级研究项目（也许由公司内部顾问开展）能否提供必要信息，以扩展你已有的认识。

产品经理还能够运用非正式技术获得很多信息。拜访客户、贸易展销中的交谈、对客户服务代表的建议和评价、用户组织的输入信息、投诉信、产品维修记录、博客、经销商/分销商/代表咨询委员会，以及其他人际资源，都能提供产品改进方面的信息。

内部情报

最后一类情报来自内部数据。对于产品成功与失败的认识、市场营销活动的结果、有关产品与客户的财务报告、对内部流程必要优化方面的认识，以及其他数据，都有助于产品的改进。请阅读企业案例4-5"精益产品管理"，了解春季橱窗时尚（Springs Window Fashion）公司实施的精益营销活动，案例中用经优化后的流程来提高产品管理职能。

企业案例 4-5

精益产品管理

格洛丽亚·格林（Gloria Green），春季橱窗时尚公司精益营销高级经理，拥有30多年的经验，曾帮助多家公司运用通过连接营销和运营的协同效益获益。她创建并实施过很多成功的营销方

案，同时开发出改进程序，促进更好的实践。她拥有多个行业的经验，具备战略规划、市场营销、产品管理、精益营销以及项目管理（从确定目标与可交付的成果，到运用评估与普查方法，以确保让人满意的执行）等方面的专业技能。

在按订单装配的橱窗修饰世界，有很多不同品牌、数百个款式和各种花色，产品经理追踪可在哪里获得什么信息，并把消息传递给需要的人，要花费大量时间。如果有10条不同的产品线，情况就更加复杂了，春季橱窗时尚公司的产品经理每年要花数千小时来管理数据。而这只是把数据整合到一起，以便能准确地引入订单登录系统、生成在线订单、预设客户订单登录系统、添加到虚拟装饰师和在线样品集中、添加到价格清单中，以及用来确保样品手册中准确包含各种款式与花色。

春季橱窗时尚公司是一家创新型百叶窗、遮阳物以及遮阳篷的生产商，有巴利（Bali）和格拉博（Graber）两个品牌。它运用新型精益生产流程管理产品，解决了这个问题。开始时，为升级产品线，它收集了各种信息流。它的产品信息收集流程如图 4-6 所示。

在收集信息过程中，我们规定了产品经理应如何获得、运用并分享这些数据（主要是运用电子表格技术），并因此弄清楚了多个领域存在的浪费现象。

资源未充分利用

产品经理花数千小时处理电子表格中的数据，却没有通过分析数据来增加价值。

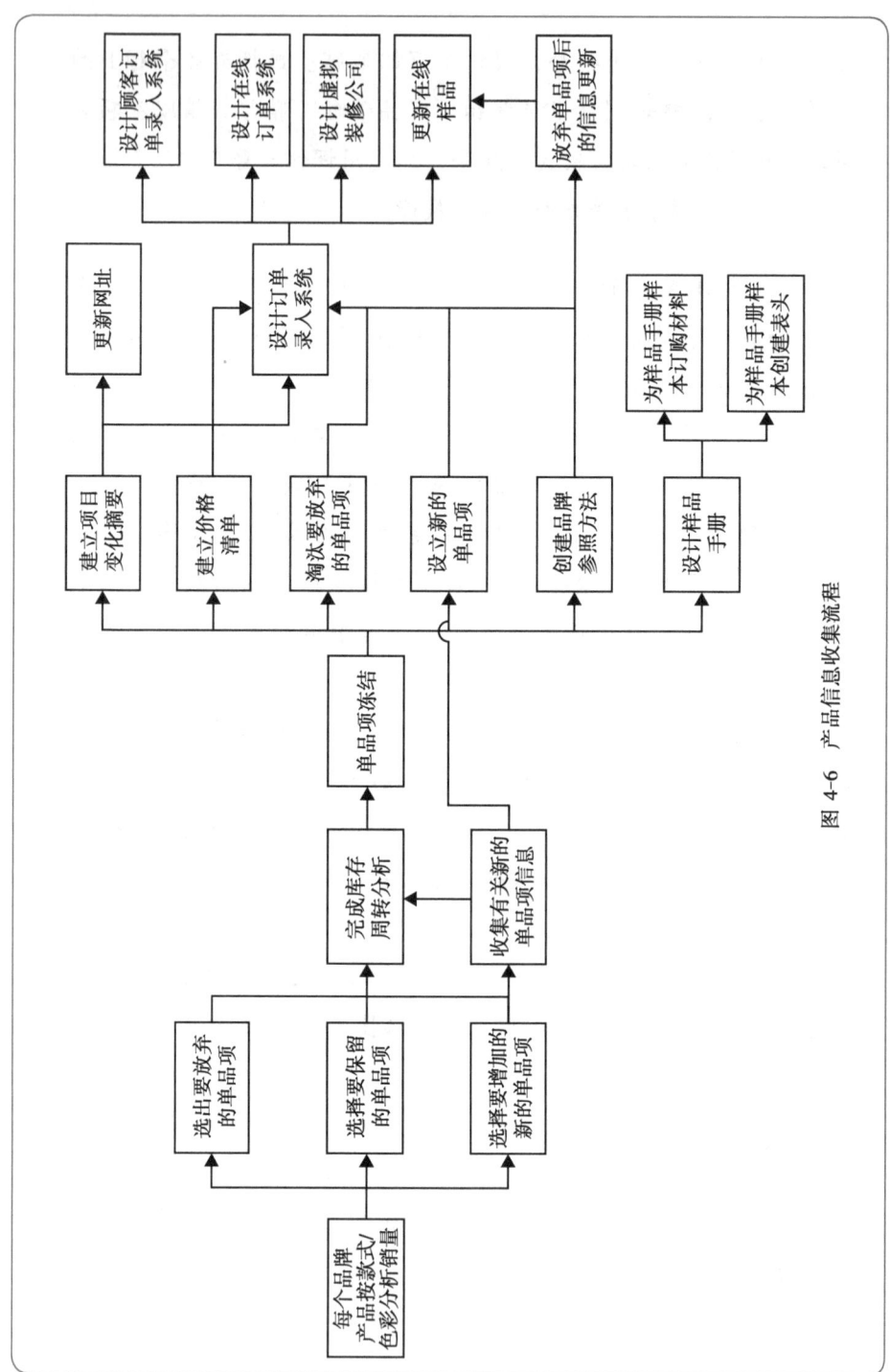

图 4-6 产品信息收集流程

过度处理

在电子表格中可用 VLOOKUP 和 Pivot Tables 功能来减少工作量，但仍有一定的局限性，因为每个跨部门产品小组成员需要不同信息。为了消除（并不是每次都更新最近的变化的）多个表单现象，我们创建了庞大的电子表格系统。尽管小组成员的电子表格运用技术各不相同，但他们都需要花时间操作表单，以获得自己需要的具体数据。

动态变化

只要有一个人在整理数据时出了错误（或者中断了某个链接），就会使所有数据失真。因为这种错误通常不能被及时发现，数据不可能自行恢复原状，通常需要重新创建。

创建的表单过多

每个产品经理都按自己的方式创建产品线表单。小组成员必须琢磨出如何运用每个项目的数据。各种特征、不同功能以及多种选择都根据不同的产品线起了不同名称。这导致了在我们的抽样和商品化材料中需要运用各种不同术语。

瑕疵

审阅一个有 300 行和 50 列数据的表单的准确性几乎是个不可能完成的任务。小组成员通常会把自己需要的信息单独保存，因此后续的升级和改变也就不存在了。

为了精益化营销活动，春季橱窗时尚公司运用 SharePoint 软件创建了一个产品信息数据库。小组成员通过输入数据到专门设计的只显示需要信息的表格。下拉式菜单会统一每个产品线的术语。工作流会得到优化，因为小组成员知道前项任务什么时候完成，数据库什么时候准备完毕，可让他们继续下一步操作。报告也会标准化，小组成员可以下载数据，为新的单品项创建产品开发文件，创建项目改变摘要（表明什么是新的，什么已经保留以及什么将会过时）、价格清单信息、为样品手册的样本订购的材料清单、样品手册样本的表头以及款式信息表。

整合营销经理阿玛·丘尔特（Am Curet）希望整个精益流程尽快部署到位。"我们的创新服务部门花了大量时间，核实自己准备的营销材料中的信息与数据的准确性和一致性。这样就可以让我们的图形和网站设计人员专注于艺术方面，从而增加我们工作的影响力。"

设计数据库还提供了额外的好处，它能提高产品经理在如下方面的能力：

- 监控单品项生产力（用品牌/款式/花色拉动销量的增加，并因此让产品经理能腾出时间分析数据）；
- 立即获取客户服务和销售团队需要的信息；
- 把有关需要放弃的单品项信息通知给客户服务部门和销售部门；
- 把用作网站样品和提供给虚拟装饰商的款式/花色变化信息通知给电子商务团队。

该产品信息数据库还没完全运行，产品经理詹妮弗·伊斯梅尔（Jennifer Ismail）就说："时间的节省和效率的提高可大大减少管理数据所需的时间，腾出的时间可用来作分析，制定全面的未来产品线战略。"

本章思考

在能帮助更好决策的信息中，确定哪些需要持续获取，哪些需要周期性获取，以及哪些在用到时随时获取即可。既要考虑外在的"时间"因素，又要考虑内部数据，然后构建工作所需要的系统。记住，没有必要的数据支撑，你的说法都只能是你个人的意见。

葆拉·格雷访谈：运用人类学理论获取市场知识

葆拉·格雷（Paula Gray）
国际产品营销与产品管理协会（AIPMM）常驻人类学家
电子邮箱：Paula.gray@aipmm.com

葆拉，拥有常驻人类学家头衔的人可不是很多。在你身后，有没有什么故事可以与大家分享的？

我是应用文化人类学家。不过，我并不研究生活在热带雨林中的土著部落。我研究的是特定文化背景下的人类行为：一个公司（微软公司）、一个社区（真实的或虚拟的）、一个地理区域（洛杉矶）、一个拥有共同信仰和行为模式的团体（如吸毒者、工程师或滑板滑雪运动爱好者），或者公司已有或潜在客户。我运用所获得的信息回答各类问题，并帮助解决各种难题。

我在产品营销与产品管理协会有两个主要关注点：我对世界范围内的产品经理开展研究，并把我的见解提供给产品营销与产品管理协会，帮助协会支持自己的会员；我还开展课程合作，教会产品经理一些对他们的工作特别有用的人类学基本技能。我对产品经理的工作非常着迷，他们努力获取支持，却只能获得很少甚至根本没有官方力量的支持。他们努力为一个相当复杂的社会体系导航，却通常需要对自己无法控制的过程和任务负责。我认为他们这个群体真是很了不起。

我头衔中"常驻"这个词的意思是，我还可以自由追随自己的兴趣，独立开展额外研究项目。

产品经理需要持续寻求更好的方法，获取对消费者的认识以及客户的声音（VOC）。首先，你能不能给我们区分一下人种学和人类学这两个概念，并解释一下它们是如何为产品开发和市场营销服务的？

人类学是关注文化背景下的人类行为和互动的社会科学的一个分支。人类学家也做人种学研究。人种学是一种研究方法和工具，不像其他收集行为数据的方法，因为它研究的不仅仅是人们平时所说的，还研究他们所做的事情。我们在很久以前就认识到，人们谈论着理想，却实施不同的行为，他们从来没留意这种言行不一致的情形。

参与者观察是人种学研究的关键部分——我们把这种观察理解为在行为发生的地方与行为人见面，而不是让人们与自己的日常行为模式脱节，在实验室或受控制情形中强迫他们的行为。当然，调查研究、访问面谈、焦点小组和其他方法都有价值，但这些方法不能得到全面的信息，它们只能获取零星信息。这就是人种学研究的价值所在。它构建了一幅包括所有部分、细节丰满的完整画面。

收集好数据之后，我们会运用人类文化理论工具进行分析。人种学，是偏重定性数据分析的研究，需要文化理论工具来帮助解释其中发生的一切。人类学家在该领域技术独到，因为我们受过专门训练，寻找各种行为模式、说话风格、信仰体系、象征信息、社会网络，以及作为完整的文化体系一部分的其他要素。

在产品开发中，人种学研究的见解可以揭示产品应定位在消费者生命周期的哪个阶段，以及社会文化背景的哪个节点上。一个产品通常会拥有远远超出其固有功能的象征意义。消费者可能不会需要它的预期用途，因为它满足了他们完全不同的需要。人种学研究还揭示了消费者的重要的信仰问题、价值观，以及他们未曾表达出来的需求。这些需求明确了产品需要具有什么特征才能满足消费者的需要。这些见解随后会被转化成更吸引消费者的产品或特性。

市场营销方面，人种学对产品用途更深层次的意义与背景的认识，可用于设计支持并利用这些意义的信息传播方式。对于有更广泛文化背景的见解，可让营销人员了解自己的产品如何在不同文化环境中进行不同的定位，并能对自己产品的目标定位进行相应调整。人种学研究在提供有关市场与竞争环境的全球多元文化背景方面的知识尤其有用。

你能不能和我们分享几个运用这些工具的具体案例？

很多公司有自己的人类学家，聘请外部人类学家的公司也不愿意分享人种学研究的成果，因为这些研究为他们提供的竞争优势，只有在保守住秘密时才能实现。但是，仍有一些案例广为人知。

克里斯蒂娜·沃森（Christina Wasson）是北得克萨斯大学人类学教授。她在人类学与设计方面开展了重要研究工作。她曾讲过有关世楷公司（Steelcase）的一个故事。这是一家办公家具以及在大房间里构筑小隔间和工作空间所需的零部件的生产商，曾与电子实验室［E-Lab，如今是沙宾特公司（Sapient）的一部分］合作，开展了一项人种学研究，以了解他们的产品如何在办公室里使用。世楷公司的设计团队曾设想各公司构筑自己的工作空间的情形，并按此设想设计自己的产品。他们相信人们工作时会使用个人空间，而需要团队互动时则用集体空间。他们没有意识到，自己客户的员工对办公系统的真实使用方法，并不会必然与所设计的功能相匹配。人种学研究表明，临时会议和互动往往在门厅和其他自由空间进行，因而把这些地方转变成了重要工作场所。基于这种发现，他们开始专注于开发支持利用这些空间的产品，因此也对未来产品设计带来了重要启示。

帕科·昂德希尔（Paco Underhill）是位零售人类学家，也是环境销售咨询公司（Envirosell）的创始人。他曾与一家消费品制造公司合作，开展了一项为期两年、针对超市购物和购买行为的调查研究活动。这项人种学研究发现了孩子们选择自己商品的自由程度、每种类型的产品都由谁来购买，以及他们的总体品牌倾向如何。根据这些发现，公司改变了产品陈列的空间布局，让它们更加精准地服务于商品的核心买家。

产品经理怎么才能针对各种消费品、非消费品或服务，区别运用这些工具？

对于产品经理，人种学作为一种工具在这三个方面的作用同样重要。人类学家知道如何针对每种产品或服务的研究问题，调整数据收集方法。B2B产品往往有更多的客户层次需要研究，因此研究小组需要开展更为深入的研究工作，以获得对整个背景情况的了解。例如，商品的第一个购买者或客户可能将其作为某个更大商品的零部件，而这件商品本身可能还拥有自己的客户。因此，人种学研究需要开展对每个层次的顾客的调查工作，直到终端用户，以获取最为全面的信息。

除了已经分享的信息之外，你还有什么建议要给产品经理，以便增加他们以客户为中心的工具储备？

因为有很多公司在全球跨文化环境中设计与营销产品，产品经理很有必要了解所处地区及其文化特征方面的知识。即使没在人类学方面经过特别培训与教育，产品经理仍然能发现，影响并构成这些客户生活的一些关键要素。例如，他们拥有相同的信仰、价值观、风俗习惯、主要禁忌和该地区的主要宗教等。尽管这并不是什么高深的研究，但这些知识能帮助产品经理获得对某些人种学研究发现更加全面的理解，也会让他们能更好地表达客户的需求。

我认为，产品经理要能做到在任何可能的时候随时开展非正式的客户观察活动，这一点很重要。他们需要获得与客户面对面的时间，以便了解这些个人的复杂性。这种非正式观察能增进了解，积累第一手知识，增长产品经理的见识。

第 5 章

产品企划框架

请判断对错：填空式企划模板能提高产品经理企划成功的概率。

这种说法也对也不对。好的企划模板能突出企划过程中的重要问题，方便开展评审，并且，这样做可能降低产品经理在做企划时忽视某些重要事实的可能性。问题是，这样的模板自身可能会成为企划的终极目标，导致产品经理在企划时只是"走走过场"，并不会充分深入思考自己所提方案的前因后果。这样一来，企划也就成为一个周而复始的经过简化后的工作流程而已，发挥不了其应有的作用。对此，我们应格外小心。

从最根本上讲，企划就是缩小自己目前处境与想要达到的处境之间差距的行动。如果你是位高尔夫球手，技术平平，希望把球技提升几个层次，那么你可以通过系统的培训和练习，有计划地缩小这个差距。测体重时，如果发现自己当前体重与所期望体重之间存在一定差距，你也可以制定一个方案，有计划地缩短这两者之间的距离。商业企划方案的原理也是一样的。

在此，我没有使用"最佳实践"这个术语，因为在不同环境下，可能存在各种差异巨大的"最佳"企划方法。经理通常会寻找众多专家所用的最佳实践做法，作为其取得卓越成就的捷径。可现实中通常没有什么捷径可循，只能实实在在、脚踏实地地工作，全面认真了解所处决策环境，才能创造自己的最佳实践。本章将要讨论的是，产品经理在评估自己企划过程和企划框架时，应考虑的各种背景问题。

企划框架

考察企划方法和企划框架的视角多种多样。这是件好事，因为各公司产品经理都可以从其他同行制定战略时所遇到的各种不同"现实情形"中获得种种启示。B2B产品经理需要理解清楚，如何才能帮助销售人员和分销商把产品出售给商业客户。消费品产品经理不仅需要拥有"品牌经理"那种看待家庭购买者的清晰视角，他们还必须具备激励贸易伙伴的能力。全球化产品的经理也有不同的职责，因为他们中有些人是为外国买家设计产品，而有些则是从位于另一国家的总部接受已有产品，为本地客户进行"全球本地化"生产的。在所有这些情形中，存在众多一致的企划原则，但对这些原则的运用却各不相同。

上游企划框架和下游企划框架之间就差异明显。在战略层面，制订上游企划时，产品经理需要准备长期路线图、创新章程，以及诸如企划方案和产品发布方案之类的新产品开发支持文件。而在下游，企划的重点则转移到产品生命周期规划、强化核心产品、升级处于平台阶段的产品、复活先前就有的"超前"概念或品牌，以及让处于生命周期末端的产品退出市场等。这些企划工作的某些部分需要整合到年度营销及经营计划中去。因此，产品经理需要负责的计划、文件、报告以及建议的类型多种多样，其中有些必须衔接上游与下游的企划工作。

年度产品经营计划是执行当年产品生命周期战略的具体策略，但该企划过程其实是个制约与平衡的过程。我们首先需要审查各种（过去的和现在的）数据，并对未来数据进行预测，这样我们可以确保企划时有具体事实作为依据，而不只是为了追赶潮流。企划过程也不只是填填表格或捣鼓一下数字。企划方案中必须提供各种基本资料，这样产品经理才能够合理运用各种资源，实现管理和人员流动方面的协调性。各种财务数据是企划方案获得批准的重要因素。

企划过程通常需要解决五个根本问题，把长期思考与短期思考联系起来（见图 5-1）。

1. 你现在处在什么位置（背景分析及情报收集）？
2. 你的长期目标是什么（战略性产品、产品组合的愿景和具体战略）？
3. 你今年准备采取什么行动来实现既定的长期愿景（年度目标）？
4. 你采取什么行动以实现既定目标（战术和行动计划）？
5. 你如何执行和跟踪行动进展，并开展对结果的评估工作（度量与测量方法）？

整个过程不见得一定要按照上述先后顺序进行，有些公司可能要首先确定长期目标（第 2 步），之后才开始收集数据（第 1 步）；或者根据新出现的信息或与高管协商的结果，循环实施各个步骤。但是，所有这些步骤通常会以某种形式融入整个企划过程之中。

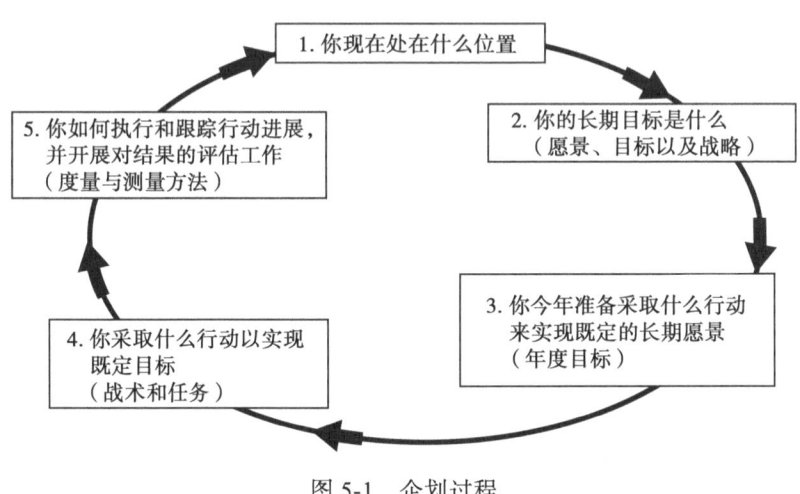

图 5-1 企划过程

你现在处在什么位置

在本书前面章节中，我们讨论过好几类与"你现在处在什么位置"这个问题有关的外部信息种类。我们可回顾总结一下 TIME 分析中所获得的重要数据：技术问题、产业条件、市场分区以及有关的外部性和其他重要事项。在此基础上，还需要加入企业内部相关产品绩效表现和营销活动的历史数据。

绩效历史所考察的是不同产品在过去一段时间里的市场表现，及其实现计划的程度。它关注的是用来表示绩效的市场份额、财务以及其他数据或统计指标。此外，类似下列有关产品组合问题提供了能突出规划中所需解决的问题与所要应对的机会方面的定性数据。

产品信息

会计部门最有可能提供有关产品销量和利润率方面的各种常规数据，但对数据的分析，应超越纯粹的量化统计，并应对下列各个定性变量加以考虑。

- 产品处于其生命周期的哪个阶段？哪些产品处于生命周期的早期，哪些处于成长期，哪些处于成熟期，以及哪些应该准备退出市场？这些问题的答案是否确认了你先前对于强化、升级产品或将其退市的各种观点？
- 产品名称有什么隐含意义？它是不是可以用作商标？
- 消费者能够区分的特征和产品有哪些？
- 对于每一个特征，都要问一下"如果是这样，那又该如何"这个问题，从客户的角度来看待其所带来的好处。
- 产品是通过中间商（经销商）进行销售的吗？如果是这样，就应该采取两个步骤分析其特征、好处和价值。
- 用数字来表示产品质量等级（1 表示最好，7 表示最差），该产品的质量等级是多少？在所有客户细分中，是否都能获得同样等级的评价？是不是所有产品都能获得同样等级的评价？
- 产品线中的每个产品所贡献的销量和利润是多少？其顾客满意度如

何？是否有些产品已经可以退出市场了？
- 与公司总体回报率相比，产品线的回报率如何？
- 产品设计是否有助于提高生产过程的效率？
- 产品开发、产品工程设计以及生产工程设计中的设计成本是多少？
- 各产品要实现收支平衡应该达到的销量是多少？
- 产品质量保证是否有竞争力？
- 如果产品实现更加标准化会带来什么后果？如果更多地进行量身定制呢？
- 公司对创建自有品牌持什么样的态度？

销售队伍

即便产品经理通常没有权限调动销售人员，但对他们的工作效果进行检查，仍有助于发现产品经理在产品企划中需要解决的潜在问题。对此，产品经理应回答如下问题：

- 当前销售队伍的结构对于实现产品目标是不是合适？
- 是不是已经最有效果和最高效率地抵达目标客户？
- 产品和销售培训的效果如何？
- 是不是已经教会销售队伍如何帮助客户认识产品的各种好处了？

产品定价

合适的价格中包括所有相关费用支出，并应根据产品竞争价值进行合理定位，同时还要考虑顾客对产品的各种感受。产品经理应对公司政策进行评估，看看它是否能促进实现这些目标。为此，他需要回答如下问题：

- 是不是因为产品价格问题而导致公司流失大量业务？
- 定价时有没有犯错误？
- 购买产品或服务的感知成本是多少？
- 公司是价格领先者还是价格追随者？

- 什么是公司的定价政策？
- 公司提供了什么样的折扣？与竞争对手相比，这些折扣的效果如何？

促销活动

促销活动应该是整体营销沟通活动的一部分，是产品经理努力把统一的产品信息传递给客户的过程。产品经理应注意客户沟通方法的变化，其中包括产品定位、电子邮件营销、驱动力测试、"广告游戏"、社交网络、移动客户端、搜索引擎优化，以及其他技术。为此，他们应问自己如下问题：

- 客户当前对产品的印象如何？这种印象与产品广告所表达的是否一致？
- 先前的广告战略有没有起到作用？为什么？
- 公司还尝试过什么样的非广告促销活动？效果如何？
- 贸易展销会的效果如何？
- 产品网页（登录页面）信息是否充分、更新及时，并适合搜索引擎的检索？

分销战略

销售队伍和分销商是与客户面对面接触的最重要渠道。要有效接触客户不能单凭运气，而应该制订严格的计划。为此，产品经理应该问自己如下问题：

- 我们有哪些销售渠道？各种类型的中间渠道所获得的产品销量分别占多少个百分点？
- 公司与中间渠道（如分销商、代理商、零售商）的关系如何？
- 分销成本占销售额百分之多少？
- 与竞争对手相比，公司对分销商和零售商的政策如何？
- 公司最近出现了哪些库存耗尽、替代品以及延期交货的情形？

支持服务

为了构建完整的客户价值链条，产品营销计划中应该考虑安装与维修服务的问题。例如，维修服务的价值（因为成本增加、维修人员效率问题或其他原因）是否已经发生了变化？

趋势与发展动态

回顾一下之前所总结的各种趋势。它们对产品线的成功有什么影响？为此，我们需要考虑如下问题：

- 未来可能发生什么样的技术变革？这些变革在未来几年对产品销售可能带来什么影响？
- 请描述以下几个方面变化后的产业发展趋势：
  - 产品变化；
  - 价格水平/政策；
  - 分销方面的变化；
  - 渠道方面力量的转移。
- 与产品销量相对应的主要指标是什么？
- 经济生活中的基本趋势与变化有哪些？
- 是否存在影响产品销售的各种监管或政治力量？它们呈现什么样的发展趋势？
- 上述趋势发生的概率如何？
- 这些趋势对产品具有什么样的影响？

产品信息手册

所有这些信息，以及据此制订的相关计划和测量方法都应纳入产品信息手册（见图5-2）。该手册有助于产品经理在会议上回答各种有关产品的问题，也有助于他理清战略思路。这种手册可以有多种格式和规格，因此没必要寻求统一的编写方法。企业案例5-1"高露洁棕榄公司的产品信息集成手册"就运用了编辑这些信息的典型方法。

产品信息手册

编辑并整理外部数据与趋势
- 各种技术输入和流程
- 产业结构和关键绩效指标
- 竞争能力和战略情况（包括可能的替代品情况）
- 市场细分的规模、增长率、消费心理情况和人口因素
- 影响产品线的各种趋势、事件和外部性

根据目标，对产品过去的绩效进行评估
- 财务指标（销售量、利润）
- 客户指标（满意度、重复购买、推荐、品牌资产）
- 产品线指标（互补价值、生命周期、深度与广度、与未来目标的关联度、4R状况）
- 营销指标（认知度、计划的有效性）

对目标、产品组合、路线图、战略进行改进

图 5-2　产品信息手册

企业案例 5-1

高露洁棕榄公司的产品信息集成手册

高露洁棕榄公司（Colgate-Palmolive）曾经用信息集成手册来创建其全球品牌。这是一种用三孔档案夹进行装订的册子，其内容为公司所知的全部有关产品或类别的信息。该集成手册被分发给高露洁各子公司，以便在各不同地区推出的品牌能够保持一致性和统一性。尽管数字化时代的到来改变了这种手册的形式，但其理念仍然保留了下来。

莎伦·金德尔（Sharen Kindel）的文章"按手册售货"指出，高露洁的集成手册全面描述了产品的发布方案：

集成手册包含如下信息：产品概览、营销机会界定、产品的独特性、产品愿景、产品家族、消费者调查情况精要、产品包装、

图案和定价战略，以及广告方案、支持材料、专业的关系网络、广告诉求的充分性信息，甚至提供了具体的广告执行方案。该手册回答了所有诸如配方、添加物、香味、色彩以及稳定性之类的技术问题，并提供了重要联系方式列表，帮助核实信息或回答各种问题。约翰·斯蒂尔（John Steele，全球业务开发部部长）说："我们把自己想要的那种广告发送给所有子公司。这些广告已经在一些市场上试验过，都是成功有效的。"具体的国别方案则提供了具体的产品发布计划，以及该品牌推出至今的市场表现信息。竞争品牌及其广告支持的信息也包括在内。

装订成册的信息集有150~200页，有时候还不止一本。1993年，高露洁公司推出高露洁全效牙膏时，在产品发布前做过长达18个月的调研工作，调研结果装订成厚厚的两本。其中一本是产品在6个国家进行试销的结果，这6个国家是其精心挑选的能够代表不同营销机会和限制的国家。另一本为公共关系和广告诉求方面的详细信息。在产品的广告、包装、定价和市场定位方面，所有子公司都保持一致。通过运用产品集成手册，高露洁的子公司能在短短两年内向66个国家推出全效牙膏，是当时高露洁发展史上最快的一次新产品发布。

高露洁集成手册为产品规划及其行动方案细节提供了情报精要。尽管高露洁强调了手册在产品的全球发布中的作用，但其基本概念同样适用于年度规划和国内战略的制定。

内部评估应符合公司总体文化及其对规划所产生影响的要求。在高露洁这个案例中，产品手册与公司的核心营销理念保持一致。高露洁更喜欢给子公司以方向性的指引，而它的主要竞争对手之一——联合利华公司，则给了子公司在运用具体营销策略方面的自由。

市场分析专注于选择合适的客户，以便合理分配资源。对于高露洁，产品手册提供了统一的方法来观察市场，即使对微小的、被分割的市场也同样如此。它们提供了有关最可能使用该产品的客户及其心理情况分析的信息。这些信息有助于子公司发现新的、利润高的或者被竞争对手忽视的市场分区。

竞争战略根据高露洁在一个品类内的相对定位不同而不同。由于牙膏是高露洁的核心产品，全效牙膏的发布要求在全球范围内的速度保持一致，以帮助公司获得先发优势，在竞争对手推出竞争产品前发布产品并因此干扰其产品发布的效果。对于漂白类产品，则需要采取不同的方法。高露洁只是近期通过并购才涉足这一领域。因此，产品手册中这部分的竞争情况只提供必要新信息来培训员工。竞争部分内容主要用以了解竞争对手的总体战略、产品差异、未来发展和消费者对产品的认知情况。

历史绩效包括各种市场测试结果，因为高露洁的产品手册关注的都是新产品。高露洁在澳大利亚、哥伦比亚、希腊、菲律宾、葡萄牙和英国进行了全效牙膏的市场测试。抽样测试的信息、电视的运用以及其他手段都在产品手册中有介绍。把这些手册用于年度计划的制订则需要比较计划的数据和实际销售数据，并配合以相关的差异发生原因分析。

未来趋势分析在高露洁战略中也有重要作用。过去，只有少数几个全球品牌、有限的国际化技术，对于推广超级品牌的标准化方法的需求并不是很迫切。如今，互联网使得全球范围的即时通信变成现实，通过产品手册提供共同品牌战略也因此变得越来越有价值了。

资料来源：Adapted from Sharen Kindel, "Selling by the Book," *Sale & Marketing Management* (October 1994), pp.101-107.

你的长期目标是什么

形成未来产品组合的"愿景"是什么样子很重要。首先,我们要确定整个公司的愿景与战略。愿景就是公司对自己未来的心理构想,即公司将向市场推出什么产品以及将要为什么样的市场提供服务。公司和部门的战略是向着这个目标前进的总体方案。产品规划和营销策略应与公司的愿景和战略保持一致,并使公司的服务获得更高的顾客满意度。愿景与公司战略这两个概念虽然很宽泛,但都主要围绕发展和提高核心能力两个方面。具体的产品战略及策略应专注于客户的具体需求。

愿景应突出公司已有或愿意发展的核心能力。例如,日本土方工程设备生产商小松公司(Komatsu),早在20世纪60年代就想打败美国的建筑和采矿设备制造商卡特彼勒公司(Caterpillar)。该公司在其战略中清楚地表明,为了实现这个愿景,自己需要掌握什么技能,并开发出什么产品(见企业案例5-2"小松公司的长期营销挑战")。

企业案例 5-2

小松公司的长期营销挑战

日本推土机制造商小松公司制定了成为全球土方工程设备的领军公司的宏伟战略愿景。这就要求公司在努力实现其远期目标时,推行一系列短期计划,解决公司马上要面对的问题并对各种机会做出必要的反应(见表5-1)。

在20世纪60年代,小松公司的规模只有卡特彼勒的1/3,只有一个产品线(小型推土机),并且在日本之外几乎不见其踪影。当卡特彼勒在日本对小松公司造成威胁时,小松公司的短期目标是保护其国内市场。实现该目标的战略就是要改进产品、降低成本,并通过授权协议开发各种新产品。20世纪70年代早期,小松公司面对的问题是如何开发出口市场。由于当时它的实力还不足以与卡特彼勒开展面对面的竞争,于是它选择了卡特彼勒比较弱的市场。到了70年代后期,小松公司已经准备充分,在美国市场与卡特彼勒展开了激烈的竞争。

表 5-1 小松公司的长期愿景:打败卡特彼勒公司

时 间	公司面临的挑战	应该采取的行动
20 世纪 60 年代早期	● 与卡特彼勒竞争,保护小松公司的国内市场	● 与康明斯发动机公司、国际收割机公司和比塞洛斯·埃里克公司签订许可生产协议
20 世纪 60 年代中期	● 开始采取提高质量的行动	● 推行多个质量控制和降低成本项目
20 世纪 60 年代后期~70 年代早期	● 开拓海外市场	● 成立小松欧洲公司 ● 建立服务部门,协助新兴工业化国家
20 世纪 70 年代后期	● 开发新产品和更多市场	● 制订未来规划与领先计划,基于社会需求和公司技术来开发新业务进入美国市场

请留意一下,该公司是怎么表达自己的长期愿景或方向的(成为比卡特彼勒更有实力的全球化企业)。注意,在更短的时期内,它关注的是当前影响其实现该愿景的问题和机会。公司的挑战就是在规划过程中要实现的短期目标。换句话说,公司要集中力量,实施各种能让其更加接近自己未来愿景所需要采取的各个步骤。公司在应该采取的行动一栏中,列出了其解决公司当前困难的行动计划或策略的摘要。

资料来源:Adapted from Gary Hamel and C.K.Prahalad, " Strategic Intent," *Harvard Business Review* (May-June 1989), pp.63-76.

了解公司的战略方向

公司评估还要考虑整体的公司文化、核心能力优势、必须消除的劣势,以及产品线在实现公司战略中的作用。公司文化是指公司运营的方式：理念、管理风格，以及治理结构。产品经理不能在短期内改变公司文化，但必须了解并努力在该文化内开展工作。创新型反应迅速的组织或保守型规模巨大的组织就是两种具体的公司文化类型。管理风格有专制型管理和民主型管理两种，它们对产品经理的工作效果都会产生影响。

产品经理通常并不清楚，自己的产品如何才能服务于实现公司目标这一任务（除了收益之外）。这个问题的确不好问答，但却必须认真对待。把公司的定位从生产经济型产品提升到生产高质量产品，肯定会影响到产品经理所要实施的战略。例如，2004 年，现代公司（Hyundai）宣布，它将在 2008 年之前，取代丰田公司成为行业内最高质量产品的生产商。尽管它至今都没有实现这个目标，但这一直是其实现绩效的动力。在 2004 年 J.D. 动力及其合伙人公司（J. D. Power & Associates）的新车质量调查中（Initial Quality Survey），现代公司已与本田公司（Honda）持平，其排名从第 10 位跃升至第 2 位。[1] 从战略上看，产品经理必须认真考虑这彼此之间的关联性。

为了帮你认清管理层的优势与劣势、核心能力、企划过程，以及其他职能情况，我们还需要回答该评估中的其他一些问题。

| 管理层

1. 谁是公司的真正推动者和有号召力的人物？哪些人应被吸纳进入新产品开发团队？
2. 谁负责制定预算？
3. 公司是不是拥有竞争对手所不具有的任何不寻常的业务实践模式？

| 独特能力

1. 作为公司存在理由的核心能力是什么？
2. 是不是各种不同的产品都有效地运用了这些核心能力？产品经理该如何运用公司的其他能力？

| 规划流程

1. 战术和战略规划的基本方法是什么？
2. 兼并、新市场渗入和增加市场份额，哪一个更能让公司获得成长？
3. 在企划时已确定目标的作用发挥到何种程度？
4. 在开发新产品时，重点应在哪儿（即产品线扩展、新应用、新产品投资）？
5. 全球化或国际化成长的计划是什么？
6. 开发中的重要新产品是什么？

| 其他职能领域

1. 研发经理的背景是什么？
2. 研究团队的实力如何？
3. 什么是公司的技术定位？
4. 公司是否拥有闲置厂房和过剩的生产能力？
5. 什么是公司开展研发的主要推动因素？
6. 研发团队是如何组建的？

战略产品愿景

在前面小松公司的案例中，我们了解了公司远期目标的表述，并弄清楚了它是如何与短期和中期战略相联系的。产品经理应结合整个公司的愿景，说明自己类似的愿景（或目标）。三星公司的愿景，从消费电子行业的落后者转变成行业领先者，对公司的产品起了重要影响作用（见企业案例5-3"三星的愿景"）。你希望自己的产品在三五年后呈现什么样子？你预想将来会出现什么样的新产品、新服务或新技术？你是仍然服务同样的客户，还是会进入新的市场分区？你将来的产品规模会怎样（用市场份额、销量或产品种类来衡量）？

> **企业案例 5-3**
>
> ## 三星的愿景
>
> 韩国三星电子公司几年前开始重塑自己,要从一个模仿者转变成"炫酷产品"的发明者。三星的首席执行官尹钟龙(Yun Jong-Yong)有这么一个愿望,就是让三星"成为家用电子行业的奔驰"。为了实现这个目标,三星集中力量,设计出各种领先产品,同时做到不忽视任何一位用户。
>
> 设计师以小组形式开展工作,每3~5人组成一个小组,成员分别来自各个不同领域,这样做让它摆脱了以往自上而下的传统管理模式。很多新设计来自公司之外,都是其认真奉行客户调查和测试承诺的结果。2004年,公司获得了5项工业设计卓越奖(IDEA),比任何美国和欧洲的竞争对手都多,它还在美国、欧洲和亚洲的顶级设计大赛中获得了总共33个奖项。这些设计增加了三星的品牌价值与市场份额。
>
> 尽管有些分析家质疑,三星公司是否拥有实现其愿景所需具备的广度和深度,但不容置疑的是,它正朝着这个目标前行。公司的未来取决于其继续预见客户需求的能力,以及保持其相比较于竞争对手的领先优势。
>
> 资料来源: David Rocks and Moon Ihlman, "Samsung Design," *BusinessWeek* (December 6, 2004) pp.88-96.

像在自己职责领域内撰写未来(和假想的)年度报告一样思考问题会很有帮助。假如你负责新产品开发,就要具体想象出将来会进入自己产品组合的各种新产品;假如你不负责新产品开发(即你的职责在于支持销售服务的"下游"阶段),就要具体想象出自己的产品在未来会处于什么样的竞争地位。把这些愿景记录下来并对其进行认真分析。当然,也许有时候必须做出一些变动和调整，不过这些调整和变动不应妨碍具有创新精神的产品经理的工作。

同时负责多个产品的产品经理所面对的共同问题是，如何平衡整个组合与个别产品，以及新产品与已有产品之间的各种需要。产品数量少，则要为每个产品设定一个目标。如果产品数量太多，无法分别设立目标，那么可以用来应对这个问题的方法至少还有三种。第一种方法是搞清楚关键产品（类似于在客户群中识别关键客户），或将它们分为需强化、升级、重新发布，以及退出市场的多个集合（在第 10 章中讨论）。然后为这些产品分别设定不同的目标，并为剩余产品制定较为宽泛笼统的目标。第二种方法是按客户细分和产品用途（如果必要）对产品进行分组，并以此为基础对每组产品分别制定目标。第三种方法是把产品和市场目标进行组合。

在任何情况下，我们都必须做好准备，一旦市场情况发生变化，就必须对工作重点做出必要的调整。例如，因为考虑到大家对肥胖症的担心，以及婴儿潮时期人口的老龄化问题，对销售会产生的影响，百事公司（PepsiCo）决定将其旗舰品牌换成无糖百事可乐，而不再是以往的百事可乐。但公司并没有立刻减少其主打产品的营销支出，而只是增加了无糖可乐的营销支出。[2]

在制订目标与计划的过程中，产品经理有时候需要从产品组合和多个产品组合的角度来考虑问题。产品经理往往需要平衡三个不同组合，即研发概念、进展中新产品和现有产品（见图 5-3）。第一个组合包括可能形成未来产品的各种创意。其中有一些只是数据库中的某个观点，而其他则可能正处于研发之中，但它们都还没有达到进入新产品开发的管道。这些创意事实上只是产品开发"模糊前沿"的工作。第二个组合由处于开发过程中的产品概念组成。产品经理把这些创意投入新的产品线，并指引整个开发过程。第三个组合由为组织实现当前现金流的各种资产组成。作为多个组合的主管，产品经理要确定采取什么样的最佳方式，才能让生命周期管理有利可图。这三个组合中，前两个是上游管理活动的部分内容，而第三个则属于下游产品管理活动。

全部组合方案应明确新的和已有的产品之间的比例。产品组合是多种投资的集合，这和股票投资组合相似。整个投资组合应该是通过平衡各种风险来实现利润率的长期增长。由于预测销售量和利润率很难做到非常精确，产品经理因此必须努力整合一定比例的低风险产品和一定比例的高风险产品（更高的预期回报率）。例如，杜邦公司发现自己的资源使用过于分散，有 2/3 的研发经费用于改进现有产品，而不是开发新产品。在 2003 年，这两者各占 50%，但它的目标是要把 65% 的研发费用投入新产品开发。[3]

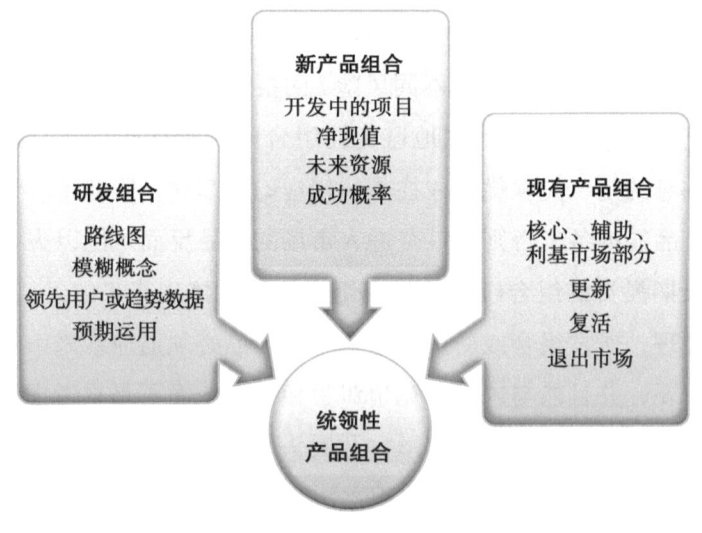

图 5-3　产品组合

资料来源：© Linda Gorchels.

回到组合这个概念，我们先来讨论一些基本定义，然后去探讨其中更多的细节问题。组合就是提供一定适宜水平的多样化，以实现最小化随机风险的一组产品（如现有资产或计划投资）。财务规划人员很看重分散化。由于各种期限、强度和市场变化的频率很难预测，因此，多种基金的组合有助于管理风险。这些建议同样适用于产品组合。

在《超级投资者的密码》(The Secret Code of the Superior Investor) 中，詹姆斯·格拉斯曼（James Glassman）指出，卓越投资人：

- 并不比别人更加聪明，而是更会平衡与分摊风险；

- 所掌握的组合能体现美国经济 10 年以后将会呈现的模样；
- 了解自己应该（或不应该）做的投资的种类；
- 知道什么时候抛售，因此会经常开展平衡组合的各种操作。

上面每个理财原理都有相应的推论。成功的组合经理不会试图证明自己比市场更为高明。他们清楚，自己不可能收集到全部市场信息，即使他们尽最大努力选择最好的股票，他们也需要进行分散投资。这样的话，他们在一个地方的损失，就可以用其他地方的盈利来弥补。已经过了初创阶段的公司，应认真考虑自己所拥有的不同风险/回报情况、能产生短期和长期现金收入的新产品组合，并有计划地避免让组合中的所有产品同时处于研发阶段。值得注意的是，先发优势往往是比较虚幻的东西，除非市场已经真正做好接受新产品的准备，否则第一个进入市场的产品反而可能以失败告终。

从事长期投资的组合经理的投资组合往往能体现未来的经济发展趋势。对于产品经理，研发组合或新产品组合中的产品必须适应未来市场，满足未来客户的需要，并且能与未来的竞争对手相抗衡，而不是只考虑当前的市场情况。产品经理应关注未来的情形，开展头脑风暴来解决问题，以确保产品发布后能为客户提供完整的解决方案。

金融投资组合经理不仅要考虑他们应该投资什么，而且要考虑什么投资不合适。产品经理应确定新产品和已有产品与企业的战略、品牌创建和外部因素相协调。

组合经理要做好在必要时抛售的准备。他们建议，应经常性地在优先等级发生变化时，重新平衡自己的投资组合。对于产品经理，这个理论的推论是，他们必须随时准备曝光产品和项目，以"扼杀"各种标准，并在必要时坚持到底。通过评估，根据公司的总体要求，某些项目的重要程度需要做出调整，而有些则可能获得时间和资源上的优先权。这一最后的步骤可能影响销售漏斗管理，即整个门径式（新产品开发）流程中各新产品项目的时间间隔安排。

把目前所处的位置与长期想要达到的位置进行比较之后，产品经理就需要制订不同的方案（或整个方案中的不同部分）来满足不同产品或产品类别的各种不同的要求。他们所处位置与所要到达位置的差距可能需要一年以上的努力工作。因此，他们必须决定在这一年要做什么，以便能朝着自己所要到达的目标更近一步。

在本次规划周期内你准备实现什么目标

接下来的工作就是确定今年所要实现的目标。这一步由多个部分组成，其中包括目标确定、目标市场界定和市场定位。首先要明确的是本年度计划中需要解决的问题和可以利用的机会。其次是预测销售量，确定营销目标，以便明确实现该销售量的市场分区，并确定产品在客户认知中的定位。

问题与机会

对市场、竞争情况、以往绩效和重要趋势开展深入研究之后，我们需要对这些信息进行整理分析，发现问题或机会，并确定未来的目标。问题或机会是从各种背景分析中得出的结论。例如，该分析可能发现此前被忽视的新的市场定位，以及因市场分区扩大而被掩盖了的不断萎缩的市场份额或者不一致的产品形象。无论如何，规划中要集中力量纠正各种问题或充分利用各种机会。如果只分析不总结，数据收集过程只能是浪费时间，没有任何意义。

预测应结合分析所得出的问题/机会以及所确定的年度目标。通常情况下，产品经理需要完成指定的销售业绩，他们的职责是制订方案，实现这个目标。其他时候，产品经理必须利用理据充分的销售预测数据向管理层进行说明。通常，他们的职责会综合这两个方面的内容。

销售预测

产品经理有责任预测产品的销售量，或者至少要能理解所获得的各种预测数据。我们有以下三种预测方法可以运用。

1. 时间序列预测。这是根据产品销售的历史数据所进行的销量预测活动。这种方法对于预测短期销售数据比较合适。

2. 编制预测。如其名称所示,这是通过对各种定性和定量研究的数据进行编辑整理,从而得出预测结果的过程。

3. 因果预测。这是把销售与导致该销售发生的各种因素联系起来所进行的预测活动。

| 时间序列预测

预测未来销售的一个合乎逻辑的起点就是,查阅历史销售数据。时间序列分析考察的是过去各时段销量的变化情况。把产品以往的销量绘制成图,向产品经理展示该产品销售趋势的全面图景。趋势配对或回归分析,是把以往各时点的销量投射到图上,并运用统计公式在这些数据点中画出一个曲线,然后根据该曲线的延伸趋势来预测未来情况。如果没有外在因素的影响,以及未来销售环境与过去相比没有发生重大变化的情况下,用这种预测方法进行短期预测还是比较准确的。

基于时间序列,有好几个平均数。移动平均数是用特定数量的过去时间段内的数据(如过去12个月的数据的平均值)来预测销售量。如果没有季度指数或没有加入其他权重的话,每个数据点都应拥有相同的权重。随着平均数平滑移动到未来的某个时点,最远的数据点在计算中的作用就逐渐淡化。指数平滑法是移动平均数方法的一种形式,它对最近的数据给予更高的权重。如果认为最新数据比旧数据在预测未来发展方面具有更高的价值,就可以运用这种方法。

如果销售环境不会发生变化,而且方案的有效性对销量也没有影响,运用时间序列分析就比较合适。但通常情况下,这两种情形都不存在。因此,我们就有必要增加其他预测方法。

| 编制预测

通过对二手数据和一手数据以及定性数据和定量数据的编辑,也可以获得预测数据。有些二手数据可以从产品信息手册中获得,如以往的平均市场份额。用该平均数乘以下一个年度该行业预期销售量，便可以获得基于行业预测的、准确的销售量预测数据。然后运用影响产品销量的趋势和其他因素的定性信息，对该预测数据进行一定的调整。

销售人员通常能根据主要客户或地域来预测销售数据，区域经理则可以通过分销商或各种渠道类型提供销售预测数据。表 5-2 是一个销售人员的客户分析表。表格中，销售人员就选定的产品来估计对每个主要客户的销售额，并预测下一个季度实现该销售额可能性的最大概率。这个表格还可以进行调整，把销售量而不是销售额，年度预测而不是季度预测，或者其他特定行业的变量囊括其中。这样一来，产品经理就能够把每个产品的预测销售量乘以相关的概率，计算出具体的预测数值。在这个例子中，对于该特定销售人员，产品 A 的预测销售额为 3150 美元（销售额乘以每个客户购买的概率）。还可以通过直接调查客户来评估他们对不同产品或整个产品线可能的购买行为。

表 5-2 销售人员客户分析 （单位：美元）

账 户	产品 A		产品 B		产品 C	
	销售额	概 率	销售额	概 率	销售额	概 率
雾件	1 000	0.60	600	0.60	400	0.60
视觉通道	2 000	0.50	700	0.80	700	0.60
病毒防治	1 500	0.70	900	0.75	300	0.90
数据笔记	1 000	0.50	600	0.85	500	0.80

定性预测也很有用，尤其是对于新产品。进行概念测试，并同时参考购买意愿调查，我们就可以得出一个大致的预测数据。其他工具还有德尔菲法（delphi technique）。这种方法需要收集来自精心选择的多位专家独立做出的预测数据，让他们匿名交换意见，一直持续到该预测数据逐渐趋同为止。由于自己输入的数据"旁人无法看到"，因此这个过程消除了在专门委员会或小组预测中存在的同行压力情况。

因果预测或基于相关性的预测

因果预测是要发现销售和其他变量之间的关系。例如，轮胎的销量与汽车销量有关，很多家庭用品的销售与新房开工率相关。如果存在某个可以更好理解产品销售环境的主导指标（如汽车销量或新房开工率），这个指标就应该可以被用到预测之中。销售量还可能受到广告支出、销售人员数量、价格变化或其他营销变量的影响。如果营销支出的变化与销售量的变化存在因果关系，这个信息就不仅能够用来做预测，而且能作为营销支出的理由。

用在营销计划中的销售量预测数据应根据多种输入信息做出。不能单纯依赖趋势预测数据，也不能全盘接受来自管理层的销售预测数据。要尽力使那些基于背景分析的销售量和销售额预测与预订营销方案/预算相协调。

设定目标

设定目标需要回答这个问题："你在今年准备做哪些工作，才能让你从目前所处的位置向意欲达到的位置更进一步？"还需要回答下面这个问题："你需要采取什么行动，才能实现预测的销售额？"假设你已经把产品分类为需要加强的、需要更新的、需要退出市场的三组（第10章中会介绍），每组分别有10个、3个和2个产品。如果你已经确定这10个维持产品不需要在营销方面有什么变化，那么，你只需要关注另外5个产品。你需要明确的是，到年终每个产品需要实现的结果（如目标），并用SMART方法对其进行描述。

- 具体的（specific）;
- 可衡量的（measurable）;
- 可实现的（attainable）;
- 结果导向的（results-oriented）;
- 有时限的（time-bound）。

具体的目标需要量化，如市场份额增长的百分比、销售量的增长，或试销产品的具体数量。可测量是指跟踪结果的可能性。例如，让32%的科学家使用假肢这一目标的确具体，但很难衡量。可实现是个主观概念。目标从本质上讲是要求改变现状，但如果无法实现，那么只能是虚幻的空想。以结果为导向的标准也许是最重要的一点。如果一个目标明确指出了你要实现的结果（而不是活动），那么它就做到了两件事。它们为计划提供了方向，并且它们成了用来比较实际绩效的衡量指标。不过，什么时候应该把实际绩效与这个标尺进行比较，则又受到最后一个标准，即时间标准的制约。

目标可以用销售量或销售额（收入或利润）、市场份额、消费者满意水平等指标来描述。应该强调我们要关注的具体目标客户的重要性，还要强调客户获取与客户保持目标的重要性。

通常，制定明确的目标是以动词（增加、保持、加强等）开始，作用于具体的目标（重复购买、新尝试、销售量/收入等），并针对一定的市场（明确的市场分区或主要客户），还要在一个特定的期限内（往往是一年）完成。图 5-4 就是表述公司目标的一个范例。

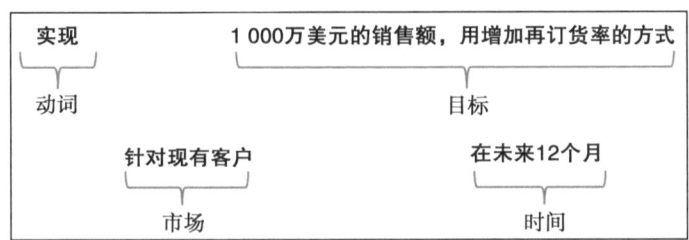

图 5-4　目标范例

目标市场

什么类型的客户或客户群体最有可能购买你的产品？一定要尽量克制自己，不要试图说明每一种可能性。你要重点关注的是"理想"客户：对你的产品需求最为迫切的人、能看到你的产品价值的人，以及可能对你的营销活动做出反应的人。要运用各种人口与心理分析变量，对这种个人（公司）的原型进行描述。这种描述不仅要搞清楚在营销中想要影响的人是谁，同时还得说明白哪些人是不能争取的。目标客户的需求推动着产品设计的开展、定价策略的制定、渠道的确定以及营销沟通方式的运用（如果目标市场之外的人想购买你的产品，当然很好，但这不能要求我们对前面所列出的要素进行调整）。没有哪个产品可以满足所有人的全部需求，费尽心机要实现这个目标只会导致产品或市场定位不明确。

有时候，要有效实现预定目标，就必须把视野放到用户目标市场的用户之外，并分辨出那些需要额外营销沟通的有影响力的人。或者，我们有可能要运用稍微不同的营销方法，去开发次要目标市场。注意，这与市场上的突击销售法不同。相反，你必须关心的只有少数几个目标。通常是主要目标市场和次要目标市场。产品经理选定的需要针对的目标市场分区，决定了其营销战略的运用，以及产品定位与沟通方式的选择。多年以前，马文门窗公司（Marvin Windows）通过对不同细分市场的需求进行明确的分析归类，强调每一组客户的最重要的利益，从而把自己在行业内的排名从第八名提升到了第三名（见企业案例5-4"马文门窗公司的市场细分"）。

企业案例 5-4

马文门窗公司的市场细分

马文公司是明尼苏达州沃罗德的门窗制造家族企业。为了更加有效地接近客户，公司发现了市场细分的价值。公司通过研究消费者的购买过程，把建筑商、经销商、模型重塑商以及建筑师视为影响群体，因此，专门制作并发布了针对具体市场的广告信息。例如，模型重塑商希望门窗能够适合墙上的已有空间，而不是要求墙壁必须为了符合安装标准尺寸的窗户进行"量身定制"。对于这个群体，马文公司把自己定位成订单式的门窗制造商。对于建筑材料经销商，马文公司关注低库存的要求，因此增加了经销商的利润率。对于建筑商和建筑师，马文公司强调了自己在同时满足美学要求和预算约束方面的能力。

资料来源：Adapted from Kate Bertrand, "Divide and Conquer," *Business Marketing* 74 (October 1989), pp.49-50.

确定目标市场还包括引导资源，尽可能影响营销投入，并实现其成为行业领军者之类的目标。在过去，行业领先意味着是行业中的老大，并且品牌知名度最高。而如今，因为市场细分，领先可能只针对某个利基市场。把公司的资源集中到更小的市场分区中，公司就更容易被关注，并且获得对其在该细分市场的领先地位的认可。

最重要的是，要洞察整个理念能够在多大程度上发挥"成为小池子里的大鱼"这种"利基市场"或"集中"战略的优势。想象一下在500多家零售店销售一个品牌的冰激凌或啤酒的情形，如果全部分销点都在艾奥瓦州，而不是散布在中西部各州，其结果会大不相同；当然，如果只在艾奥瓦州的得梅因（Des Moines），情形则更加不同。B2B营销人员通过专注于一个行业，可以实现同样水平的可见度和"领先地位"。成为给肉类包装企业提供库存管理软件的领先供应商，这个目标不仅可行，同时还能实现行业内领先品牌的"雪球效应"及获得其所能带来的各种好处。

市场定位

即使最严谨地定位目标客户，产品经理都不可能避免竞争，并且都需要深思熟虑、明确表述产品的市场定位。选择目标市场可以明确我们要寻找什么样的客户，而确定定位战略则能够弄清楚，与竞争对手产品相比，这些顾客对我们产品的印象。我们在"创建品牌"这一章节会讨论各种不同的市场定位方法。在这里，有必要把想法转变成陈述文字，让其成为各种后续营销活动的基础。有时候因为市场条件发生变化，需要对产品进行重新定位。例如，惠普公司在向市场引入喷墨打印机以替代点阵式打印机时，就曾经这么做过（见企业案例5-5"惠普公司：喷墨打印机的重新定位"）。

企业案例 5-5

惠普公司：喷墨打印机的重新定位

1988年，惠普公司推出了喷墨打印机。该产品销售进展缓慢。到1989年，该产品根本没能实现其销售目标，尽管当时市场上并没有强大的竞争对手与之竞争。通过分析，他们发现喷墨打印机是从惠普自己的激光打印机那边抢走了部分市场份额，而不是从竞争对手那边，这导致了每笔销售的利润率更低。

找到问题之后，惠普决定对其喷墨打印机进行重新定位，把它作为点阵式打印机的竞争者，而不是激光打印机的低价替代品。为了实现这个目标，惠普公司开始对该行业的领军者爱普生公司进行全面的分析研究。公司开始跟踪爱普生的市场份额，对爱普生的营销实践进行了评估，对其高管进行了测评，并且对其客户展开了调查。惠普的工程师拆开了爱普生打印机，以便更好地了解其所用的技术。他们发现，爱普生的打印机都被摆放在商场的突出位置，因此顾客把爱普生打印机看作非常可靠的产品，而且该产品在设计时就考虑了生产的便利性。

有了这些信息，惠普公司制订了行动计划，重新对其喷墨打印机进行定位。首先，公司说服商场，把他们的喷墨打印机与爱普生的点阵式打印机陈列在一起，以强调其竞争定位；其次，惠普公司把产品的保修期延长到3年，从而说服购买者，这款喷墨打印机是可靠的；最后，他们综合考虑了喷墨打印机的生产工艺，对其进行了重新设计。

资料来源：Adapted from Stephen Kreider Yoder, "How HP Used Tactics of the Japanese to Beat Them at Their Game," *Wall Street Journal* (September 8,1994), pp.1+.

定位是指与竞争对手产品相比，产品在客户心目中的印象。假如在与客户沟通时，对方问"我为什么要从你这里购买"，你会给出什么样的答案呢？是什么因素让你的产品比竞争对手的更好呢？在该分析中，我们要考虑客户参考范围（即各种他们会考虑的、竞争对手的产品）。不同客户会有不同的参考产品范围，而这些参考产品可能要求有不同的定位。因此，有关产品市场定位的陈述，应明确界定重要的细分市场、该细分市场的参考产品、产品的差异化，以及说明产品为什么要进行这样的差异化做法（即差异化能让人信服的内在力量与竞争优势）。图 5-5 就是产品市场定位陈述的例子。

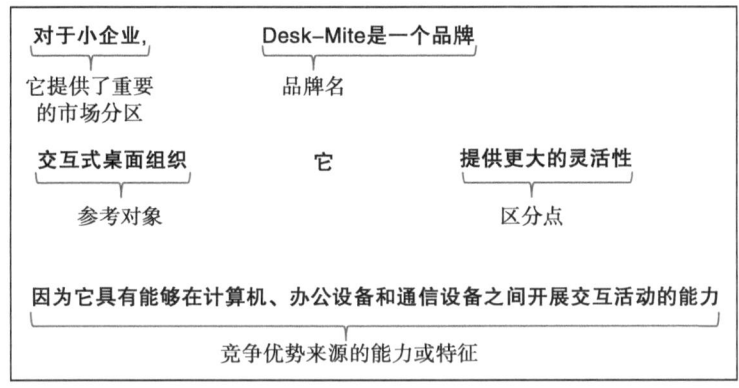

图 5-5　产品市场定位陈述范例

先要了解顾客购买特定类别产品时所要寻求的特性，并了解每个特性的重要程度。送货上门是不是很重要？最低次品率感觉怎样？接下来就是让客户对该产品以及所有竞争产品的重要特性进行评分。尽量搞清楚客户认为其优于竞争对手，且公司运用其核心能力、知识或其他优势能够保持住的各种特性。如果无法确定这种特性，那么产品经理就有责任在其产品中融入某个这样的特性。

FACTS 规划方法

为了更加有效地实施第三个步骤（你今年准备采取什么行动，以便更加接近你的长期愿景）和第四个步骤（采取什么样的行动能帮助你实现目标），我们需要介绍一下 FACTS 规划方法（见图 5-6）。FACTS 是几个最常见的通用规划与执行工具的首字母缩略词：流程图（flowcharts）、行动导图（action maps）、检查表（checklists）、模板（templates）和时间表（schedules）。

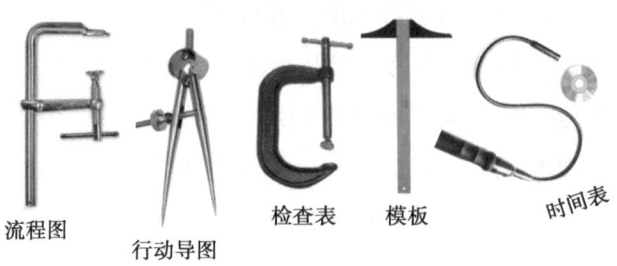

图 5-6　FACTS 规划工具

资料来源：©Linda Gorchels.

- **流程图**　就是用图形来表示操作、活动以及决策过程，用不同符号来表示流程的各个不同阶段。门径式流程、活动网络［如关键路径和计划评审技术（PERT）］，以及其他阶段逐步测序方案都属于流程图（有些流程图其实是各种关系图，表示规划中各种有用的输入信息，因此我把它们看作输入信息，而不是规划与执行的一部分）。
- **行动导图**　是未来行动方向的视觉或文本表达。长期导图，如技术路线路、综合方案图以及组合战略图，可以提供也可以不提供各种活动和决定的细节。短期导图，如活动、策略以及财务问题的文本描述，提供了更加复杂的执行细节。
- **检查表**　只是非常简单地列出各种基本任务。因为很简洁，所以非常好用。产品发布前或门径审查会议前要完成的重要标准任务的各种检查表，可以降低计划中关键信息缺失的概率。
- **模板**　通常是简洁的表格。与检查表相似，它可以把产品经理忽视计划中重要因素的可能性降到最低。但如前所述，它们不能替代在规划中对各种数据资料的充分审查。
- **时间表**　是 FACTS 工具箱中的最后一个工具，是简要标明具体在哪一天具体由哪些人员来完成所要求的活动。因此，这对于为了执行方案而确定任务和最后期限非常必要。所有这些工具在规划过程中的任何阶段都可以使用，流程图和行动导图在分析研究和整个过程中最为有用，而检查表、模板和时间表则是合规（针对内部要求）与执行的重要工具。

本书中有全部这些 FACTS 工具的使用范例。第 4 章中有流程图，第 6 章中有路线图，以及多个章节中列出了多种活动的检查表和模板，在新产品开发的讨论中有时间表。尽管所有这些工具都有某个目的，但如果不严格执行，它们就没有任何价值。

你如何实现自己的目标

本过程第四步详细描述了实现既定目标所需要实施的各种活动与战术。产品经理应记住这些目标和战术的重要性。目标代表了规划所希望得到的结果，因此它们要求更加"具体"，而战术则应更加灵活，并能根据环境变化及时做出调整。在多数情形中，战术要比目标更加灵活。目标要相对稳定，而战术要比较灵活，才能确保规划方案的动态稳定。

规划方案的目的是为高层管理人员提供目标与战略，以及为实现该目标的各种要求的摘要。因此，它需要提供充分的理由，让高管同意拨付必要的支出，但它没必要提供产品信息手册中需要列出的各种详细信息。规划方案要尽可能简洁明了，以 6～10 页为佳，过多的细节会使主要问题模糊不清。产品经理的工作并不是促使必然的事情发生，因此在规划方案中，没必要列入日常工作的内容。着重讨论能带来惊喜的东西，即你要改变的东西，因此要把平淡的事实放到附录中去（表 5-3 包括了产品规划方案中典型的内容）。

表 5-3 典型产品规划方案的要素

种 类	描 述
愿景陈述	简要界定产品组合的未来发展方向和具体方案如何嵌入。有必要把方案与公司目标和愿景联系起来
目标或目的	在 SMART 模型中表明长期目标或短期目标。如果不在产品企划方案的后面部分作专门的讨论，那么增加综合利润预测，并附以目标市场的详细分析与定位

(续)

种　类	描　述
内部审核	简要叙述产品的历史绩效，以及与该企划有关的产品和公司优势与劣势。如果具体的模板或检查表能保证符合公司目标的要求，则包括进来
外部审核	简要叙述与该方案有关的 TIME 分析的上层因素，包括你对于产品组合中这些因素相关作用的个人看法
产品创新	描述在规划阶段应该进行的产品开发活动、项目以及工作的重要方面，包括任何产品发布行动。突出预测数字、市场描述、竞争标准以及"相应的理由"
生命周期管理	描述在该规划阶段产品强化、产品评审、产品重新发布或者产品退市方面的工作。按照产品或产品类别，适当地添加预测数据、市场描述以及市场定位情况。说明相应的理由及其前提假设
资源要求	说明需要什么支持（人员、时间、资金、运作和能力等）才能实现规划的目标
利益相关方的参与	说明执行该规划方案需要的人员，以及这些人员所要承担的职责，包括内部合作人员（如研发和市场营销人员）和外部合作人员（渠道、供应链、领先用户和其他人员）
附录	包括各种财务数据（利润表）、支持性研究报告，以及从先前规划中已经开始并持续开展的活动

另外，千万别把追求简洁作为没有收集到充分信息的借口。如果暂时没有支持某个建议所需要的信息，请在方案中做出说明（至少要在脚注中说明），表明你并没有忽视关键数据，而是你对其他信息有充分信心，足以支持这种冒险行为。把可能影响到方案有效性的其他假设也包括进来。

如果产品方案只是在会议上进行口头汇报的部分内容，那么在参加会议之前，一定要针对所有可能出现的问题做好充分准备。如果由于产品经理没能做到这一点，而导致会议改期或延长，这会让企业高管非常不满意。

为了实现既定的销售预测，在产品规划方案中，有必要准备多个目标。例如，所定的目标可以是三种主打产品的每一种都实现 ×× 美元的销售额。支持性战略则要说明在提高产品质量、组合销售或开发产品新用途方面，规划目标要作什么调整。其基本原理可以解释，根据既定的背景分析情况，为什么这个目标是可能实现的。

品牌与包装要不要作为方案的重要组成部分都可以，但至少要加以考虑。一定要确保客户的需求得到满足，并解释为什么某个具体的产品比竞争对手的产品更能满足该需求，还要指出其对产品线中其他产品的影响或对公司产品组合中的某个产品线的影响。如果某些维持性产品在该财务年度需要自我维持，就要指出这个事实，并将其常规活动作为附件添加到方案中去。

由于各产品通常要求不同的时间跨度，与年度方案的时间期限也不一致，你也许因此会想给新产品分别制订不同的规划方案。但因为它们会影响产品经理的财务状况，也许在此也需要作一个概述。新产品规格、市场定位、产品预算以及各事项的安排等内容都可以包括进来。

规划方案是对产品未来资产的一种投资，应对当年的销售产生积极影响。因此，利润表也应纳入其中，可以列入主体方案，也可以放在附录中。

追踪结果的衡量指标是什么

对规划方案最高水平的考核，就是看其有没有实现目标中所要明确实现的结果。但你也许不想等到年终（或任何一个规划周期结束时）再来评估其进展情况。因此，在方案中需要确定一个检查点，来确定方案是否如期执行，或者是否需要采取一些纠正措施。除了销售收入之外，衡量指标还可包括客户对销售拜访的反应、有百分之多少的分销商有备货、请求发送样品的情况、网络热议度或类似指标。策略调整或转变越快，实现目标的可能性也就越高。

本章思考

在确定策略和行动方案之前，要花足够的时间来设定清晰、明确的目标，并确保这些目标一定会引导你获得最终的结果。然后实施一种动态稳定的做法，即通过必要的策略调整，始终朝着预定结果的方向前进。

布拉德·罗杰斯访谈：运用成长剧本的方法开展规划

布拉德·罗杰斯（Brad Rogers）
美国教师退休基金会企业整合和流程优化经理
电子邮箱：BradRogers@tiaa-cref.org（你也可在"领英网"找到他的相关资料）

布拉德，从美国教师退休基金会（TIAA-CREF）到美国银行，再到通用电气，你参与过很多公司的流程优化项目。你能不能简单地和我谈谈，你最近在美国教师退休基金会改进产品管理职能的做法？

当然可以。我们在美国教师退休基金会中把很多精力放在改进产品管理部门的工作上，努力实现世界一流的生产能力。我首先要说的是，产品管理职能是成长生态系统中四个关键能力中的一个，其他的三个分别是产品开发、创新和公司治理。我们的目标是界定并培育卓越产品与创新的专业知识和公司文化，实现所有产品的成长并保住我们的市场。我是这个项目的负责人。

不管我们界定、创建、运行强化产品与产品组合管理职能要付出多大的精力，我们确定，组成我们全部能力需要有多个关键要素，每一个要素都必须经过多个周期才能最后培育完成。我介绍一下其中的几个要素。产品管理的要素之一是战略与执行，它强调年度产品规划过程要包括高水平并且明确、可以实现的目标。一项关键的输出内容是制定一份经过深思熟虑而产生的文件，称为产品方案，有时候称为"成长剧本"。它包括两个部分的内容：其一是产品管理过程中的"思想"部分（包括价值定位、客户需求、竞争信息和战略地图）；其二是"行动"部分（目标、三年计划、合作协议）。我感觉这是年复一年实现产品和产品组合成长与卓越表现的重要专业知识。

产品管理职能的第二个关键要素是人才，为此我们制定了培养世界级顶尖人才的跨年度路线图。首先我要说的是，虽然我们已经拥有了一流的人才，但我们仍然开发了一个培训课程，其内容包括战略灵活性、财务敏感性、谈判技能、上市流程、设计思维（创新）、VOC（客户声音）调查和其他内容。

请你给我们详细说说你前面所说的"成长剧本"。把这个作为流程的一部分，你们学到了什么以及取得了什么样的成功？

我在前面说过，产品管理过程是按照年度计划来开展工作的，首先是评估当前的形势，然后测量并分析差距以及根本原因，接着是识别干扰项并制定纠正性行动方案，最后才是执行。这个高层次的年度流程，实际上是按照持续改进方法论的最佳实践模板而制定实施的。重要输出内容就是整合后的产品企划文件中的严谨精确、基于事实且经过严格干扰审查之后的各种决定（我们称为成长剧本）。以下是一些重要的经验和成功的案例。

- 战略规划。这类流程和文件与自上而下的公司战略决策过程以及年度预算编制过程要紧密协同，推动自下而上的思考与规划。我想说的是，这可以让公司不用每年都开展什么"项目头脑风暴"之类的活动。我们学到的经验是，每个人心目中对于产品计划应该是什么样的都有自己的看法，因此，制定一个合理平衡规定与灵活性的模板，让大家充分阐述自己的观点，这一点很重要。
- 公司治理、资源配置和决策。理想地说，这是年度流程的一部分，文件化后的产品方案有助于管理整个产品组合以及产品之间的选择与权衡。产品方案帮助管理团队理解执行该方案的理由、可能性和收益。我见过的一个重要成功案例是，产品方案给每个参与制订和执行方案的重要合作者规定了具体的承诺、目标和资源预期。我学到重要的经验是，要让来自关键部门的代表，组成管理团队，促进针对整个组合的产能规划与流程设计的开展。另一条重要经验是，管理团队要有两个主要目标：（1）做出风险/回报决策；（2）分配资源。产品方案管理会议应避免成为设计或风险评估方面的论坛，他们必须是为制定决策而召集的。

- "谁说了算数"。在大型、矩阵型组织和大量预算/资源库中，制订跨部门的宏观计划很难，因为各种目标和优先安排项目会出现冲突。涉及多个重要参与者，如产品、营销、分销/销售以及 IT 方面的简单计划都会出现这样的问题，"这里，谁说话算数？"我经历的成功案例中，规划方案就是老大。我们齐心协力共同制订方案，各种表面问题将不再那么重要。我学到的重要经验是，这种思考和行动需要通过月复一月的常规管理实践才能得以强化。世界一流产品组织的技能让他们在制定规划时自然而然地成为领导者中的领导。

你说过你在美国银行的创新项目曾经获得过一个奖项。你能详细说说，当时你做了什么，以及你的这些努力获得了什么样的结果吗？

在美国银行工作时，我参加过一个团队的工作，该团队对创新型公司开展研究，以了解实现有机成长需要什么。我们的团队发现，持续创新需要的远不止是各种创意。事实上，有很多变量都与通过创新实现成长存在强大相关关系，其中包括"平均成功率"（batting average）文化、保护性资助、人才管理，以及获得来自上层的承诺之后的真实成长愿望和创新流程，这个流程不仅适用于产品创新，也适用于服务、客户体验、各种流程和业务模式等的创新。

这一点很有趣也很振奋人心，因为创新被看作领导力的特征，而不是要关注的对象。能够稳定地获得各种新创意、对客户的理解以及新思维是实现差异化和提高价值定位的吸引力所必需的。

为了表彰我们致力于创新，以及我们持续开发出成功新产品的能力，产品开发与产品管理协会给我们颁发了杰出公司创新奖，这在金融服务性公司中尚属首次。

祝贺你！我们往回看看，你说的"平均成功率"文化是什么意思？

"平均成功率"文化,是指必然有一定百分比的新创意/新产品组合是不会成功的。否则,大量本质上风险的尝试都能实现100%的成功率,很可能会导致压制创新文化、减少创新好处的反生产行为的发生。

你的职业路径是相当多样化的。请你概要性地和我们讲讲,你是如何从最初状态成长至今的?

事实上,我的职业之路相当复杂,但设计与创建世界一流的产能、业务或产品却是贯穿始终的主线。

20多年前,我在美国最大的纯设计公司柏诚(Parsons Brinkerhoff)工作。我当时与两位高管一起,是负责管理培训项目的空气动力/热动力工程师。工程设计是对我影响深远的一段经历,因为我认识到独一无二的重大项目如何从一开始就需要创新思考,并把各领域的知识高度融合到设计蓝图中去。有一次,我作为产品经理,负责解决隧道中失火的重大研究项目的全部工作,为波士顿"大隧道工程"制定设计标准。你可以想象一下,当时在西弗吉尼亚州山区的一个废弃汽车隧道内,设了90多个油罐车规模的起火点,这种场面实在是很壮观。

通过上夜校学习,取得MBA学位之后,我被一家大型管理咨询公司安达信(Arthur Andersen)聘用,在那里,我领导了为多家世界500强公司开展转型和重建项目的工作,其中有松下、美林(Merrill Lynch)、《纽约时报》和多家保险公司。我从一名工程师变身为重建工程师!一次,我和一位同事发明了一种新方法,更看重公司"收入增长"的需求,而不是他们降低成本的需求。我从此对成长着了迷。在咨询行业,我所获得的主要经验与影响包括:必须认清变化管理,即转型过程中"人"的重要性,以及在推销一个能改变买方组织架构的创意或解决问题方案时,推销技能和专业知识的重要性。

后来我受聘于通用电气,这是当时全世界最受尊敬的公司。在这里,因为沉浸到一种在领导力、专业知识、文化以及成果方面都"百折不挠、力求最好"的企业文化中,我的企业管理理念发生了彻底的改变。我接受了"六西格玛"(Six Sigma)管理培训,获得黑带大师的认证,并为一些非常有人格魅力的领袖服务。从工程师转变为咨询师，然后又转变为黑带大师，我开始运用这些工具、专业知识和六西格玛管理哲学来推动公司的成长。我把它们用到通用电气三个不同业务的前沿，对其中的两个作了彻底的重新设计（环比增长率25%，并在两年时间里获得了70%的核心增长），第三个是重要的新启动项目。我研究并走访了多家在同类产品开发中做得最好的公司，并制定了我们自己的新产品导入流程。我的领导职责从新产品导入，到确保销售力量的有效性、方案的执行和战略营销活动，都有涉及。我这个团队最后被通用电气整体出售，不过我接受了美国银行的邀请，加入了一个非常特殊的成长驱动的团队。

在美国银行，作为高级副总裁，即全球财富与投资管理部创新与产品卓越部门执行官，我领导团队开发出了成长流程与工作框架，其中包括新产品开发、产品管理，以及重复创新能力。我对产品经理开展培训，并在20个产品组合中推行了这种方法。那时，公司的目标是成为全球最受尊重的金融机构。看到公司追求以客户为中心的卓越服务的可信的愿景，以及联合并动员大批具有专业能力的人员的承诺，我也深受影响。我亲眼见证了这种文化的变化，真是震撼人心。

此后，我受聘于美国教师退休基金会，帮助他们推动基金会成长并保持卓越，其中有些职责我在第一个问题中已经做过陈述。

你对正在规划自己职业生涯的产品经理有什么重要建议？

在我看来，衡量产品经理工作有效性的一个关键标准是他们吸收、动员和激励各种资源，最大限度地优化自己产品的能力。这些能力具体包括：（1）设计和推销能够激发他人兴趣的企划方案的能力；（2）协商、合作和执行方案的能力；（3）展现领导力以获得追随者的能力。

承担职责，积累经验，就能培养各种强大的、互补的产品管理技能。我想补充的是，推销能力不是什么花里胡哨的东西，而是赢得信任的能力，只能通过协调各种优先活动、对客户和利益相关方的情形感同身受、获得有影响力的人士的支持并且传递你的信心才能建立。

第二部分

上游产品管理：战略新产品与创新行动

第 6 章

路线图、创新和模糊前沿

> **请判断对错**：未来不可预知，所以长期规划没任何用处。
> **这种说法不论对错，都会引起争论**。不过，我认为这是不正确的。即使未来不可预知，并且长期规划也会过时，但制定规划依然能让产品经理认真审视其决策环境，这个过程相当有用。事实上，很多人认为，规划过程比规划本身（即各种文件）更为重要。

曾有多家公司与我接洽，请我与它们的产品经理合作，它们通常担心自己的产品经理"不是战略思想家"。它们希望自己的产品经理更多地关注企业的长远未来，而不是把精力都投入短期策略。对于要同时负责上游和下游产品管理的经理而言，这无疑是个挑战。但在多数情况下，这也是有一定的可行性的。

制定路线图：界定产品未来实现路径

路线图这个术语用于多个地方，它可以用来指技术管理、战略规划、产品开发与发布、特征优先安排、产品发布时间安排、产品营销或项目规划的工具。因此，技术与战略规划版本可比作"州际"公路图（帮助确定大方向），而模板化版本则是范围更小的"城市"地图（协助安排时间并且管理各种复杂情况)。从某种意义上讲,战略版本是上游路线图,而模板化版本则是下游路线图。产品经理要能识别公司的需要或预期的路线图的类型,以实现自己的目标,这一点尤为重要。一般说来,如果产品线对公司很重要或产品线需要有重要的资源,或者当市场上已识别出某个假想威胁时,运用路线图来解决这些问题最为合适。

路线图多种多样,常见的(这里要描述的)是未来产品线/组合规划,其更侧重于"州际"或上游的变化。构建这种产品路线图的产品经理必须权衡技术推动和市场拉动两个要素。就其最简单层面而言,路线图是把有关技术、市场和经营战略的知识联系在一起的时间安排图表。尽管其理念相当简单,但对其的运用却并不简单。它要求对下列问题做出有效评估,即具体技术什么时候才得以商品化,市场什么时候能接受这些新技术,以及合适的资源与承诺什么时候能够契合公司经营策略的需要。不论这些数字如何复杂(以及不论所用的模板多么详细和炫目),重要的是,我们要意识到,它们都是建立在各种假设之上的,因此比较主观。

制定路线图的过程就是信息编辑的过程(即规划),而最终的路线图则是产出(即规划方案)。正如前面所述,即使最终文件仍需不断修改,但这个过程本身仍然极具价值。其价值在于让人们清晰地表达自己的各种假设并整合相关信息。因此,它鼓励大家实现共识,以便更好地做出预测,并提供对未来开展思考的框架。这个过程可能帮助人们发现有前途的新技术,对来自不同产品和设计的部件"修改其意图"或帮助促使技术线路图与供应商的相互协同。例如,摩托罗拉公司在设计工作开始之前就尽力选好零部件及其供应商。通过制定多年期的技术路线图,摩托罗拉公司能够找到拥有必要生产能力并且愿意对技术协同进行投资的供应商。[1]

制定上游产品路线图的起点可包括与供应商、技术专家、领先用户、市场专家,以及其他可能对未来路线图有贡献的人员经常性地召开各种创新会议。菲多利公司(Frito Lay)有一位产品经理曾与我分享过她的故事,她曾邀请过美食厨师参加她的创新会议,为零售食品发掘有潜力的未来创意。哈雷-戴维森(Harley-Davidson)、摩托罗拉以及其他公司也会征求供应商的意见，发现可用于未来产品的潜在部件或技术。在整个过程中，产品经理至少应了解公司内部各个部门的观点。

这些步骤可能用于制定路线图，支持公司总体发展战略。团队成员需要在竞争格局、市场导向与趋势、公司资源与愿景、国际化产品/规制的要求、运营能力、技术发展趋势和产品构造等方面拥有专业技能（或知识）。他们中的每一位都可能需要在某个时间点上贡献自己专业技术领域的基本信息。这类信息可能包括新竞争产品的预计出现时间、客户产品使用方式发生变化的时间、新规制的生效日期、公司决定渗透进入某个全球市场的日期，以及各种类似要素。之后，团队协同全部这些因素和日期的安排，为产品组合提供指导。

从过程到结果，路线图既是对未来可能发生事情的预测，也是界定行动过程的总体方案。其格式包括表格、图形、流程图、气泡图或基础文本；其结果可以是一份表格，用日期作为列标题、每一行用来表示不同目标地域市场。例如，一份以日期作为列标题、各行表示不同目标地理市场的表格，（上部）相交的单元格（目标市场／日期）表明在该时间要发布一个差异化产品，每个单元格都列明相关且更为详细的行动方案。

创新：平衡突破与渐变的关系

尽管路线图对于突破和渐进变化很有用，但创新和构思过程却有点不一样。构思过程是为新产品和服务探索多样化的和潜在"隐藏"创意的过程，它应该是产品战略计划的自然结果（或至少不应与产品战略计划相悖）。构思过程是不间断的，且实际上是脱离于新产品开发而独立存在的。产品经理应不断向着潜在创意资源进行调整，并持续寻找时机合适的各种机会。

产品创意的来源多种多样，产品经理也必须不断地拓展自己的创意网络。路线图和产品战略是各种创意的核心。与研发团队的简短小会、销售人员的意见、客户服务信息、供应链伙伴信息、竞争产品比较以及客户要求等都会产生出能创造收入的各种创意。市场和技术趋势能展现此前从未予以考虑的种种机会。因此，我们要敞开心怀，接受任何可能对产品组合有价值的市场拉动和技术推动创意。

各种不完整的创意需要进行充实，并转变成创收机会，以备进一步评估。客户调查很显然是充实这些创意的方法之一，它可以通过多种途径开展。通过调查获得的典型客户的信息或销售团队的意见可能会进一步暴露现有产品的缺陷（但不太可能识别全新产品）。客户访谈计划是一种可能发现未曾明确的产品差距、需求或机会的人种学研究方法。有些变化可能只是简单的产品改进，而其他的变化却可能是创新突破。突破性的创意更可能来自领先用户研究或开放式创新。

领先用户研究由麻省理工学院斯隆管理学院的埃里克·冯·希佩尔（Eric von Hippel）教授首先提出，主要是从那些已经着手解决你正在努力克服的困难的用户或行业中收集各种想法。冯·希佩尔解释了汽车业如何从航天业获得关于防抱死制动的创意。他在网站 www.leaduser.com 上传了多个视频片段，讲述领先用户的创新过程。

开放式创新是另一种拓宽新产品开发中的创意与解决方案范围的办法。该术语由亨利·切斯布朗（Henry Chesbrough）所创，并用来作为他的专著的标题（切斯布朗还上传过一段视频到 YouTube 上，用以解释这一概念）。开放式创新意图运用外部技术和创新资源，为开发中的产品贡献解决部分问题的方案，有时候也提供全套产品方案。

过去10年，宝洁公司通过全体人员齐心协力的工作，增加了其产品中拥有源自公司外部元素的产品的比重。事实上，它还把 R&D（研发）团队改名为 C&D（联发）团队，代表联系与开发。尽管有些联系的发生是由于当前人际关系网络发展的自然结果，但有不少公司的存在就是为该流程提供便利的。九西格玛（Nine Sigma）帮助其客户准备技术简报，并寻找能够帮助解决技术难题的人员（与猎头公司寻找合适岗位的候选人所用的方法有点儿类似）。创新中心（InnoCentive）发帖为正在寻求方案的客户发布科学难题，并向提供可行方案的解惑者支付奖金。YourEncore 由退休科学家和工程师组成，他们能就特定的短期创新任务与客户开展合作。Yet2是获取、授权或出售未被使用专利的渠道。它们的网站上发布着有关各种此类机构更为详细的信息。

共同创造是开放式创新的一种变体，由公司与客户合作共同创造产品。其最显而易见的例子就是脸谱网。公司提供平台，而个人客户创造各自独特的产品以及体验。² 然而，并非所有共同创造都如此直接，通过运用社交媒体，客户驱动产品的开发正源源不断地获得各方面的帮助。例如，联合利华就通过两个虚拟社区获得了对其各种创意和原型的信息反馈。³

创意产生的最佳途径就是洞察客户的真实需求，这也是为什么人种学能成为如此有用的一门工具。葆拉·格雷（第4章结尾处有对她的访谈）和戴夫·弗兰契诺（本章结尾处有对他的访谈）解释了人种学如何为新产品提供更好的客户反馈信息。产品开发者不仅要注意观察客户，他们还必须考虑其他各种对购买决策过程有影响的人员的需求。艾迪欧（IDEO）是一家来自加利福尼亚州的设计咨询机构，它上传过一段视频到YouTube上，描述其产品创新的"深掘"（deep dive）方法。视频中，公司通过研究人们如何在商场使用购物车、获取关于儿童受伤风险的数据以及与零售店老板和保安人员交谈，收集各种信息，对购物车进行重新设计。

战略产品思维

战略产品思维是新产品开发的前导，因为它要求产品经理形象化目前尚不存在的未来情形来引领市场，并在客户提出具体要求之前创造出新产品。这存在一定程度的风险，并且需要有创造性。产品经理必须不断问自己：明天的客户与今天的客户会有什么不同？什么样的产品/服务是这些客户想要的？未来可以用到什么样的现有能力，以及开发产品需要什么样的新能力？重点不是把现在的情形投射到未来，而是要努力理解，未来与现在之间会存在什么差别，以及该差别对目前规划所产生的各种影响。

培养客户意识

培养客户意识需要产品经理回顾其以往经验,并用客户要求的功能来重新界定其业务。有时候甚至可能要再次确定,满足客户的需要意味着什么。戴维·惠特曼(David Whitman)在担任惠而浦(Whirlpool)的首席执行官时,他的愿望是把公司转型为一个以客户为中心的组织,并且把考虑问题的重点从产品转向客户,这在《哈佛商业评论》中一篇访谈文章的节选中可以看出:

> 起点不是已有产品,而是消费者购买产品时希望实现的功能。当你回到基本原则时,设计问题就会发生戏剧性的变化。微波炉不可能由某位自认为从事厨具设计的人员发明出来。这类突破性设计要求人们明白,机遇来自"更简单、更快捷地准备食物",而不是设计"更好的煤气灶"。
>
> 我们再看看"织物护理行业",它曾被称为"洗衣机行业"。我们现在正在研究消费者从晚上脱下脏衣服一直到这些脏衣服被清洗干净、烫熨平整、挂到衣橱里为止的全部行为。我们要寻求的是什么呢?这个过程中最糟糕的环节不是清洗和干燥。最困难的部分在于,把衣服从烘干机里取出来之后,我们还需要做的一些事情:烫熨、折叠、挂起。如果谁发明出让这一过程更轻松、更简单或更快捷的产品,肯定能创造出一个令人难以置信的市场。[4]

核心增长、邻接增长和突破性增长

所有产品都会面对各种风险,因此,明智的做法是开发一个由新产品组成的产品组合,来平衡风险与回报。风险最低的新产品开发是扩展产品线,即对某个现有产品稍加改动(产生新的改良后的版本)。包装尺寸的增大或缩小、香味的加浓或减淡、零部件重量的增加或减少都属于产品线扩展的范畴。多数这样的改动旨在增加客户的使用或为客户提供更多选择,通常被称为核心或有机增长，如图 6-1 所示。这种增长模式的选择大多针对规划周期较短的产品，并成为现有产品组合或新产品组合的一部分。

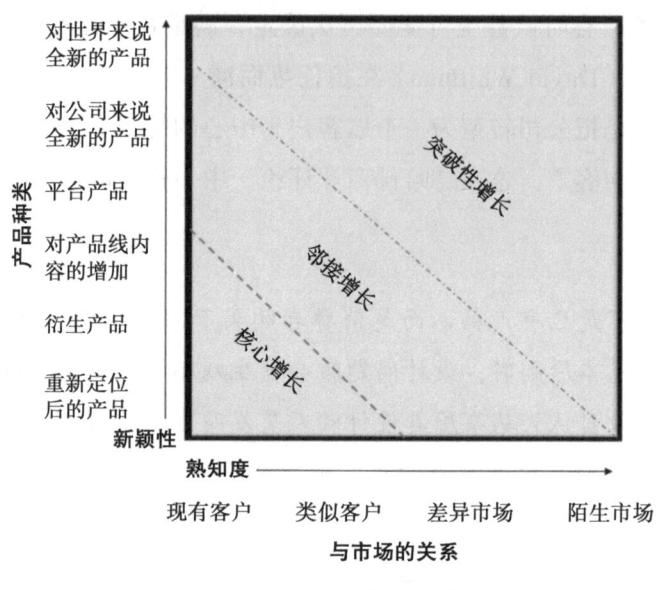

图 6-1　新产品增长种类

有时候同样（或稍有不同）的产品可以进行重新定位，以赢得合适的差异市场。最典型的案例就是小苏打，重新定位后它的用途大大增加，而不仅仅用作烘焙。拜耳止痛药扩展至五种用途，如用于关节炎或心脏病，以增加其在差异市场的使用量。在新市场推出已有产品也可能有利可图，但必须实施正确的营销方案。例如，联合信号公司本迪克斯（Bendix）的制动部门决定增加制动器在 DIY 市场的销量，它发现该产品的包装没有体现出其高品质的特征，因此对包装进行了重新设计，加入视觉冲击感更强的蓝色，作为重新定位战略的一部分。一年后，该产品的市场份额从不到 1% 提高到超过 20%。

超越了产品线扩展的产品就是新产品，可以面向相同的客户细分市场、差异市场或全新市场进行销售。在这三个选择中，风险最低的方法是通过扩展特许经营权的方式连接现有客户基础。特许经营扩展（也称品牌扩展）是指把产品（或品牌）的内涵运用到不同类别的产品中去。例如，艾禾美公司

（Arm & Hammer）把小苏打品牌特许经营延伸至清洁剂、牙膏以及其他具有"清新洁净"概念的类似产品之中。卡斯特-库克公司（Castle & Cooke）发现它的都乐（Dole）品牌的内涵不只是可用于菠萝，并因此运用该品牌名，推出了"都乐水果和果汁吧"（Dole Fruit & Juice bars）。这些类型的扩展绝对有其价值，但要求一定程度的战略思考与规划。这其中多数属于新产品类型的邻接增长范畴。

侧翼品牌在公司想要进入略有不同的市场分区（如具有成本意识的分区），但又不想稀释当前品牌形象的时候运用。侧翼品牌允许公司针对现有客户保持当前定位，同时扩展至不同的客户分区。万豪国际集团（Marriott）就用侧翼品牌来拓展其定位，费尔菲尔德酒店（Fairfield Inn）是万豪国际集团中低价位、低附加值的产品。（见企业案例6-1"产品线扩展的力量"。）

企业案例 6-1

产品线扩展的力量

多数产品如果不随着市场的变化进行彻底改造就必将走向死亡。由于现在消费者很少做饭（因此减少了铝箔和塑料包装材料的使用数量），所以，雷诺兹与格莱德包装公司（Reynolds and Glad Wrap）引入产品线扩展方法，让自己的产品重新焕发出生命。雷诺兹发现，客户抱怨最多的是铝箔会黏到食物上。通过研究，他们发明了"雷诺兹轻松揭"（Reynolds Release）。这是1947年他们推出自有产品以来的第一次改变，产品的使用量因此大大增加。高乐氏（Clorox）在发现自己的格莱德塑料包装没有提供消费者想要的防渗条后，不久就推出了强力保鲜膜（Press'n Seal）。

特许经营扩展带来很多新产品开发所没有的优势。最重要的是，该扩展利用了公司最重要的资源——品牌资源，因此公司在强势地位的基础上跨入新的产品类别。另一个好处是将创建一个新品牌所需的庞大支出降到最低。但产品线扩展必须给客户带来新的价值。在产品线扩展方面取得成功的公司，往往定期轮换各产品经理所负责的品牌，以免他们深陷于固定的运作模式。这也可能降低公司生产出一大堆本质上相同的产品的可能性。

消费者每天都面对上百个品牌。因此，成为知名品牌并不能确保一定会有成功的品牌扩展。很少有消费者会想要吉露牌（JELL-O）鞋带或汰渍牌冷冻菜。只有在一个品牌既适合又可用时，该品牌才可以成功地延伸至一个新的产品类别。

○ 适合是指消费者认可新产品是合乎逻辑的，并且希望获得来自该品牌的产品。

○ 可用是指消费者只需知道这个品牌，就能认定新扩展品牌会比同类产品中的其他竞争产品更好。

由于品牌的内涵会随时间推移及品牌扩展而产生变化，因此，管理者需要制定品牌规划——哪些扩展是短期的，哪些是长期的。优鲜沛（Ocean Spray）这个品牌在从蔓越莓转变成蔓越莓汁，并成为全线瓶装果汁供应商这一过程中，就曾面临种种变化和可能性。公司必须制定长期规划，以避免在此过程中稀释掉品牌原有的重要元素，这样才能提高品牌在更遥远的产品领域成功运用的概率。

资料来源：Adapted from Edward M.Tauber, "Brand Leverage: Strategy for Growth in a Cost-Control World," *Journal of Advertising Research* (August-September 1988), p. 28; and Eileen Roche, "Product Development: Why Line Extensions Often Backfire," *Harvard Business Review* (March-April 1999), pp.19-21. Micheline Maynard, "Wrapping a Familiar Name around a New Product," *New York Times* (May 22, 2004), p. C1.

风险最高的方法是为新市场创造一个新产品，不仅对公司，对世界来说也属于新产品时，情况尤其如此。除非通过现有分销渠道能掌握新市场，产品能建立在其核心竞争能力之上，否则这种方法风险很大。公司必须认真评估承担这个风险是否值得，在未来发展并维持其竞争优势是否可能，甚至应该评估把该创意留给竞争对手是不是会更好。这属于新产品开发中的突破性增长。它们也是研发组合或新产品组合的一部分，但需要长远的规划周期。

创建新产品章程

产品经理战略产品思维的最终成果是为产品线制定的长期章程或战略。很少有产品经理会独立或在没有获得来自组织内其他部门信息的基础之上，制定这样的战略规划。相反，这是多方面努力的结果，当技术路线图或新组织能力成为该规划过程的一部分的时候，尤其如此。

产品章程应界定新产品目标，如渗透到某个新市场、改变产品形象，或为某个问题提供完整的客户解决方案。应该努力通过平衡短期和长期规划，以及产品线扩展和提供更"新"产品之间的问题，来降低风险。还应错开新产品的发布渠道，以实现新产品的自然从容发布，而不是在某一真空期过后的同一时间突然发布多个产品，使市场出现拥堵。

产品开发不仅需要产品经理，还需要公司内部的众多部门参与进来。但因为产品经理通常对新产品最终的成功承担责任，所以我们有必要好好讨论他们在新产品开发过程中所扮演的角色。尽管新产品开发期限往往会超过产品线年度营销战略的财务规划期限，但某些部分每年都需要重新考虑。有些年度，研究并提交的产品建议就是新产品开发的主要内容。其他时候，当开发项目正在进行之中时，应在年度计划中列出重要活动。最后，随着商品化进程的临近，需要制作产品发布文件，并有可能将其融合到年度计划之中。

认清过去的成功与失败

为了提高新产品成功的可能性，计算公司的新产品"成功率"并找出其原因会非常有帮助。比较成功和失败的产品发布活动需问几个问题。成功产品开发活动所共有的、区别于不成功的产品开发活动的因素是什么？在研发投入与共享沟通资源方面是否存在差异？所产生的产品创意有多少？产品开发的步骤有哪些？对市场的理解是否准确？是否运用了核心竞争力？所有这些都可能是重要因素，因此必须成为战略思考过程的一部分。惠普公司的医疗产品部研究发现，有14个重要的内部流程，能区分出成功和失败的产品。

  惠普公司医疗产品部高管对比研究了过去10项失败的和10项成功的新产品案例后，吃惊地发现共有14项基本任务决定哪个产品会成功，哪个不会成功。这些步骤所涵盖的公司技能范围甚广，其中包括找出是哪些新产品发挥了公司的核心优势，理解新产品应该如何进行销售，以及尽早固定项目成本。[5]

  研究、开发和生产人员会为成功的战略产品规划做出重要贡献。产品经理应与生产部门一同确定，在不给生产效率造成压力的前提下，产品线能扩展到哪里。这就要了解未来产品开发有多少可以共用现有平台。惠而浦公司（电器公司）在20世纪80年代开始全球化经营时，花了半年时间对全世界的电器市场进行调研，他们发现消费者需求非常相似，以至于产品几乎可以共用一个平台。这样一来，公司的成本会大大降低，同时，产品创新的速度却会大大加快。2005年，惠而浦公司的产值从原来的35亿美元增长到130亿美元。[6] 在新产品引入市场时，应考虑淘汰哪些现有产品，以防止产品增殖过度。如果不淘汰现有产品，产品经理必须进行游说，说服企业增加研发或运营资金，以实现开发战略性产品的目标。

新产品开发流程预览

  门径管理是由罗伯特·库珀（Robert Cooper）博士首先提出的一个流程。产品管理决策门径把产品开发分成不同时间顺序的多个阶段。在每个阶段都必须做出决定，是否进入下一个阶段、是否有更细的要求或是否用表格来界定某个概念，因而把决策流程渐进化了。多部门团队需要在完成每个阶段之后，才能获得许可进入下一个阶段的开发工作。这是专门用于产品开发的项目管理的一种变体。各个门径有点像生产线上的质量控制检查点。它们评估一切是不是按计划进行或者是不是需要采取纠正措施。

除了前面所讲的项目评审之外，有些公司每年还会开展 2～4 次产品组合评审，通常由管理团队实施。评审期间，团队可能会变更项目的优先顺序，以平衡整个投资组合，改善资源配置。如下问题会经常被问及：项目是否能提高投资组合的整体价值？是否能改善投资组合战略联盟？是否会对其他项目产生负面影响？

虽然新产品开发有一幅通用流程图，但事实上它具有一定的延展性。生产线扩展和低风险项目可能最好用简化版本，合并某些步骤或使用某些自我管理式评审。突破性和平台项目在整个过程中则可能需要增加额外的子步骤。不论属于哪种情形，这个流程都需要量身定制以适用于具体的组织。

为更好地了解产品经理在新产品开发过程中的作用，有必要把该流程分解成产品经理的 3C 开发过程，即概念化、创造和商品化（见图 6-2）。在概念化过程中，特别强调数据采集，而产品经理在收集信息和宣传市场前景中起主导作用。进入产品创造环节（设计和开发），重点渐渐从产品管理转变成了项目管理。团队领导依然是产品经理，还是要换成独立的项目经理，这取决于公司政策流程、产品的复杂性和角色期待。无论哪种方式，产品经理必须积极地参与监管，确保新产品/项目能有效通过阶段性审查（偶尔会建议终止某个项目）。如果项目进入最后一个环节商品化，无论在其之前，还是在其之后，产品经理都应占据主导地位。

请注意，在流程图 6-2 中，有好多个活动和决策点。活动包括产品战略、构思、企划方案制订、定义和设计、原型构建和测试、产品开发和产品发布。决策点包括战略过滤、企划筛选、定义检查点、开发准备情况评估和流程评审（最后一点更多的是一种评估而非决策，但它独立于行动过程，且可能导致未来改进方面的决策）。需要注意的是，这是一幅通用流程图，在创新过程中，需要添加额外的步骤，但在生产线扩展中，需要压缩一些步骤。平台和技术产品可能需要作进一步修改。因此，产品经理需要根据公司及具体的情况和独特的要求，建议对该过程进行适当的修改。

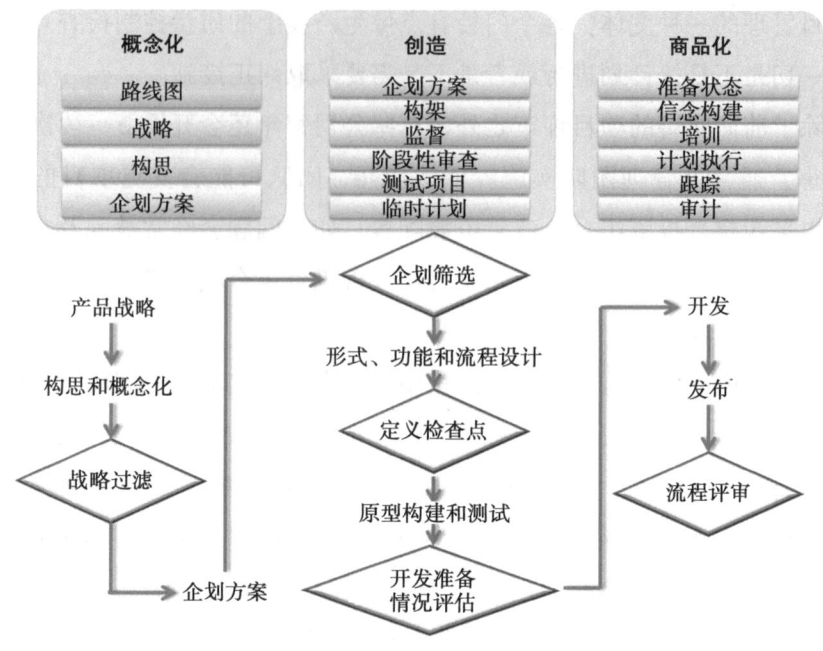

图 6-2　新产品开发的 3C 框架

  进行战略产品规划需要了解公司和部门的战略目标。多数长期愿景包括对公司及其产品未来"情景"隐含的（或明确的）陈述。产品经理必须明白其产品在这个愿景中所起到的作用。只知道新产品线的预期利润率是不够的，尽管这个信息也很重要。产品经理还必须知道应该把什么样的新市场、新技术和新方向纳入长期产品规划之中。

  产品战略明确之后，具体新产品开发项目的第一步就是产生创意。创意经充实后生成提案，并运用其与现有产品和公司战略的各种匹配性问题进行筛选。经过筛选留下来的重要创意／概念转移到跨部门团队。产品经理（参考团队意见）制订企划方案，为公司开发该产品提供充分的证据说明。请注意，这一步是概念生成阶段和产品创造阶段之间的桥梁。企划方案完成之后，就提交给新产品评审委员会（通常由公司各职能领域的重要主管组成）进行信息共享。通过业务筛选后，整个过程就从研究性评估转移到项目管理。公司授权利用资源，以对概念进行完善，并开始设计。对于某些项目，如那些涉及高技术或复杂产品的项目，团队领导的角色要从产品经理转变成项目经理。在其他情形中,团队领导工作由产品经理来担任(他实际上就是项目经理)。

在定义和设计阶段,团队要协同合作,以对公司既合理又可行的方式,把各种市场要求转变成具体的产品规格。这就意味着提供服务性产品的公司需具备必要的能力,而提供实物产品的公司要能按照这些规格生产产品。

接下来的一个决策点是定义检查点。在此,项目评审委员会决定是否投入资源构建原型。如果获得批准,项目就进入下一个阶段的活动,即制作原型。

产品原型的制作、测试和评估,首先需要建立一个工作模型或产品的初步版本。然后利用公司内部设施或通过客户,对模型进行使用测试。α 测试(Alpha tests)是指将产品交给公司员工或某个部门使用。例如,食品的测试可能会放在公司餐厅进行,之后才放到公司外部进行测试。β 测试(Beta tests)则是指挑选一组客户,让他们在实际使用环境中使用该产品。该测试可能会发现产品的潜在缺陷,决定其是否淘汰或进行重新设计。如果测试很顺利,产品就进入发布之前的扩大测试和生产规划阶段。

在发布之前,产品经理要制订产品发布临时方案。他们负责整合营销计划细节,而工程设计及生产部门负责完成最终的产品图纸并用工具进行调试。请注意,尽管流程图中的原型制作安排在产品定义和设计之后进行,但这些阶段也可以同时进行,甚至可以颠倒顺序。因为,客户有时候没有能力对产品的抽象概念进行评估,例如,评估某种新食品的口味就属于这种情形。碰到这种情况,原型制作就要更早完成。

原型测试成功后,试产和开发之前的最后一个决策点就是,开发准备情况的评估。此时,公司要做出决定,明确是否有合适的设计可用于生产,企划方案是否仍然有效,产品规格是否符合企划方案中确定的市场要求(包括任何校订或修改),以及临时性发布方案是否完备。

在发布阶段,产品被投入市场,可能是通过精心策划的新品首发活动实施的。发布之后,要对新产品项目进行评估,目的是确定是不是需要立即开展产品修正工作,或改进未来流程。产品创造和商品化阶段的活动和决策点，在接下来的三章将深入讨论。在本章，我们回到概念化和创意活动两个问题。

开发产品创意

创意数量会影响产品商品化过程的成功与否，如果创意数量众多，就能增加发现"最佳产品"的可能性。尽管很多人认为创意本身并不缺乏，但因为随手可得的创意已经感觉"够好"，很多好的创意根本没机会出头，而产品经理常常备受压力，要快速推出各种新产品创意。由于同时还要调整原有产品，他们通常没有很多时间来深入研究各种选择方案。因此，他们转而寻求生产线扩展，或抄袭其他公司产品。这就是战略性创意的孕育和制订产品组合计划能成为新产品开发有用的先期工作的原因。

战略性产品创意来源多种多样，其中一个就是当前客户和潜在客户。不幸的是，有太多公司没有运用科学的方法认真获取有前瞻性的创意。对于B2B的产品，一个行之有效的研究方法就是进行系统的客户访问计划。客户访问计划是有组织的资料收集方法，针对具体客户，获取他们对研究中问题的各种意见；考虑到他们对最后决策的重要影响，因此需要召集公司内部人员的参与，并书面确定资料收集的具体目标。具有前瞻性思想、处于行业领导地位或对产品有独特应用的客户会受邀参与到该计划之中。领先用户比代表性客户更能提供各种创意。由来自研发、运营及销售部门的人员组成的小组，向他们简要说明计划的意图之后，安排他们对上述经过挑选的客户进行访谈。从客户访问计划中获得的各种真知灼见经整合后，成为潜在的长期产品创意。贸易展览是接触客户的另一种手段。贸易展览中组建的各种典型人群，是获取新产品创意的成本更低的一种方法。

针对特定目标开展的头脑风暴是产品开发的又一种方式。在讨论中，鼓励参与者通过隐喻联想或类比的方式来思考问题。佳能（Canon）在开发迷你复印机感光鼓的过程中，就成功地运用了类比思考方法。

佳能公司的设计师认识到，全部维护问题中有90%是因为感光鼓出了问题。因此，他们决定研发一次性感光鼓，但要求价格和服务可以接受，质量也不错。很凑巧，有一次工作团队预约了啤酒外卖服务，由此引发讨论：能不能把铝制啤酒罐的生产方法用来生产复印机感光鼓。这让该团队找到了一个技术流程，用可接受的成本生产铝制感光鼓。[7]

产品经理还必须清楚公司的核心能力，并愿意与其他部门的同事和其他产品经理合作，把技术综合运用到未来产品和市场中去（见企业案例6-2"对创新的创新"）。

企业案例 6-2

对创新的创新

创新如何发生？对多数产品经理而言，他们所关注的竞争需求让他们觉得短期需求比长期可能性更加迫切。换句话说，他们寻求的机会数量众多，以至于他们无法专注于其中任何一个。这也就是为什么那些实际上设置了各种限制的产品组合计划或产品创新章程反而推动了创新。

例如，诺基亚集团致力于创新，"研究用户需求，在移动和通信领域，摆脱技术和不断变化的企业环境的束缚"。把创意局限于这些客户需求的类别之内，把其他的追求压缩到最少。

与之相同，法国液化空气集团（Air Liquide）把关注的重点从产品创新转变为所谓的需求创新，用全新的方法来满足现有需求。作为造纸行业的工业气体供应商，在20世纪90年代气体变成了日用品后，该公司的收入急剧下降。在将研发资源投入不破坏臭氧层，又能漂白纸浆和纸张的产品失败之后，公司发现了市场对气体管理服务的需求。1991年，这类服务占液化空气集团总收入的7%，到了2004年，这一比例达到了30%。

通用电气医疗集团（GE Healthcare）非常鼓励领先用户的积极参与，把他们称为杰出人物。他们多数来自重要医疗机构，都是著作颇丰的知名医生和研究人员。通用电气常把他们聚集到一起，召开例行医学顾问委员会会议，评估通用电气医疗集团的技术发展情况。

宝洁公司鼓励从一个产品到另一个产品相互分享型创新，而不是完全从零开始。汰渍去污笔是一种去除衣物污渍的电动设备，用的是和佳洁士电动牙刷相同的基本原理。宝洁公司还鼓励员工从为客户需求提供更多解决方案的角度来探索创新，而不是一味扩展产品链。宝洁公司的电动牙刷和美白牙贴有口皆碑，而高露洁则只专注于牙膏。

宝洁公司这些最佳实践做法被推广为"开放式创新"，在亨利·切斯布朗的《开放式创新》一书中有详细描述。该概念所包含的理念有：

○ 有必要与公司内外的聪明人合作；
○ 商业和技术创新应无缝融合；
○ 好的商业模式比市场占先更为重要；
○ 要共享知识产权并从中获益；
○ 充分利用内外部创意，终将取得胜利。

资料来源：Adapted from Liisa Väualikangas and Michael Gibbert, "Boundary-Setting Strategies for Escaping Innovation Traps," *MIT Sloan Management Review* (Spring 2005), pp. 58-65. John Teresko, "P&G's Secret : Innovating Innovation," *Industry Week* (December 2004), pp. 26-32. "Business : The Rise of the Creative Consumer : The Future of Innovation," *The Economist* (March 12, 2005), p. 75. Nanette Byrnes, Robert Berner, Wendy Zellner, and William C. Symonds, " Branding : Five New Lessons, " *BusinessWeek* (February 14, 2005), pp. 26-28. " Special Report : Don't Laugh at Gilded Butterflies," *The Economist* (April 24, 2004), p. 81.

第6章
路线图、创新和模糊前沿

虽然创意的来源渠道很多,包括内部的和外部的,但产品经理仍需积极寻找新产品概念(见图6-3)。不要以为创意已经太多,重要的不是创意的数量,而是其质量。产品经理最有资格来决定,是否需要侧翼品牌来对抗竞争产品,是不是有客户让产品经过改造用于某个独特的用途,并因此可以把这种应用方式扩展到其他市场分区。参加(公司内部或通过贸易协会的)技术交流会议;与销售人员保持坦诚沟通,随时发掘机会。留心可能透露出需求改变的市场规模或结构的变化情况。

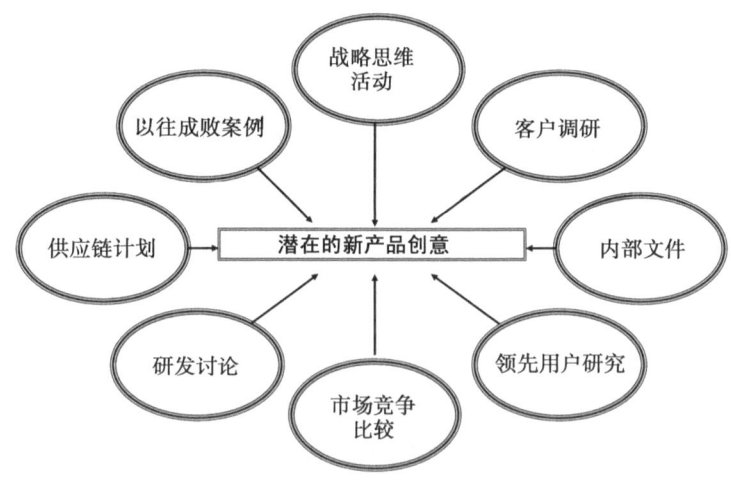

图6-3 新产品创意来源

如果公司里没有产品创意资源库,那就创建一个,即便是那些没被认可的创意未来都有可能获得成功。定期筛查数据库(每季度或每半年一次),确定是不是有哪个创意应被剔除出去或进行重新评估。

应对各种创意进行初步筛选,以确定是否需要投入更多精力。战略过滤可包含以下内容:[8]

- 放在现有产品组合内是否合适;
- 是否可以申请专利;
- 竞争对手加入的风险;
- 能否通过既有分销渠道进行销售;

- 与战略规划的兼容程度；
- 回收期的可接受程度；
- 增长潜力；
- 工具和设备成本；
- 与核心技术的兼容性。

针对某个具体公司的条件，可以包括以上全部内容，也可以不用其中任何一项内容。把它们逐一列出来，是让这些问题浮现出来，提供一个讨论产品概念的机会。这些标准的制定应该独立于并且先于具体的创意筛选工作进行。

创意筛选过程可以运用很多不同的方法。有些公司只是简单地指出新产品"必须包含"的条件，有些则列出多个标准，通过是非判断来确定，还有些公司运用表 6-1 中所标明的权重和等级标准。在表 6-1 中，最重要的筛选条件是"与战略规划的兼容"，权重是 0.20。筛选审查委员会如果给某个具体创意在"与战略规划的兼容"这一项上打 0.7 分，那么这个项目得分就是 $0.20 \times 0.7 = 0.14$。每一行都用同样方法进行计算，然后再相加就得到该产品的加权得分。请注意，该筛选中的产品创意的加权得分为 0.57。如果还有几个同时接受筛选的创意，得分分别为 0.56、0.62 或 0.70，那么它们之间孰优孰劣就一目了然了。这种优先排序的真正价值在于，让你能决定如何最优配置产品开发资源。

表 6-1　产品筛查检查表

成功产品的必备条件	相对权重	产品概念评分										权值
		0.0	0.1	0.2	0.3	0.4	0.5	0.6	0.7	0.8	0.9	1.0	
与现有产品组合的匹配	0.15					×							0.06
专利可行性	0.05				×								0.02
竞争对手加入的风险低	0.10								×				0.07
能够通过既有分销渠道销售	0.10									×			0.08

(续)

| 成功产品的必备条件 | 相对权重 | \multicolumn{11}{c}{产品概念评分} | 权值 |

成功产品的必备条件	相对权重	0.0	0.1	0.2	0.3	0.4	0.5	0.6	0.7	0.8	0.9	1.0	权值
与战略规划的兼容	0.20								×				0.14
可接受的回收期	0.10										×		0.09
增长潜力	0.10						×						0.05
工具和设备成本低	0.05			×									0.01
与核心技术兼容	0.15				×								0.05
加权分数													0.57

表 6-1 所示的数学评级工具因为其选用的评估数据还比较主观，所以不一定能真正得出量化结果，但像这样的筛选清单，为个别成员在小组会议之前按照统一的参数评估新产品创意提供了可能。它还能够促成新产品开发评审委员会开展讨论，并让谈话都集中到对公司很重要的项目评估标准上。

不论采用哪种筛选工具，重点是要保持一个合理的平衡，不要过于严苛，也不能太过宽松。太严苛的方法会扼杀具有潜力的优秀创意，而太宽松则会导致公司推出平庸产品。筛选的标准应当像漏斗一样，能让对未来发展有利的优秀创意得以通过。如果不经过严格筛选，就会有过多创意进入开发环节，不仅占据资源，而且降低成功的概率。这样，筛选就从漏斗型转变成了隧道型，如图 6-4 所示。

产品创意通过筛选后，就要成立一个跨部门团队推动该产品的开发。团队成员通常包括产品经理，及来自营运、设计甚至采购、关键客户、法务、财务、客服以及销售等部门的相关人员。销售人员所承担的职责，因公司不同而有所不同。尽管销售人员的意见与前期支援非常重要，但并不是所有销售人员都能识别出 10% 的最大的、代表领先趋势的潜在或目标客户人群。美国电话电报公司（AT&T）近期开展了一项研究，比较销售人员和客户对创新新产品概念的判断，结果发现销售人员"一贯显得更加乐观，同时表现出和客户不同的偏好"。[9]因此，在整个过程中，从大量销售人员中收集信息，要比让销售部门成为团队核心成员更有好处。

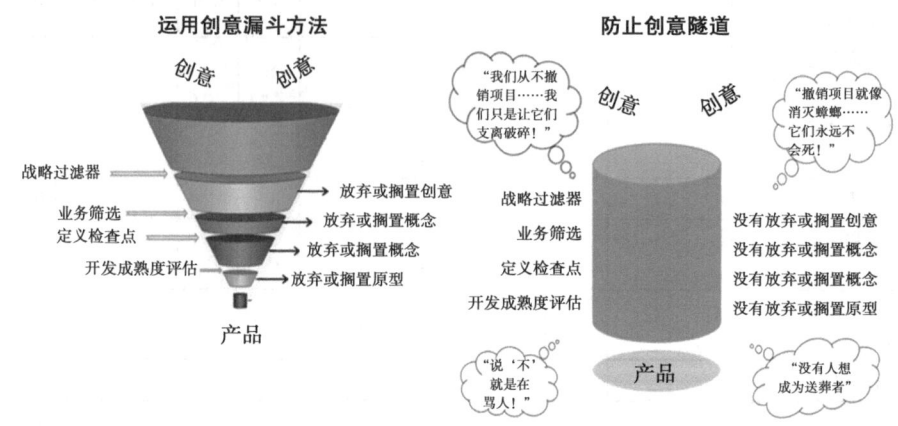

图6-4　运用漏斗型而不是隧道型工具进行筛选

第7章主要讨论获取（有时候还不够成熟的）各种创意，为其制订企划方案，并逐步将其转变成可以商品化的产品。

本章思考

要在核心增长、邻接增长和突破性增长三个时间范围和种类内，思考创新和产品开发问题，将它们作为各自独立的组合来进行管理。同时，考虑在你的技能集合中增加各种设计思维。

戴夫·弗兰契诺访谈：运用设计思维，收获尚未被开发的潜能

戴夫·弗兰契诺（Dave Franchino）
设计概念公司（www.design-concepts.com）
总裁和首席设计师

戴夫，在进行本质讨论之前，你能不能先给我们介绍一下设计概念公司，以及你此前的职业道路？

设计概念公司是一家备受赞誉的创新和设计咨询公司。我们利用自身在产品和服务设计方面的经验，帮助客户发现新的机会、建立品牌并开展业务。我们的创立已有44年的历史，提供各种服务，其中包括策略、研究、工业设计、人员因素、工程管理和原型建造服务等。我们很幸运，我们曾和世界各地的公司合作，发现需求，寻求机会，并制订能让客户未来在商业上取得成功的解决方案。

对创新产业而言，我的背景可能有点不同寻常，因为我是以工程管理的身份进入该行业的。在进入设计概念公司前，我在土星汽车公司工作了12年。刚在土星公司工作时，我都是从以工程技术为中心的角度来看待"创新"之源的，但我很快就认识到，无论技术多么巧妙、多么具有新意，商业成功很少会仅仅是因为纯粹地执行了技术方案。后来我去了斯坦福大学学习，我对推动创新企业发展所需的技术、市场、设计、业务、财务和战略规划的独特组合越来越感兴趣。在斯坦福大学期间，我有幸和另一家设计创新公司艾迪欧合作，这是我第一次涉足创新咨询领域。在设计概念公司，我很幸运能和一支非常卓越的团队合作，他们是各种研究员、战略家、设计师、工程师、原型设计专家和创新者。他们不断突破各种限制，帮助客户创建并壮大其业务。

后来这种方式被称为设计思维，我很自豪，我们公司在重构方法与流程，帮助客户实现创新，增加客户满意度，以及取得业务成功方面均处于领先地位。

这么说来，你为多家公司提供了设计思维方面的咨询服务。你是如何定义"设计思维"的，它对公司的重要性体现在哪儿？

设计思维，简单来说是一种思维方式，一种较为宽泛的解决问题方式。在遇到新的设计难题时，能综合吸收设计师训练所得的各种方法和流程，用其来解决问题。

我们喜欢说，设计思维改变了商业。我们这么说的意思是，设计思维有别于那些用来定义商业的线性的、附加的、纯粹分析性的传统思维模式，它带来了一种全新的商业方法。

设计思维将理性分析方法和感性创新方法相结合，来解决各种问题。正是这种结合为设计产品、制定商业战略、创建服务或解决社会问题提供了平衡和解决问题的新视角。

将其称为设计思维似乎有点用词不当，这让它听起来似乎只局限于设计领域。事实上，它是产品设计者每天重复使用的定性方式，又比传统设计方法具有更广泛的适用性。我们的工具箱中包括门径管理和重大活动，但也包括发现研究、人种学研究、团队思维能力、快速原型构建和知情的直觉。传统业务对预定目标采取直线路径，设计思维则采用迂回线路，往往会像过山车般不作任何预设，不知道哪里会有最好的解决方案。过程本身就允许你进行探索、创造、失败乃至重新开始。这是一个可复制的过程，这让创新不再是个难以捉摸的概念，或不可触摸的商业目标，而是呈现为一种可以信赖、可以重复的过程。

这对企业很重要，因为它是一种战略指引与方法，比传统方法更能挖掘出创新团队的价值。

你能不能和我们分享几个成功的案例？

我认为，我们的设计思维最好的成功案例都来自于指导客户用全新方法解决眼前的问题。

设计思维让我们的一个医疗设备客户退后一步，重新审视自己，由此发现他们拥有毗邻自己传统产品的巨大战略机遇。在历史上，他们一度非常关注改进核心产品的特征和功能。传统市场调研和业务分析帮助他们持续改进自己的设备，但没能识别出他们整个产品市场上重要客户的痛点。我们引导他们开展具有国际水准的设计思维项目，包括在十几个国家开展深入的人种学研究。通过绘制全面的用户体验图，我们很快清晰地发现，利用他们特种设备的可信度来提供市场急需的且一直在寻找的一系列产品和服务，给他们带来了巨大的商机。最让我们和客户激动的是，它所创造的不仅是新产品机会，还创造了一种新业务模式战略。

在另一个案例中，我们的客户是专为美国市场量身打造尖端医疗产品的公司。美国和西欧国家之外的多数国家所使用的同类产品，其设计特征的层次要低很多。他们公司的理念（在竞争中也是如此）就是认为其他市场最终会达到相同水平的精密程度、复杂程度和相应的产品成本。我们再一次引导客户开展多国人种学研究发现，并运用设计思维原则进行思维过程。通过与客户的直接互动、头脑风暴并构建原型，我们发现，通过引入一款过渡产品可以带来巨大商机，这款产品比传统产品特征要先进，但没有他们现在提供的产品这么昂贵和复杂。这不是因为美国产品太昂贵、太复杂，而是其基础产品内在的成本和复杂性已满足了其他市场尚没有呈现出来的需求。

和许多好的业务创意一样，在完成的时候你会发现，解决方法其实很简单。但是，如果没有设计思维过程带来的自由思考，这两家公司是克服不了其内在的惯性并抓住这些商业机遇的。

与产品设计思维相比，服务设计思维有没有什么不同？或者说，产品突破与产品线扩展有什么不同，消费品与非消费品有什么不同？

设计思维带给我真正的感悟就是，这些工具和技术在跨越传统业务边界时竟如此便捷。作为创新领域的顾问，对我们而言，从事一个完全陌生领域的工作十分正常。这样就能让我们很好地理解，对于大量公司和各种机会，发现研究、团队思维、快速原型构建和迭代、知情的直觉所能带来的价值。每个领域都会有不同之处，但多数能从全新的视角和以客户为关注点的创新方式中受益。

过去几年我们发现，这些流程可以让我们在消费品领域的工作传播我们对医疗设备领域的见解。我们在服务设计方面的工作可能揭示一种能轻松运用于商业产品的见解。设计思维作为一个过程和思维方式，不论在什么产业中，都充分利用了团队的创造力。

我们现在领导一个由一位机械工程师、一位人种学研究员、一位语言学博士和一位工商管理硕士四人组成的团队，实施项目，研究药物治疗方案。这听起来似乎是一个不太可能的团队，但是他们把各自的理性见解和创造性思维带到了项目之中。设计思维的过程让他们能自由地在传统领域之外开展工作，并带来意想不到的解决方案。

过程的可重复和结果的可靠性，对任何产业或领域都非常有价值。

对产品经理来说，有什么具体值得借鉴的地方？

商业格局越来越充满竞争，对业务和产品经理的期望也越来越高。创新已经成了命令，而不再是途径。我相信，产品经理的成功仍然在于管理现有组合和产品路线图，但对新的机会和领域的重视程度将会不断增强。

设计思维的一些基本工具，并不是通常与产品管理相关的技术集的标准部分。传统的定量市场研究方法对于多数产品经理而言是非常重要的工具，但并不是最卓有成效的识别突破性机会的方式。人种学研究要求不带任何先入为主的观念和预设，接近市场，以便对客户需求有更深层次的理解，特别是在和现有产品完全无关的领域。我们发现，一些产品经理与现有客户和产品的联系如此密切，以至于很难用一种全新的视角看待市场。设计思维是通过花费时间和精力从全新的角度看待成熟市场，让整个过程得以固定下来。

同样，团队头脑风暴、快速原型构建和迭代的技能，都可以运用于广泛的业务领域。设计思维让产品经理能够打破传统的窠臼，揭开创新过程的神秘面纱。

除了它在新产品开发过程中所起的作用，我们觉得对产品经理而言，设计思维在整个产品生命周期中都具有适应性。多数企业所面临的挑战是，让通常处在机遇最前沿的产品经理寻找并获得并不直接隐藏在其当前产品线路径之内的新的业务机会和战略。设计思维是收获现有产品内部及其周边未被发掘的潜力的重要工具。

第 7 章

制订企划方案并获得批准

请判断对错：企划方案要求越明确，它就越准确。

这种说法很有意思，却是错误的。企划方案依赖于对未来的主观假设和预测：预期销量、客户意愿和预期成本。小数点后面多增加几个数字可能会给人造成准确的印象，但事实上，在任何数字背后都存在很多主观因素。

请判断对错：获得资金资助的企划方案都是成功的。

这种说法也是不对的。成功的企划方案能帮助人们做出正确决定。记住，编制企划方案就是证明或者证伪某个产品概念潜在商业前景的过程。有些产品经理在制订企划方案时，认为成功就是其企划方案获得认可。因此，他们会美化各种预测情况，或对自己的假设极端乐观。尽管这么做并不意味着注定会失败，但它确实会增加失败的概率。

本章一开始，我用了两个判断题，这两个问题代表了很普遍的误解。制订新产品企划方案并为之辩护，这项任务会让很多产品经理生畏。这就是全盘考虑整个企划方案的制订流程，以及因此产生的各种文件如此重要的原因。

在深入探讨之前，我们有必要讨论一下术语问题，因为各公司对这些术语的用法都不一致。在这一章中，我把企划方案定义为为新产品争取投资结构固定的建议书。方案中包括市场要求（即需求或收益）、开发满足这些需求的产品的可行性陈述、目标市场和机会探讨以及财务概况。换句话说，它提供方案（即理由）来支持该新产品项目投资的经济性问题。有些公司把这类文件称作市场需求文件（MRD）或商业计划或商业建议书，那么，它们会把企划方案这个术语用来专门指代财务方案。用哪个术语并不重要，关键是每个人都能理解它们在组织中是怎么起作用的。

在第 6 章中，我们谈到了从产品经理的角度看，新产品开发的三个核心部分是概念化、创造以及商品化。在早期概念化过程中，产品经理可能在一个很高的层面构建并评估多个产品创意。多数想法几乎一开始就放弃了，只有少数需要获得更多数据，并进行分析，以便确定哪个创意应该纳入企划方案的概念中去（见图 7-1）。因此，概念化是为某个特定产品概念制订企划方案过程的前身，并自然导致企划方案的制订。

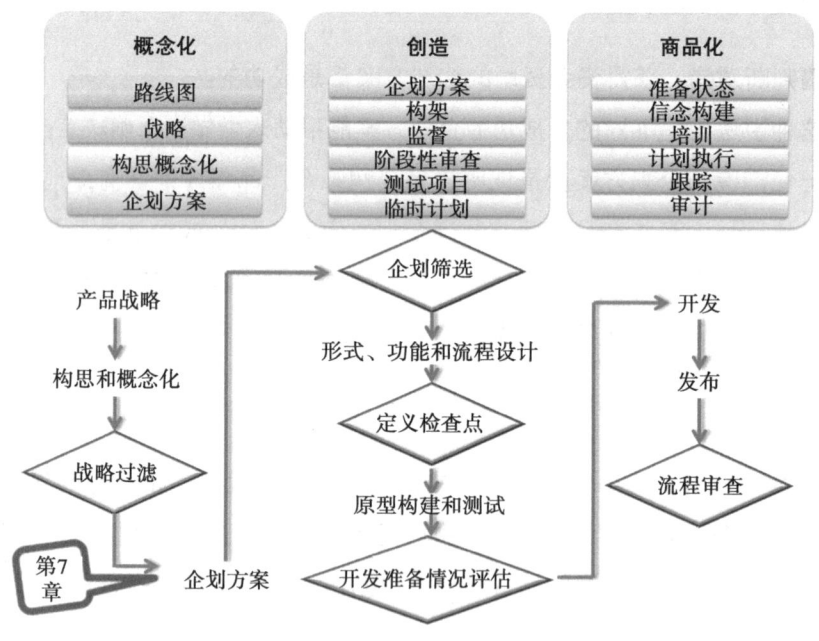

图 7-1　产品开发 3C 框架的规划方案阶段

企划方案的重要性

把制订企划方案看成为决策而准备各种证据资料，这一点很重要。首先要收集市场潜力方面的资料，真实评估什么因素会让产品更容易或更不容易被市场接受，并相应地对其做出预测。换句话说，企划方案应预测决定所要实现的结果。要用粗略的、在可接受的回收期内，实现各种现金流的概率，合理预测未来现金流的额度。（在 Palisade 公司网站 www.palisade.com 上有一个两分钟长的预测新产品概率的蒙特卡洛模型的教程。）如果管理团队正在审阅各种新产品建议，却无法同时为所有项目提供资金，那么把预期收益与实现该收益的概率结合起来，就能为公司做出正确决策提供更有说服力的证据。

除了预测收益与成本之外，还要考虑一些软福利，其中有品牌知名度的提升、产品被推荐次数或更高的客户满意度。软福利不能直接转化成真金白银，但可以与各种表述清晰的假设联系起来。假设某个新产品能防止客户抛弃我们，转而购买竞争对手的产品，那么该产品的财务价值就能估算出来。

企划方案是为预测提供财务、竞争情况和市场方面理由的框架性计划。它本质上是一项投资的经济建议书，需要各种数据支撑。因此，不妨把它看成企业家为获得某个风险资本而编制的企划方案。

由于企划方案质量的好坏直接影响人们做出接受或是拒绝产品概念的正确决定，因此势必要认真对待。这并不是说只要简单地按照"最佳实践"模板，就可以神奇地做出一个完美的方案。相反，它需要客观评估该概念会给组织带来的各种正面和负面的影响。这还要求解释为什么选择了某一个概念，而抛弃其他概念。

在制订企划方案过程中首先要回答的问题是，为什么要在这个时候考虑这个概念。认真考虑它是否符合企业战略、产品战略或产品路线图。它是进取型产品，还是回应型产品？它是填补了空白，还是提供了新的契机？机会和预期财务绩效如何？有没有可能生产该产品，我们是否具备生产该产品的能力？如果没有按照这个概念行事，会产生什么后果？该新产品的开发会有什么样的风险，如何降低风险？不要主观地以为，所有这些问题的答案都显而易见。它们也许并不容易回答。

企划方案的组成部分

根据行业或产品类型以及具体业务的多种需求，各公司需要为其不同的企划方案准备不同的内容。

图 7-2 表示了企划方案的主要内容和次要内容。请注意，你需要各种假设来说明所有这些内容的理由。对于重要假设要表述清楚，并根据其他人的视角进行"压力测试"。如果假设前提出现变化，会产生什么样的后果？一定要认真思考最好的和最糟糕的情形，要像检查企划方案每一部分内容那样，对自己提出各种质疑。

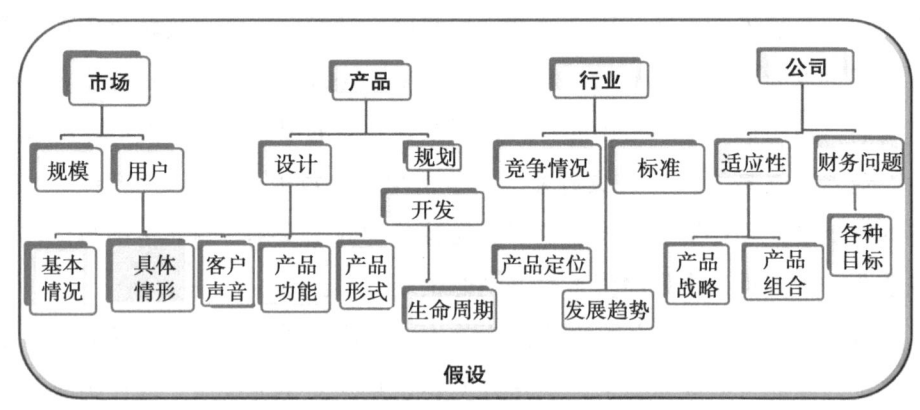

图 7-2　企划方案的组成部分

市场部分

能进入企划阶段的创意是经过提炼并能转变成现实产品的概念。在此，产品经理要重点参与：（1）确定最大化客户满意度和接受度的恰当特征和属性；（2）确定目标价格；（3）修改对潜在销量与利润率的预测。重要的是，要把所有这些活动整合到一起。产品属性的改变可能会导致目标价格无法实现，并且最终价格可能改变客户的购买意愿（影响销量的关键因素）。对这些界定产品特征的因素必须有一个综合的看法，尽可能减少未来订单发生变更的可能性。否则，产品经理与项目经理之间很有可能发生冲突。

从二手资料开始。通过网络搜索，获得更多有关市场特征、趋势和竞争情况的信息。寻找任何可以购买的营销研究报告。如果有必要，进行专利检索，搜出潜在的未来竞争对手。与行业专家和潜在客户沟通，评估其参与产品创意的态度。从"典型"客户那里获取市场意见适合很多产品线扩展的情形，而从领先用户那里获取信息对于创新型产品非常重要。但为了获取客户声音，这两者都很重要（见企业案例7-1"利用客户意见识别市场机会"）。

企业案例 7-1

利用客户意见识别市场机会

对产品有极端或严格要求的试用人员、公司或个人是创新产品创意的重要来源。增加代表客户的数量为产品线扩展、概念开发和生命周期消费预测提供更多的信息输入。所有这些都是为新产品开发项目贡献来自顾客的声音。

东芝美国医疗系统部与美国主要医疗机构建立了非常紧密的关系，以便为其医疗影像产品更好地了解各种市场机会。东芝公司利用它在约翰·霍普金斯大学的医生支持者和盟友，建立了一个由思想领导者和主要医学专家组建的团队。该小组列席东芝咨询委员会会议，审议其实验产品，并推进创新。

相反，宝洁公司对现有产品和营销战略的创新和改进比较感兴趣。2005年4月，它首次开展了年度"消费者至上"活动，来激发新产品创意。一位7岁的小姑娘提出想法，希望能让消费者来投票选择新一代佳洁士牙膏的香味。结果，宝洁公司开展了一次网络投票，让消费者在柠檬味、草莓味和热带水果味之间进行选择，对佳洁士酷白体验牙膏进行了品牌扩展。

宝洁公司爱慕思（Iams）品牌经理得知，有些宠物饲养者会在狗粮中添加食物碎屑，以减少年龄大的宠物的食量。后续的定量研究表明，40%的狗主人使用这种方法。因此，该品牌发布了塞弗瑞（Savory）作为比食物碎屑更有营养的狗粮品牌。

尽管有多种方法可供选择，但产品经理应不断问自己，并留意人们做各种事情的原因是什么，了解当时的重要竞争对手，并把这些信息用到新产品开发和营销之中。克莱顿·克里斯腾森（Clayton Christensen）是《创新者的解答》（*The Innovator's Solution*）的作者，他指出，很多产品的失败是由于经理并不像消费者那样去看待市场。当快餐连锁店经理想提高奶昔的销量和利润时，他首先问客户，奶昔应更浓一些、多一点，还是应增加其他风味。他根据顾客的要求作了改变，市场却没有发生任何变化。另一组研究人员发现，多数客户食用奶昔是因为想让漫长无聊的上下班时间变得更轻松一些。由于用粗的吸管吸食奶昔要花20分钟左右的时间，这减轻了旅途中的无聊感。竞争不仅来自其他奶昔，还来自"无聊、百吉饼、香蕉、油炸饼干、快餐早点饮品，甚至可能是咖啡"。这种新视角改变了新产品的概念。

资料来源：John Zimmer, "How to Win a Marquee Account," *Sales and Marketing Management* (February 2004), p. 72. Jack Neff, "P&G Kisses Up to the Boss: Consumers," *Advertising Age*(May 2, 2005), p. 18. Clayton M. Christensen and Michael E. Raynor, "Creating a Killer Product," *Forbes* (October 13, 2003), p. 82.

表 7-1 是电子表格范例，用来确定高清电视市场机会。表中第二栏列出根据各种关键变量计算出来的每年的市场潜力；第三栏中的内容是总人口，是根据普查数据推算出来的重要人口因素；"技术实现情况"一栏列出了技术当年可用，并达到可接受的质量水平的概率；"高清电视的认知度"是对有多少百分比的客户了解该产品的主观估计；"节目的可获得情况"是对用

于播放高清电视节目的时间比例的估计；按特定价格购买产品的意愿根据调查数据推算得出。假设该电子表格是在高清电视还是创新产品时编制的，那么按照同类产品（彩色电视）来估计其每年的市场渗透率比较合理。将所有变量相乘后，就能计算出第二列所示的各年度市场潜力。

表 7-1 市场机会预测范例

时间段	市场潜力	人口基数	技术实现情况	高清电视的认知度	节目的可获得情况	购买意愿	平均价格	市场增长渗透	
	拥有电视的家庭户数（1 000 户）		判断指数			市场调查数据		彩色电视增长情况	
型号	潜力 =	人口 ×	技术 ×	认识水平 ×	可获得性 ×	购买	价格	占潜力的百分比	渗透情况
第 1 年	698	93 000	0.50	0.25	0.50	0.12	2 000	0.50	349
第 2 年	1 488	93 930	0.55	0.40	0.60	0.12	2 000	0.52	744
第 3 年	3 287	94 869	0.60	0.55	0.70	0.15	1 800	0.48	1 578
第 4 年	5 232	95 818	0.70	0.65	0.80	0.15	1 800	0.51	2 668
第 5 年	10 452	96 776	0.80	0.75	0.90	0.20	1 600	0.47	4 912
第 6 年	17 281	97 744	0.85	0.80	1.00	0.26	1 400	0.48	8 295

资料来源：Condensed from Robert J.Thomas, *New Product Development: Managing and Forecasting for Strategic Success* (John Wiley, 1993), p.174.

概念提炼与客户心声

要提炼对市场需求的理解，就需要从知识丰富且愿意合作的关键客户那里获取信息。这些客户并不一定具有代表性，但他们必须愿意对初始概念提出改进和修改建议。然后探讨各种可能影响产品潜在销量的具体修改建议。某些特征放大后，会产生什么后果？这些特征最小化了之后，情况又会怎样？如果产品更加坚固，情况会怎么样？如果更加柔软，又会怎样呢？产品尺寸更加标准化，会有什么后果？更加针对具体的客户进行量身定制，会产生什么后果呢？色彩的选择是不是很重要？区位的选择呢？要尽可能地从这些关键资源中获得更多的信息。有时候这种小样本定性研究就足以形成一个概念，而有的时候需要更大的样本量才能全面了解市场的需求。

概念明确之后，就需要在大量客户中进行测试。这个客户群体应能更好地代表目标市场。概念测试没有其他更好的办法，多数只能是对定性研究作一些改变，并着重考虑小组讨论的内容。通常，用于满足相同需求（即替代品）的一个概念的多个版本（可能包括竞争对手或安慰剂概念），或多个不同产品的概念会在同一个概念测试中进行探讨。这是因为，通过比较不同的选择，人们往往能提供更好的意见，而这种意见要比他们针对单一产品概念进行的绝对评估更为可靠。虚假广告、卡片上的产品描述、概念草图以及粗糙的原型都可能作为研究分析的目标。有时候，产品技术文件以及用户手册也会成为这种分析的一部分。

在概念测试中需要处理如下问题：客户能否理解这个概念？它是否比当前已有概念更受欢迎？与客户现在能够获得的替代产品相比，改进后的产品有什么价值？产品功能是否与顾客现在用的功能一致，或者它是否需要顾客改变其思维定式？他们是否愿意为此承担更高的费用？产品有些什么缺陷？是否有一些改变能让产品变得（更加）易于生产？该产品要满足的基本需求是什么？品牌名或商标是否应包含在概念测试当中？

|购买意愿

概念测试通常包括特定价格下的购买意愿这一指标。"购买意愿"是指，如果产品存在，受试者愿意购买该产品的概率指标，通常用一个数值范围来表示（即从 1="绝对不会购买"，5="绝对会购买"）。这是概念测试的一个重要部分，但不能随意理解成真实的销售预测。人们往往会高估自己在诸如典型小组之类刻意设计的情境中的购买意愿。获取定价信息的确十分困难。不过，在产品开发过程中，必须制定一个目标价格，这对于确定产品的目标成本来说极为关键。尽管所有研究方法都存在这样或那样的问题，但仍然有一些方法值得一试。

其中一种方法是请客户列出一个价格范围：什么是你愿意支付的最高价格，超过这个价格你是否会感觉自己被坑？什么是你愿意支付的最低价格，低于这个价格你是否会担心产品质量存在问题？另一种方法是把概念测试小组分成试验组和控制组。针对同一个概念，分别给这两个小组制定不同的价格，并确定在价格不同时，客户购买意愿是否存在差异。第三种方法是，询问客户这个新产品在多大程度上优于他们正在使用的产品（用货币来表示，见第3章中的经济预测模型）。最后一种方法是，询问客户他们愿意花多少钱来购买这种产品，而他们又愿意放弃哪些产品特性，以使该产品的价格降低至他们的心理价位。应该针对每种情形都设计一份"购买意愿"问卷。

至此，产品团队应该努力确定一个目标价格。目标价格是为开发过程测算目标成本所必需的。"按照价格进行设计"是技术更新快、产品生命周期短以及价格压力大的各行业内很多公司运用的理念。

目标价格取决于市场认知的产品价值。确定单位价值低、购买频率高的产品（如包装消费品）的价值与确定价值高、购买频率低的产品（如资本设备）的价值的方法是不一样的。包装消费品的购买，在决策过程中有一个习惯和惯性问题。购买高价产品的决策过程可能需要多个团队或专门委员会的参与。因此，在分析中，需要考虑决策过程的差异，以及决策人员的差异。

市场要求文件

至此，开发小组应能在类似于表7-2的"市场要求开发表"中列出并展示所有潜在的产品特征。该表格中列举了一个自行车车架的例子。第一栏列出了通过对客户和领先用户进行研究所提炼出来的市场需求。注意，这些需求是客户希望从使用该产品中获得的好处，而不是它们应该被设计成的样子。第二栏对每个识别出来的市场需求进行排序或评级。第三栏中，把优势转变成设计人员在设计车架时要参考的设计目标。例如，所希望的产品重量提供了指导，但没有明确要用什么材料或生产技术。同时，目标成本范围是由目标价格和可接受的利润水平来确定的。第四栏和第五栏列出了主要竞争对手产品的衡量指标。根据市场所提供的重要性评级，通过比较起始标准和主要竞争对手产品之间的异同，在第六栏中列出了可能需要做出的调整。最后改进过后的衡量规格，就是概念开发和测试阶段的成果。由于这里表达了新产品开发过程的重要节点应该经过评审委员会的初步认可，以表明他们接受这个衡量标准，事实上这也就意味着要暂时冻结"产品利益组合"（虽然实际的产品规格在原型开发阶段还不会被完全确定）。

表 7-2　市场要求开发表

1. 需求	2. 重要性[①]	3. 起始衡量指标[②]	4. 竞争对手 A	5. 竞争对手 B	6. 修正后的测量指标[②]
重量轻	必须	总重量（千克）	竞争对手A比概念产品轻	相同	需要降低重量
能防雨、防水渍	必须	没有进水情况下的喷洒时间	优于 A	优于 B	继续保留起始标准
冲撞安全性	必须	材料的抗弯强度	更优的抗弯强度	更易折断	提高抗弯强度到与A一样或比其更好
安装方便	应该	平均安装用时	比 A 的安装速度更快	比 B 的安装速度更快	在不增加成本的情况下，表现出色
需要多个附件协同工作	应该	附件以及规格清单	适合类似的产品线	适合类似的产品线	继续保留起始标准
定价有竞争力	必须	目标价格范围	紧跟	紧跟	维持在目标成本范围内并确定如何帮助客户理解其价值

侧写：确定目标用户的人口和社会心理特征，包括对购买决策有影响的有关人员的情况
使用场景：描述目标客户在哪里，会怎么使用该产品。把观察得来的见解融入产品，并设计思维活动
非功能性要求：列出产品外形特征，这些特征即使不提供新的功能，也可能是产品必要部件的重要的设计参数（如感官和触觉感受）

[①] 请在此栏注明：什么好处（功能）是必须有的，什么有了更好，或什么是一定要避免的。
[②] 注意，此栏中的衡量指标主要是针对功能的，而不是针对特征的。

资料来源：Adapted from Kent Ulrich and Steven Eppinger, *Product Design and Development* (McGraw-Hill, 1995), pp.54-65.

对于突破型的新产品，制作"市场要求开发表"可能比较困难。对客户（不论是消费者还是产业客户）而言，市面上并不存在竞争性的产品可供他们作为比较基准，因此产品分析必须从产品要提供的功能开始。在新的产品或服务出现之前，这种功能是怎样实现的？如果改变现状转而使用新产品，会带来什么好处和成本？然后，必须考虑和评估客户改用新产品的感性和理性的动机。

预估目标价格需要考虑几个方面的因素，尤其是竞争对手反击的可能性、市场对价格的敏感度以及竞争差异化的程度。图 7-3 的树形图呈现了新产品定价时的思考过程。如果目标客户的价格敏感度不高，产品又具有非常高的差异化特征，竞争对手不会有什么反击措施，那么把价格定高一点是可以接受的。相反，如果价格敏感度很高，产品差异化不明显，竞争又非常激烈，就有必要把价格定得低一些。

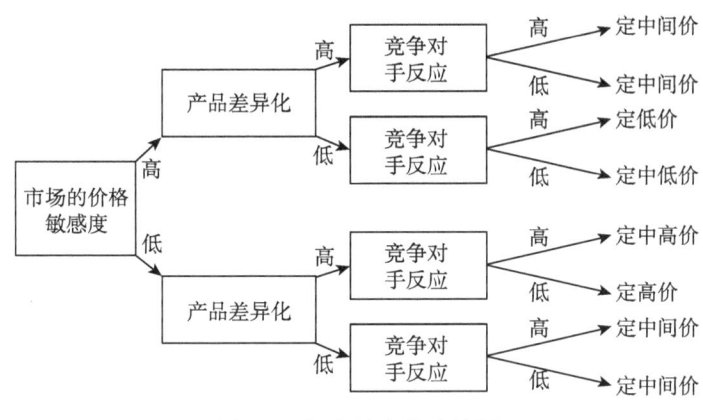

图 7-3 新产品定价决策图

在概念测试阶段，也需要有合适的技术人员参与其中，以便评估客户可能提出的任何建议的技术可行性。具有营销、技术和财务可行性的概念还需要经过更为详细的商业分析。

产品部分

企划方案中关于产品的内容应从样式与功能、产品开发计划，以及产品发布与产品生命周期规划方面对产品进行界定。产品界定需要包含根据"市场要求开发表"（参照任何有关应用的信息）修正后的各项测量指标，并运用来自产业部门的竞争性产品定位信息。尽管在这个阶段要拥有原型不太可能，但可以有各种概念描述或图示。

产品开发计划讨论的是预期资源要求和一般时间安排，如果已经确定核心团队的构成，则也可以包括在内。粗糙的商品化战略要突出产品发布所需要的主要策略，产品生命周期规划要突出产品线扩展和潜在衍生产品开发的路线图。

产业部分

如果在新产业内发布一个新产品（通常面向政府出售产品的公司，对产品进行重新设计后，将其推向商业市场或者相反），有关绩效标准信息、监管限制或渠道预期等方面的信息应包括在内。不管产业是新是旧，都必须考虑竞争定位问题。对于直接竞争产品，应全面进行功能比较（而不是特征比较）。新产品将如何改善其功能，并为目标客户提供新价值？在客户认知上，所推出的产品与竞争产品相比，将如何进行定位？它是不是一个更全面的解决方案？还是使用起来更加方便？其设计是否更能吸引人？

公司部分

企划方案中公司部分的内容，要具体描述产品会如何适应整个公司的战略与目标。如果公司的发展目标是进行全球扩张，该产品将如何推动业务在其他国家的扩张？如果公司目标是通过增加便利性提升客户满意度，那么该产品是如何提升便利性的？同时要解释清楚，产品如何替代、补充或提升现有产品组合。

财务预测分析

产品创意在进入筛选程序之前，应制订粗略的企划方案，并随着概念测试的进展，同步进行优化。随着所能获得的新信息不断增加，要持续对其进行评估，并使其更加明确。至少，应在重要转折出现时，对相应内容进行更新。产品开发早期阶段制订的概要性企划方案，如今应该能补充新的内容了。至此，产品描述应该更加具体，应该包括营销和成本目标。市场分析应根据潜在分区和利基市场、客户对产品的用途和关键客户的识别，以及竞争标准的明确而做得更为深入细致。产品开发计划中应包括项目团队的组成、产品规格、标出重要事件与目标日期的路线图以及执行时间表。营销方案应表明计划的产出、对短期和长期资源的要求、所分离出来的风险因素以及最小化风险的建议。财务分析应有所扩展，包括更多的有关预估损益情况和现金流方面的细节，而不只是停留在早先建议中提出的那些内容。表 7-3 所展示的是某个假设性工业产品的财务预估分析表。

表 7-3 财务预估分析 （单位：美元）

	0 年	1 年	2 年	3 年	4 年	5 年
销售收入	0	10 700	13 843	17 689	25 428	29 242

(续)

	0 年	1 年	2 年	3 年	4 年	5 年
减去产品销售成本	0	3 583	4 635	5 923	8 515	9 792
毛利润	0	7 117	9 208	11 766	16 913	19 450
开发成本	−3 150	0	0	0	0	0
营销成本	0	7 200	5 814	7 430	10 679	12 281
分摊的管理费用	0	1 070	1 384	1 764	2 548	2 924
毛贡献	−3 150	−1 153	2 010	2 572	3 691	4 245
辅助性贡献	0	0	0	0	0	0
净贡献	−3 150	−1 153	2 010	2 572	3 691	4 245
折现后的贡献（15%）	−3 150	−1 003	1 520	1 691	2 111	2 110
累计折现后现金流	−3 150	−4 153	−2 633	−942	1 169	3 279

销售收入这一行的数据是基于市场分析得出的预测数据。销售成本来自产品开发团队中技术和生产人员提出的估算，其准确性不仅依赖于对单位成本的预估，而且依赖于产品经理销售预测的准确性。销售收入和销售成本的差额就是毛利润，可用来弥补固定成本支出，也是贡献出来的利润。

开发成本包括任何已经在研发和概念测试中支出的成本，以及原型产品开发、设备与物料、劳动力、产品测试和额外营销研究方面的预期支出。产品首次发布如果需要额外资本支出，那么该项支出也应在此列出。

营销成本产生于产品发布之前的工作，包括广告、分销、销售人员费用、促销和各种各样的销售与传播成本。

分摊的管理费用是指分配给各个产品的行政费用。有些公司会给新产品定一个较低的（甚至没有）行政费用，直到为其建立独立的行政部门。其他公司相信所有产品都应承担相同（或更多）的固定费用支出（即"最低可接受"类）。不论公司对成本摊派的态度如何，重要的是不能为了弥补这些费用支出而人为高估收入（价格或单位数量）。

毛贡献是从毛利润中除去开发成本、营销成本和分摊的管理费用之后的收入总额。这是产品预期贡献给公司的间接成本、税收以及利润的总和。

辅助性贡献是指新产品对现有产品造成（积极或消极）的影响。所得出的现金流应记在此行内，并加到毛贡献中去或从中扣除，因此得出产品的净贡献。表 7-3 中，毛贡献和净贡献的额度是一样的，因为新产品不会对现有产品销售造成影响。

折现后的贡献这一行的数据表示每个"净贡献"数字的净现值，按每年 15% 折现。最后一行表示的是全程累计折现后现金流。

设计与推销企划方案

如果你真的相信所提出的产品概念，你所制订的企划方案就应该能说服管理层对其进行投资。换句话说，相关信息的介绍必须清清楚楚，以便能够获得管理层认可。精心确定市场对产品的要求：谁想要、要什么、什么时候要、为什么要，以及在什么地方要。

根据未来新产品的风险或财务要求，产品经理要正式向管理层陈述其对产品的看法。这样，在开会之前就需要了解清楚每一位经理的"敏感问题"，做好准备以在会上充分回答相应问题。高管感兴趣的是回报，这可以用净现值或内部回报率和投资的回收等概念来表述。销售主管希望知道，与竞争对手的产品相比，我们的产品拥有哪些优势。运营主管关心的是设计的复杂性以及生产工艺情况。因此，产品经理必须呈现清晰的机会评估、预计的收益与成本、风险（以及控制风险的手段）、各种假设条件、可选方案和执行方案。目的就是提供决策理由，确定是否对该新产品概念进行投资。

在方案制订阶段的各项活动中，与所有相关人员进行良好沟通，就能避免方案在评审时受到过多的批评。消除反对意见最重要的办法是，让对方在最后评审之前就参与进来，并在那时就说服他们。

本章思考

别再以为企划方案只是简单的财务规划而已，并认为只要获得批准，企划就算成功了。要调整视角，把企划方案看成投资建议书，你的职责是充当客观评估的人员以及推荐人员。

凯文·布思访谈：提升制作和推销企划方案的能力

凯文·布思（Kevin Booth）
海因斯集团总裁

凯文，你在多种咨询行业的经历与职位变更，帮你形成了只有少数人才拥有的产品开发视角。你能不能简单谈谈自己的职业背景，以及你的职业背景是如何影响你的思维方式的？

我的实践经验主要在销售、营销、运营、工程设计以及普通的管理方面。我的职业生涯中还有部分时间在咨询行业度过，主要从事销售、产品和营销规划以及战略开发方面的咨询工作。我的咨询工作主要集中在新产品研究、竞争情报分析、企划和企业兼并中的"利润尽职调查"。我的职业变更经历扩展了我的工作领域，提高了我对营销、销售和新产品绩效方面的认识。在很多方面，转变的核心在于资金和价值（即估值）。我所有的这些转变就像它影响我对资金和价值的看法一样，为我在新产品和产品开发方面提供了独特的批判性眼光。

当企业转型时，产品开发是影响企业生存的关键运营（和现金消费）活动。新产品能使收入重新获得增长，但这项投资与其他必要且马上需要使用现金的领域（如支付工资）却存在着竞争关系。弱小的公司通常会面临重大但短期（也许几周或几个月）收入下滑的挑战，而新增收入（通过新产品获得）却需要花费好几个月甚至是好几年时间才能实现。

正因为现金的重要性，所以对新产品开发机会的严格评估对于处于复兴时期的公司非常重要。也就是说，会有两种相互抵触的倾向性意见影响产品机会的评估过程。认为新产品能拯救公司的乐观主义情绪（称为希望），通常会与担心新产品在产生正面影响之前现金已经用完的财务上的保守主义（也许是担心）相冲突。

考虑到你的背景，我想专门谈谈企划方案的问题。你个人是如何定义"企划方案"的？

首先，企划方案就是一个建议，是一次投资认证，它包括对潜在利润和风险的严格评估。企划方案应包括衡量投资回报与现金流的简单方法，以及固定的收入与结算表。

企划方案还是一个计划。一份完整的企划方案应包括执行方案，内容涉及人员、分销、许可、工具使用、记账等方面。一个完整全面的方案能确保建议的可信度。

制订和"推销"企划方案的过程很复杂。你能不能解释一下，产品经理在制订企划方案时，需要认真考虑哪些具体因素？

所有好的企划方案都包括某些基本内容，并要求企划团队具备必要的能力。计划方案的基本内容包括：对产品概念的简明定义，目标用户（和渠道）分区的具体特征，尽可能接近真实地预测收入，全面估算产品成本（直接和间接的），支持与合规成本和评估技术可行性。所需的必要能力包括市场规模测算、渠道管理、预测、产品成本预估、合规知识，以及基本掌握生产或服务提供方面的技能。

所有企划方案都存在不确定性，没有人能有足够资金来确保他们的企划方案万无一失。产品经理应随时关注自己每次估算的精确程度，以及这些预测数据（如成本、收入）中哪些值得投入更多的资金（在制订方案阶段）来提高企划方案的可信度。

新任产品经理常犯的一个共同错误是在计划中忽视了时间的重要性。例如，市场机会通常会用全部潜力的百分比来表示。失败的企划方案会主观地以为能够实现这个百分比，而忽视了这个销售量什么时候才能实现。有些产品需要若干年之后才能完全实现其潜在价值。在此期间，任何计划都会受到现实情况的制约，如通货膨胀、竞争对手的反应、替代技术和生产设备的老化。时间还会导致估计出错，降低了任何预测的可靠性，因此，产品获得回报所需时间越长，它真正获得回报的可能性就越低。

制订企划方案时的一个共同问题是，如何把不可见的因素融入执行之中，例如，新产品方便性带来的好处，或在购买新产品时目标分区决策者的个人风险。我的建议是，努力为这些不可见因素确定一个定量的货币价值。无法货币化的不可见因素应从企划方案中去除。当我看到如"我们会让顾客更加轻松地……"这样的说明时，立刻会认为该方案的可信度大打折扣。

假设产品经理制订了一份有说服力的企划方案，我们就应关心如何将其推销给管理层。对此，你有什么建议？

与其他任何销售活动一样，产品经理对其沟通对象的了解非常重要。这已经是老生常谈了。尽管如此，我仍然相信，这是推销一个企划方案最有用的方法。在各种实践和案例中，首席财务官希望知道，什么时候投出去的钱（现金）能够获得回报；设计副总裁希望了解，需要准备什么样的资源才能够完成产品开发的任务；生产副总裁希望知道，需要用多少生产资源、能够动用多少资金以及规划的产量是多少等。

一定要了解管理层的价值观。例如，如果管理层看重战略适应性，那么一定要表明该新产品如何符合产品战略，并说清楚该新产品是如何补充完整现有产品组合的。如果管理层看重现金回报，那么就关注现金流和投入资本的回报，一定要有合适的绩效估算、预测，以及可用的各种假设条件。

了解管理层的决策行为模式。决策过程受多方面因素的影响，而其本身也是一个值得探讨的话题。我建议产品经理留意，是不是提供评估手段、决策树、财务绩效这样的简要标准或者其他对于管理层最为有用的工具。对于依赖"胆识"行事的组织，产品经理更应留意，就企划方案与管理层充分沟通，赢得他们对方案认可的必要性。像其他任何组织一样，也许有那么一两个人能够左右整个管理团队。

对于任何"推销活动"，一定要给决策者指出"下一步"的明确预期，以及如果项目开展下去，他们所要承担的职责是什么。接下来就是提供安慰，告诉他们，方案已经经过深思熟虑，让所有人都理解我们全情投入的事业。

产品经理在制订企划方案时，应该避免什么陷阱？

产品经理应该避免以下五种行为。

1. 避免"奇幻思维"。尽管对于某个新产品的潜力保持乐观很有用，但同样重要的是那些"唱反调者"的意见，并考虑新产品失败的多种可能性。通常需要考虑的方面有竞争对手的反应、销售渠道的抵制、生产成本的增加以及市场接受度的降低。

2. 避免依赖市场数字来代替对市场的真正理解。很多产品经理依赖于对市场规模的估计数据，似乎每个参与其中的都有相同的机会。这是因图方便而导致的失败。要真正了解市场是需要付出成本的。互联网的运用增加了用可公开获得的数据来代替需深入分析才能获得的数据的风险。

3. 不要仅仅依赖绩效来证明或证伪某个新产品或业务线的价值。有些组织依赖单一的测量方法（通常是财务测量方法），如净现值，对机会进行分级排序。好的企划方案会说明产品可能给公司带来价值的多种方法，如"狙击"竞争对手、充分运用现有渠道、进入新的市场分区，以及运用过剩的生产能力。

4. 不要轻视规划。相反，要以主人翁的精神思考问题。做规划是一项艰巨的任务，因为从根本上说，它需要做出一系列的决策。在真正需要了解之前，就要精心设计详细的执行方案，能够充实企划方案的内容。只有当规划人员能像执行人员那么细致地去考虑规划内容时，他才能更好地了解成功的产品设计、开发、发布和管理所需要考虑的方方面面的事情。

5. 一定不要认为管理层天生就拥有一整套严格谨慎的方法来制定投资决策。如果产品经理怀疑决定存在任何一丝怪异现象，他就有必要给管理层提供各种工具，帮助他们做出决策。也就是说，帮助团队成员投赞成票。最简单的办法是提供一系列标准来评价该项目（假设经理们没有自己的标准）。

最后，你能不能给产品经理提一些建议？

每隔一段时间进行一次"嗅觉"测试。优秀产品经理的最大特征是，他能够经常停一下找找感觉，想一想方案中是不是有逻辑不连贯的地方，或者有没有什么项目漏掉了。例如，没有预测销售渠道的支出，却只是单纯地预测收益的巨大增长情况；或者在用户工程师需花费多年时间评估产品价值时，却假设市场会马上接受产品；或者在以往五个新产品还没有满足企划要求时，却预测新产品在一两年内就能完全渗透市场。这些都很简单，却容易出问题。

对企划方案必须永远保持一个客观的认识。如果某个具体的新产品没有获得通过，总有其他产品能够成功，因此没必要为放弃某个创意而心存畏惧。

第 8 章

监督新产品计划

请判断对错：范围蔓延是因为前期规划不够扎实。

事实上，这种说法既可以说是对的，也可以说是错的，要看具体情形而定。 我们肯定能找到不少实例——因前期对市场需求界定不够明确，从而导致各种不必要的重复工作。当然也存在不少这样的情形——项目进行当中发生了很多意料之外的变化，因而导致在产品发布之前需要对产品做出调整。产品经理的工作就是要努力消除第一种情形的出现，并降低第二种情形的严重程度。

至此，产品经理的工作已经进展到"概念化—创新—商品化"过程的中间阶段（见图 8-1）。在这个阶段的早期，产品团队应该努力把市场的要求确定下来，作为所要设计的产品规格范围。实际上，有些公司（如 3M 公司）会制定由全体成员签字的小组"契约"，确定目标市场，并冻结最终阶段的产品定义。此后的变化需要所有团队成员，有可能还会要求管理层的签字认可。

到了现在，工作的重点是项目管理。在有些情形（或公司）中，对项目的领导职责属于产品经理，而在其他地方，该职责可能由指定的项目经理来承担。这通常要综合考虑产品的复杂程度，以及产品经理的自身经历。

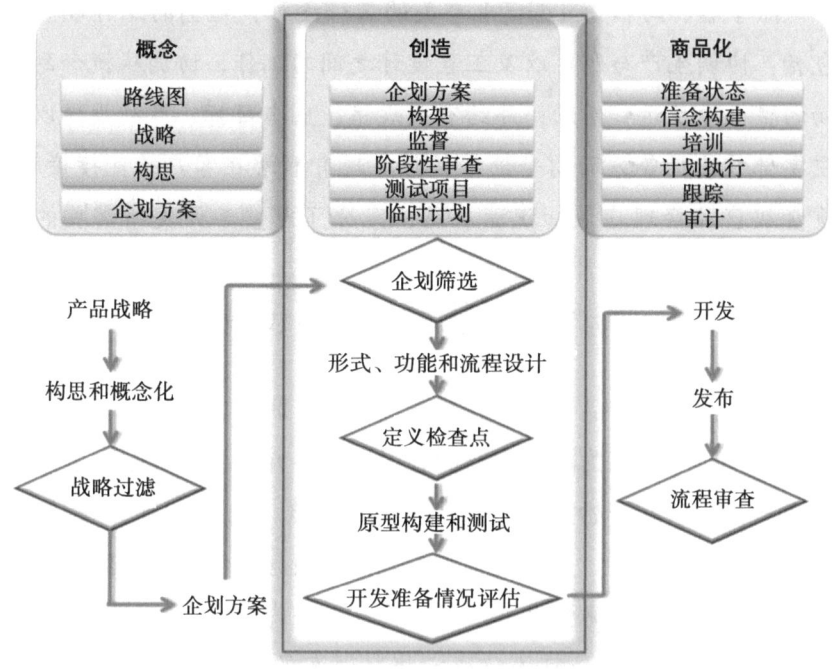

图 8-1 产品开发 3C 框架的产品创造阶段

作为项目经理的产品经理

在他们合作发表在《哈佛商业评论》的文章"产品完整性的力量"中,金·克拉克(Kim Clark)和藤本隆宏(Takahiro Fujimoto)对"重量级"产品经理与其"轻量级对手"进行了区分。根据他们在汽车行业所做的研究,[1]有不少产品经理只属于某一个部门,因此不能承担跨部门的领导职责。他们缺乏在自己部门之外的影响力,很少甚至从来不和处于实际工作层面的工程师或营销人员接触,并且主要作为辅助人员和协调人员开展工作。因此,他们会花很多时间参加各种会议、阅读各种报告,并撰写各种备忘录。

与此相反,重量级产品经理是作为产品的总经理发挥其作用的。克拉克和藤本隆宏解释说:

除了各种与概念（创意）有关的工作之外，他们的工作职责还包括：协调生产与销售以及工程设计之间的工作；协调从概念到市场的整个项目运作活动；终结有关规格、成本目标、产品设计以及主要部件选择等方面的争论；保持与现有和潜在客户的直接接触。重量级产品经理应该知识面广泛，充分了解整车开发所需要的所有产品以及流程设计方面的知识。在公司工作多年，增加了他们的说话分量，也增加了对他们没有正式控制权限的人员的影响力。[2]

本田公司的"大产品领导"就属于这么一个职位。它负责制定出强大的产品概念，而且要有能力将最终产品开发出来，并提供给终端客户使用。本田雅阁的产品经理在开始第三代产品设计的时候，他所面对的挑战是在整个产品开发的过程中保持"人为本，车为末"的概念，但仍要坚持把雅阁汽车重新定位成符合未来顾客预期的产品。为此，在先期开展的一系列小组头脑风暴会议中，产品领导及其团队决定将其轿车的信息人性化，以便给顾客造成一种"穿西服的英式橄榄球运动员"的形象。接下来的工作是将这个形象相应地体现到轿车的品质上去。为此，他们选择了五组关键词汇：开放心态、友好沟通、坚韧精神、没有压力以及永恒的爱。坚韧精神是指在困难环境中的操控性；永恒的爱是长久的客户满意；没有压力则体现在降低噪声和减震方面。

要全部实现所有这些目标的要求，对于雅阁的设计团队来说是一个挑战。为了实现最大的乘用空间和驾乘人员的可视性，他们放低了发动机舱盖，从而使得设计中的前挡风玻璃比以往的更大。可问题是，巨大的窗户意味着夏天车内温度会高得让人难受，因此需要加装更大动力的空调，这就要求轿车装备更多马力的发动机，而大型发动机与低发动机舱盖设计则是相互矛盾的。

它的产品负责人没有让这种情形转变成非此即彼的选择，他提醒设计团队，要以未来用户的眼光来看待自己的工作，从而完整地保持了最初的概念。他们因此开发出一款既紧凑动力又强的新型发动机。

第 8 章
监督新产品计划

本田公司的这个例子表明,以市场为导向是有才能的产品经理工作的重要内容。但克拉克和藤本隆宏两人同时指出,要求远不止这些:

> 确实,设计源于客户的需求,因为最好概念的提出者总是需要对各种信息进行加工整理和补充,而这些信息主要来自营销专家,他们能亲手获得各种原始数据。不过,强大的产品概念还包括对我们成为"市场想象"的合理测量:这包括客户声称他们想要的,以及概念提出者想象的、客户三四年后将会想要的东西。产品经理始终要牢记,客户所知道的只是现有产品和现有技术,这样他们才能避免过于接近顾客和设计出的产品在投入生产之前就已过时的陷阱。[3]

产品经理必须对大量细节进行处理,以确保产品概念各细微之处在开发与营销的过程中不会丢失。尽管制订产品和营销计划是这种工作的一部分,但其中最重要的是,就难以触及的理念与他人进行沟通。在设计阶段与专业工程设计团队之间的日常沟通,以及在开发阶段与工厂人员之间的日常沟通,是产品经理的重要职责。同样,产品经理在一定意义上还必须对轿车进行试驾,并持续努力实现更加强大的产品完整性:

> 产品经理的工作触及新产品开发过程的每个步骤。事实上,重量级产品经理必须能运用多种语言进行沟通:对于顾客、营销人员、工程师以及设计师的沟通语言都必须流畅。这一方面意味着能把像"口袋火箭"这样的煽动性概念转化成"最高时速 250 公里"以及"风阻系数低于 0.3"这样注重细节的工程师容易理解的具体目标值。另一方面,这也意味着能够评估并解释,对客户来说"0.3 的风阻系数"是什么意思。[4]

组织出色的产品管理需要依靠正式组织和非正式组织架构协同工作。本田公司的例子以非常重要的方式展示了这种协调性。沟通渠道都是开放式的，且直接沟通多于间接沟通。各部门专家都获得了相应的尊重，但却不必对其有过分崇拜的心理；产品理念也被整个产品团队人员充分吸收理解。

其他产品的重量级产品经理也都拥有与汽车行业产品经理一样的特征。正如让·勒格朗（Jean LeGrand）在《银行家》杂志上发表的文章"需要管理的产品"[5]中所指出的那样，"在银行业，成功的产品经理必须是优秀的专业人员，并在本行业内广受尊敬"。他必须能够理解"复杂的组合管理项目，以及用于成本核算和计算资产回报率（ROE）的计量模型"。并且，与汽车行业一样，这个职位还需要丰富的市场知识，拥有能把技术概念转变成消费者能够理解的语言的能力。

在快速消费品公司，产品经理（通常称"品牌经理"）不太可能有产业方面的经验，而是拥有相当多的管理和营销技能，这通常属于 MBA 毕业生应具备的能力。他们需要为自己的产品创造强大的品牌识别度，通过自身努力赢得尊敬，在整个产品设计项目中保持冲劲，并为实现共同的目标去激励每一个成员。与其他行业的产品经理一样，快速消费品的品牌经理也必须努力实现并支持其产品的完整性。

团队架构、组成以及项目流程

新产品项目的重要资源是让合适的人做合适的事。具体的工程师、设计师、营销人员以及其他人员要体现某个特定项目最为需要的品质，但他们需要从相关部门"借用"这些品质特征。产品经理必须与不同职能部门的经理协商，有时候还必须与具体的个人协商，以便为自己的任务配备合适的人选。

团队架构要与项目的种类相适应

团队可以小到几个人，大到数百人。美国的公司大多数运用跨部门团队，让每个成员在项目中代表最大的利益相关方。不同的团队架构（见图 8-2）适用于不同的项目。直线延伸或简单产品可以运用直接透明的矩阵结构，其中,产品经理通过不同职能部门引领项目开发。在这类架构中,职能部门团队成员可能在特定项目中花费的时间不到 25%。产品经理很可能地位较低或处于中层。随着复杂性的增加,组织架构的重量级也会增加,产品/项目经理会与把全部时间(临时)投入新产品工作中的职能部门专家合作共事。对于某些突破性产品,自发团队(偶尔会在同一地点办公)比较合适。在这种架构中,报告关系从单独的职能部门转向项目单元。最后这种架构是最不常见的。(小公司也许无法奢望用不同的矩阵架构,因为每个人可能都会参与到所有项目之中。)不管组织架构如何,产品经理必须构建一个尽可能完善的最佳团队。

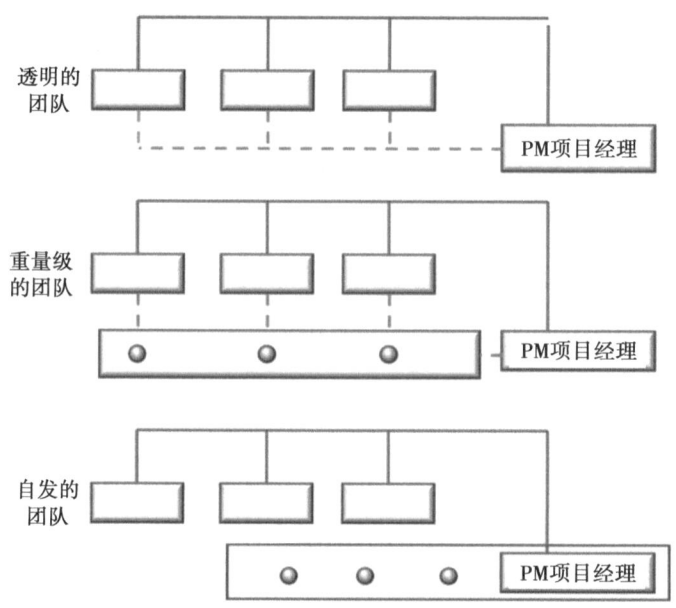

图 8-2 新产品矩阵架构

不同部门的视角至关重要,但你可能还需要考虑组织期限、文化层次、人员性别与个性的多样性。这可能导致团队人员协调起来更加困难,但也可能因为不同视角的互动而产生新的想法和解决问题的思路。更高程度共享心智模式的团队,可能容易受团体迷失的影响。因此,让团队成员在不同项目之间进行轮换很有价值,但这可能导致低效。为了降低这种风险,产品经理应该尽量掌握跨团队的知识体系。有几种工具可以帮助他实现这个目标：（1）在新组建的团队中安排过去在成功团队里工作过的成员；（2）在参与新项目团队工作之前，让新团队成员参加成功团队的会议，向他们学习；（3）指派成功团队的成员作为导师；（4）确保整个团队的所有成员不会同时被更换。[6]

建立团队基本准则

产品经理作为产品开发团队的主管，负责指导团队的活动，保持团队的目标协调一致，并且与高级管理团队保持有效沟通。首先就要确立团队的宗旨。尽管团队明显是为开发新产品而存在的，但也必须明确每个人对其职能、时间安排以及产品开发的目标都有一致的认识。团队宗旨应该高于团队的一切会议日程和会议记录。在确立了团队宗旨的承诺之后，为团队会议制定共同接受的基本原则，可包括的条款有"参加会议前必须做好充分的准备""所有会议都必须按时召开或结束""开会时不得使用手机或其他干扰会议进程的设备""团队成员轮流承担做会议记录的责任"。确保所有团队成员认识到自己应对每次阶段性检查工作做出贡献。

运用工作分解结构和活动图表

项目团队组建的同时，项目的进程也要同步制定。首先搞清楚完成特定新产品项目所需要的主要活动。每项主要活动都应进一步细分成具体的任务和分任务，创建工作分解结构（WBS）。用 WBS 中的信息来预估项目开展的时间和各种资源要求。工作任务必须细分到足以允许各种可接受的预估为止。如果没有 WBS，任何对时间和资源的估计都只能是个大概，可能会与真实要求产生巨大出入。下面是一次产品召回的 WBS 范例。尽管不是新产品开发项目，但它仍然给我们呈现了一个完整流程的简单案例。

1000 开展全面的安全分析
1001 根据产业 / 政府标准进行风险分类

1002 参观工厂

1003 员工访谈

1004 产品与设备测试

1005 确定召回的速度

2000 通知员工

2001 给全体员工发电子邮件

2002 在内部网创建相关登录页面

2003 对在现场处理本次召回的销售人员开展培训

3000 通知中间商和顾客

3001 发送第一等级或优先级电子邮件

3002 直接电话联系关键客户群体

3003 为回答各类问题建立免费热线电话

3004 在网站上建立专门的登录页面

3005 在相关媒体上发布新闻

4000 修复召回产品

4001 渠道库存计划

4002 为客户返回产品实施通道保障

4003 指导客户返回产品

5000 确保及时修复或替换部件

5001 内部工作流程

5002 外部工作流程

特定活动和任务一旦确立下来，就要搞明白彼此之间的顺序和并行关系。什么活动可以同时开展？哪些活动只能按一定顺序开展？这通常可以用流程图表示出来，如图 8-3 所示。在该例子中，尽管活动 A 先于活动 B，活动 C 先于活动 D，并且这些活动都先于活动 E，但活动 A 和活动 B 可以与活动 C 和活动 D 同时完成。

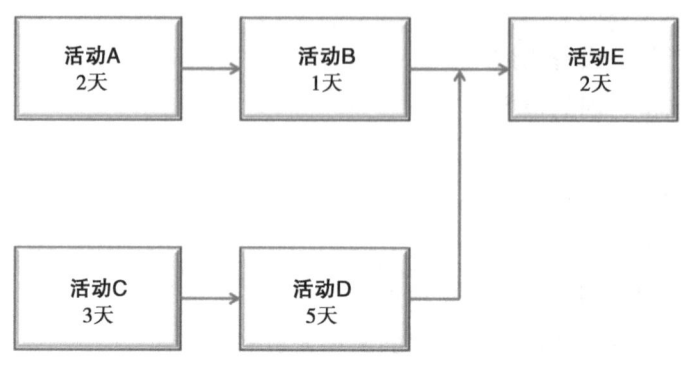

图 8-3　关键路径方法图

每次活动的预计时长表明，活动 C—活动 D—活动 E 所需时间最长，因此属于关键路径，即没有空闲阶段，如果没有按时完成会耽搁整个项目进程的一系列活动。构建这类网络图的过程称为关键路径方法（CPM）。把概率增加到预计时间中之后，这个过程称为计划评审技术（PERT）。请注意，在图 8-3 中，虽然各项活动被标示于方框之内（称为"单代号网络图"），但这种网络图也可以使用圆圈来表示"活动完成"，它们之间通过箭头连接，并将活动内容标在箭头线上方（称为"双代号网络图"）。

构建 CPM 或 PERT 网络并不是项目管理中最难的部分。确定在该流程中应输入什么信息并对其进行管理，才是真正难题所在。重要的是，参与项目执行的个人或职能领域要为开展各种活动提供所需的时间和资源。通过预备阶段的信息输入而开发出的先期网络，能确定预期的预算和结束时点。如果这两个都不能接受，就有必要回顾所设定的目标，把资源从次要路径活动转移至重要路径活动中去，或者用成本更低的选择来替代，用到这个流程之中。

在执行项目之前就已经准备好的项目计划和时间安排可以作为控制系统的工具。这个时候，控制是指与计划进行对比所体现的进展情况，因此出现偏离就能马上实施纠正行动。直方图（也称"甘特图"）通常被用来表现活动中预期和实际进展情况，如图 8-4 所示。注意，活动 B 提前完成了（由于它预计在第 3 天完成,实际上却在第 2 天(即今天的日期)已经完成了),活动 C 则足足拖延了 1 天。由于活动 C 是关键路径的一部分,因此整个项目将会推迟,从而需要采取一定的纠正行动。

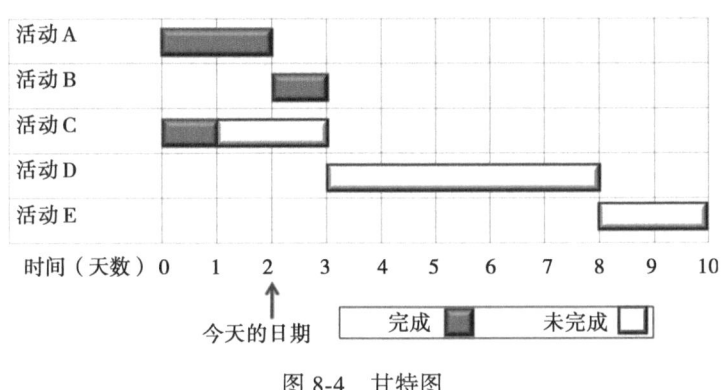

图 8-4　甘特图

指导性关卡评估和贝塔测试

产品经理(如果两者有共同职责,那么与项目经理一起)应该理解在开发过程中关卡评估的作用。多数决策点分析(也用阶段性退出评估、业务决策点、里程碑、检查点、关卡和各种其他术语来表示)则用来确定是否就此进入产品开发的下一个阶段。

不同评估有不同的要求

产品筛选委员会(很可能由每个部门主管组成)所开展的主要业务评估通常包括:各种业务筛查、确定检查点以及进展准备情况评估。第一种评估涉及第 7 章中所讨论的企划方案的认可。这一阶段可交付的成果是产品定义(结合市场的要求)、销售收入和成本估计、产品预开发方案。是否进入下一个阶段的决策要视方案能否通过相关的业务筛查标准而定,比如战略上是否匹配以及可接受的成功风险等。

跨部门小组一旦正式开展新产品研发工作,就必须更加深入地了解目标客户,并设计最好的产品或服务来满足企划方案规定的各种条件。需要开展的活动包括客户拜访、概念优化与测试以及通向最终产品设计的流程；可交付的成果包括最初产品规格、对成本更好的掌控以及更明确的市场规模和定位。接下来的评估是确定检查点。在这一阶段，新产品委员会要评估市场与财务预测是否仍可接受，各种规格是否已更加合理且能够实现生产，以及是否具备合适的资源以推动项目的进展。如果答案是肯定的，项目则可以进入产品线的延伸阶段或新产品的原型制作和测试阶段。我们现在假设下一步工作是制作产品原型。

现在，产品开发进入了研发或工程设计阶段，真正开始制作实体产品。此前的产品都只是停留在语言描述或粗略的实物模型阶段。现在它必须转化成技术上可行的产品。这并不是说不再需要营销（或产品管理）了。相反，产品经理的工作是确保在整个开发过程中，产品概念中的核心优势不会丢失，并且在营销方案、商品名检索，以及其他新产品成功所需的重要因素方面都按计划推进。这就是项目小组方法如此重要的原因所在。

原型测试与认可

原型开发出来之后，必须经过严格的功能和客户测试。功能测试在实验室和实际运用场所进行，以确定产品是安全可靠的（能如其所预设的那样持续运行）。客户测试用来确定产品是否适宜。市场测试、家庭测试和贝塔测试（客户原型测试）就是各种在该阶段需要开展的测试的变体。

有些生产商会建造巨大的机械，模仿产品可能会经历的任何形式的滥用。例如，驾驶汽车的机器人把汽车开进克莱斯勒的大型气候实验室，让汽车接受各种炎热和冰雹天气的考验。嘉宝公司（Gerber）在热心父母的帮助下招募大量新生儿作为其未来客户，并持续追踪这个由 2500 位婴幼儿组成的测试人群的产品使用情况，直到他们 3 岁。

为了让"强力笔记本电脑"（PowerBooks）更能够经受消费者的折腾，苹果计算机公司要求所有新型号的计算机必须经受共同的严格考验。这包括将其浸入百事可乐和其他苏打水中，给它们涂上蛋黄酱，以及为了模拟轿车后备箱的情形，而把它们放到 60 度或以上高温的烤箱中进行测试。[7]

测试场地的选择对产品发布的成功有重大影响，其原因如下：（1）所选的公司或个人应具有足够知识，全面测试产品，并搞清楚任何潜在问题或需要改进的地方；（2）他们（选择作为测试场的公司或个人）应该具有在产品发布时用来证明产品成功的"参考价值"；（3）他们应与该区域的销售人员和公司保持良好的关系，以便能忍受产品失败的风险，同时不会造成长期损害。

在该阶段，需要回答如下问题：

- 原型是否如预期的那么有用？
- 各种规格是否都符合预期？
- 它是否能满足客户的需要？
- 是否存在任何预期到的生产难题？
- 这些难题是否能够在合理时间内、是否能用合理的成本加以解决？
- 产品生产安排最终确定下来没有？
- 一切是否按计划进行？
- 各种成本是否都得到了确认？
- 有没有订购生产原料？
- 是不是需要作细微的改进，以改善产品或增加其价值，同时又不会给该项目造成负面影响？
- 是不是需要作重大改变，从而导致项目的必要延期？

总之，项目经理应该确认各种可交付的结果、预算、时间表、风险、资源以及对新产品项目的资助情况。

所有这些问题是开发准备评估的一部分。如果全部问题都得到了肯定的回答，产品规格就应该冻结下来，管理评审委员会（即部门高级职位人员）

应签字表明，接受产品规格并支持继续资助该项目。

注意，在每次评审中，产品经理都要提供越来越多的具体"证据"，来证明产品可行性。尽管最初的筛选是基于高水平的预测和企划方案的"骨骼"，但产品经理需要在获得新信息时，把"肌肉添加到骨骼上去"。要实现最好的效果，一定牢记，要从不同利益相关方的视角去审视这个项目。项目小组成员很关心自己的工作活动和希望他们交付的成果。而执行团队却不怎么关心各种活动，相反，他们更加关注可交付的产品以及这些产品带来的后果和结果。换句话说，管理层想要知道新产品能获得的市场份额、利润率、收回投资以及企划方案中列出的各种"承诺"的可能性。因此，产品经理来参加评审会议时，应做好准备，告知对方项目正如期按企划方案执行，如果还没有照此执行，也应该提出一些合适的建议。

至此，我们讨论了具体新产品项目的传统的（硬性的）业务门径审查。还有两个门径审查变体值得提一下：具体新产品项目的软性审查和成批新产品项目的组合审查。软性审查通常是指针对选定利益相关方，而不是全部高管或新产品筛选团队进行的审查。这种审查的时机和频率由产品经理或项目经理确定，通常由时间安排而不是业务决策推动。例如，如果产品经理担心某个附件不能及时完工，或者如果市场信息要求再次审查产品功能，就有必要针对这些具体问题开展审查，以获得可能影响整个项目的潜在方向变化方面的意见。

组合评审

组合评审更可能由上级管理层推动，而不是由产品经理发起。尽管有时候评审委员会与具体的项目评审同步进行，但评审超出了单个产品的范围。这些评审是用来确定各种资源是不是在当前正在开发的全部产品中进行了最有效率的配置，以便为公司实现最好的结果。有时候，可能会决定把资源从产品 A 转移至产品 B，但这并不一定是因为产品 A 的表现不好，而是因为资源可能实现更快的回收，也可能是要挫败竞争对手的某一次行动，或具有相似的战略影响。

范围蔓延管理与准备

在新产品开发过程中，除了管理团队和门径审查之外，产品经理还需要警觉产品的范围蔓延问题。范围蔓延是指在某个项目范围内无法控制的变化，如增加功能、增强特征（未来特征）、更贵的部件，或对最初企划方案所做的其他改变。导致这些结果的原因很多：在开发过程的早期没有明确的产品界定，坚持完成最初界定时没有明确纪律以及意料之外的市场变化，等等。

要管理范围蔓延就必须考虑到每一个原因。首先，我们要确保企划方案所设定的范围非常明确。具体规定必须满足的市场要求，仔细核实，设计师和工程师理解这些要求，并很好地将它们体现到产品规格之中。工程师一致抱怨产品经理提供客户要求信息时不够具体。尽管不该因此而鼓励产品经理过多参与产品设计，但是他们与产品开发人员合作，实现最好的平衡非常重要。

下一步是处理各式各样的"契约"，项目小组和执行审查委员会签字确认了第一份市场要求和此后的各种产品规格之后，便会有效地冻结了这些部分。如果所有的改变都会要求每个人再次签字确认，那么这些变化就需要认真考虑了。如果因为质量问题要求改变，签字认可就比较简单；如果改变是因为一时兴起，签字确认就会比较困难。对于某些"锦上添花"的特征，则要考虑是不是能把它们融入未来的产品线扩展或产品升级版中去，以避免对该具体项目改变顺序。

项目开始时往往存在一些不可避免的不确定性事件。例如，行业标准或监管要求可能处于不断改变之中，这就要求具备根据新信息随时做出调整的能力。即使企划方案是根据当时已有信息做出的最佳决策，产品经理仍要明白，在未来产品发布之前，零部件的规格都有可能需要做出调整。对此，最好的做法是设计时要考虑到各种不确定性。确定哪个选择需要做出改变，并尽可能晚地冻结产品的各种规格要求。有时候，这要求"建设要围绕着"各种不确定性（如子部件）展开，这样，如果子部件有什么变化，就不需要对整个产品做出改变。这还可能意味着,需要尽早开发出更多的原型(快速成型)来提高学习速度。这些方法虽然确保了灵活性,却导致了较高的初始成本,但如果需要做出改变,从长期看,是可以节省时间和资本的。这一点和买保险差不多。[8]

最后,如果范围蔓延是因为未曾预料到的市场变化所导致,如新的竞争产品、经济衰退或者消费者行为的游离不定等,就需要做出业务决策。市场变化是否足以要求对产品做出改变?能不能只对产品做最小的改变?推迟到对未来产品再作变动行不行?如果市场变化要求改变产品,越快做出变化,对整个新产品开发工作就越有利。

本章思考

即使你并不拥有所开发项目的所有权,也应该像重量级产品经理那样思考问题。不断努力,实现并保持产品的完整性。

劳拉·法纳姆访谈:对于项目监管,高管期待的是什么

劳拉·法纳姆(Laura Farnham)
江森自控副总裁
电子邮箱:Laura.Farnham@jci.com

劳拉,你的履历非常精彩,从数字设备公司(DEC)产品经理,一直做到目前所在的江森自控的控制线业务部副总裁的位置。你能不能简单地介绍一下自己的职业经历?

我的第一份产品管理的工作是在数字设备公司。当时这是一家年产值120亿美元的计算机产品与服务公司,后来被康柏公司(Compaq)兼并,此

后又被惠普公司（Hewlett-Packard）兼并。他们对于产品管理具有一套非常完整的流程，并有一套经过时间考验的训练方法。因为各流程都是标准化的，所以公司内部的流动相对简单。刚开始，我在半导体部门工作，后来转到了软件部门、系统部门，最后到了服务部门工作。惠普兼并康柏的时候，我已经担任了康柏全球服务的营销副总裁职务。有了IT行业的这些经历之后，我转行至霍尼韦尔公司（Honeywell）、特灵公司（Trane）以及江森自控，从事建筑管理系统（BMS）和暖通空调（HVAC）系统方面的工作。

产品经理职责的重要特点就是它实际上触及业务的方方面面。它对企业的成功起着非常根本的作用，因此可以轻松地在各企业或行业之间转换。它还提供了重要的跨部门工作经验，也使得职业道路的选择变得非常丰富。

请你和我们谈谈，这些公司中的产品管理有什么异同？

数字设备公司到目前为止在整个流程和跨部门调度方面是做得最成熟的。其中部分原因是产业发展的结果（这种部门广为接受），另有部分原因是公司的工程设计文化（对于标准、重复性流程非常合适）。

产品管理职能在建筑管理系统和暖通空调系统行业也逐步走向成熟，其基本原则都同样适用。成熟产品流程的价值在于整个企业都参与并理解强大产品管理部门的重要性及其影响。它除了确保合适的产品在合适的时间以合适的成本投放市场之外，还要确保与各部门（销售、营销和工程设计）保持战略一致性。

我们具体谈谈新产品开发。作为整个过程的看门人，你负责的是推荐应该推进的项目。你希望从产品经理那边获得什么信息，来帮你做出这些决策？

这听起来涉及面大了点，但答案是，我几乎想从产品经理那边了解一切。不论是不是完全理解竞争环境、特征、成本与时间的平衡，生产地点与生产流程对成本与发货方面的影响，产品定价和边际收益与市场份额之间的平衡，只要你能想到的，他们都得考虑。对于产品的每个方面，产品经理是唯一一个可以信赖的节点。

对于门径审查过程的具体方面，产品经理在产品开发的不同阶段需要提供不同的信息。例如，在产品构想或概念阶段，市场信息和客户要求相对较多。随着概念的成熟，逐渐发展到第二阶段末，就需要完整的企划方案来支持是否继续下去的决策。这包括明确的市场规模和成长率、市场份额预测、竞争对手地位、定价和市场目标、工程设计和生产投资，以及销售、管理及行政费用（SG&A）投资等。另外，还需要进行情景模拟，来表明项目对于价格、成本或市场份额之类变量变化的敏感性。

产品开发结束，团队准备发布新产品时，我希望产品经理对企划方案和市场假设开展验证工作。如果产品开发耗时太长，市场条件可能发生变化，从而可能影响价值定位或竞争定位。在整个开发过程中，产品经理需要监控这些因素，还可能需要调整营销计划，来确保项目能在第二阶段结束时实现所承诺的财务回报。

你能不能给我们讲一两个具体的产品管理的成功故事？

我喜欢的多数成功故事涉及新的或相邻的空间安排问题。这些都是最难解决的问题，因为组织要被迫考虑组织以外的情况，并要求在很多前沿方面实施变革。但这些都是能带来最高回报的，就像俗语"没有付出就没有收获"所说的一样。

有这么一个例子，是一款新软件。有些概念直接来自研发实验室，会让开发过程变得更复杂，但最终能让我们的产品领先潮流。我们面对的最大挑战就是如何预测销量，因为这是一种全新的产品。好消息是，它只能在我们的操作系统上运行，因此企划方案假设的客户基础就可以直接针对预装我们系统的客户。下一个挑战是怎么销售这款软件，它还不属于我们的传统产品，因此需要扩大对销售团队和技术支持团队的培训。尽管发布产品耗费了相当大的人力、物力，但它很快就成了公司最畅销的产品，不仅财务回报丰厚，而且在团队参与水平和整体职业满意度方面，都有极高的回报。

另一个例子是决策的另一极,知道在什么时候撤销一个项目与在什么时候推进一个项目同样重要。考虑到个人已经花了不少时间和精力,想要让产品经理建议取消某个产品是很困难的。我想起有这么一个例子,当时组织考虑开发一个新的高端产品。竞争相对有限,市场界定明确,但进入成本很高,部分原因是产品开发周期很长。从情感上讲,领导层希望在该行业最大系统中创建一个品牌,但从公司财务上看,这么大的投入并不合理。即使产品经理已经制订了多个方案,努力满足各种财务要求,但最终他不得不建议取消该项目。这听起来很简单,但对于公司来说,做出这么一个决定是非常困难的。

对于帮助产品经理更有效地履行职责,你有什么建议?

产品经理这个角色非常复杂,也很难明确给他们什么样的具体建议。我只能给大家提三点思考:

1. 周密规划,表达决心并让大家知道;
2. 全局考虑,积极思考;
3. 建立强大的跨部门和跨组织团队。

最重要的是,享受你正从事的工作。

第 9 章

制订和实施产品发布方案

请判断对错：市场占先就能保证成功。

这种说法就是指先发优势，但它并不能确保最终的成功。很多我们以为是最先发布的产品（如苹果的 iPod、亚马逊的 Kindle）其实都只是成功的追随者，因为它们克服了先发产品的一些缺陷。它们还实施了卓越的产品发布战略。产品经理有时候会吃惊地发现，自己的占先新产品居然根本销售不出去。因此，千万不要低估扎实的产品发布工作的价值。

现在产品经理的工作进入了"概念化—创造—商品化"的新产品开发过程的最后一个阶段，如图 9-1 所示。

制定产品发布战略

最后期限即将到来。压力与日俱增。新产品发布日期逐渐临近，那种既激动又担心的复杂心情也会不断增强，如产品能不能及时发货，是不是所有的辅助工作都已计划就绪，会不会发生什么意外情况。这些就是新产品发布过程的内容，其实产品发布是一段旅程，不是终点。产品经理是一位"导游"，他要确保某个功能强大的新产品不会因为实施了

第 9 章
制订和实施产品发布方案

拙劣的发布战略而失败。因此,要把新产品项目看作一次登山活动。在向顶峰发起冲锋的过程中(即产品开发出来时),整个团队都要充满激情、意气风发。登顶后,团队所有成员还必须跋涉下山(即成功发布产品)。但此时,他们已疲惫交加、饥肠辘辘,盼望着早日结束行程。至此,产品经理必须与销售人员、渠道人员和客户一起,创造一个新的"潮流"。

在原始创意通过审核并开始实施之初,产品发布问题已经应该着手考虑;到了这个时候,发布行动应以更快的速度推进,各种安排也应更为细致。本章重点讨论的是,产品发布之前的各项活动(至此这些都应已经准备完毕),把它们介绍给销售团队与渠道进行发布时,需要考虑的各种问题,以及产品发布之后,跟踪其进展以及改进其流程的各种后续活动。

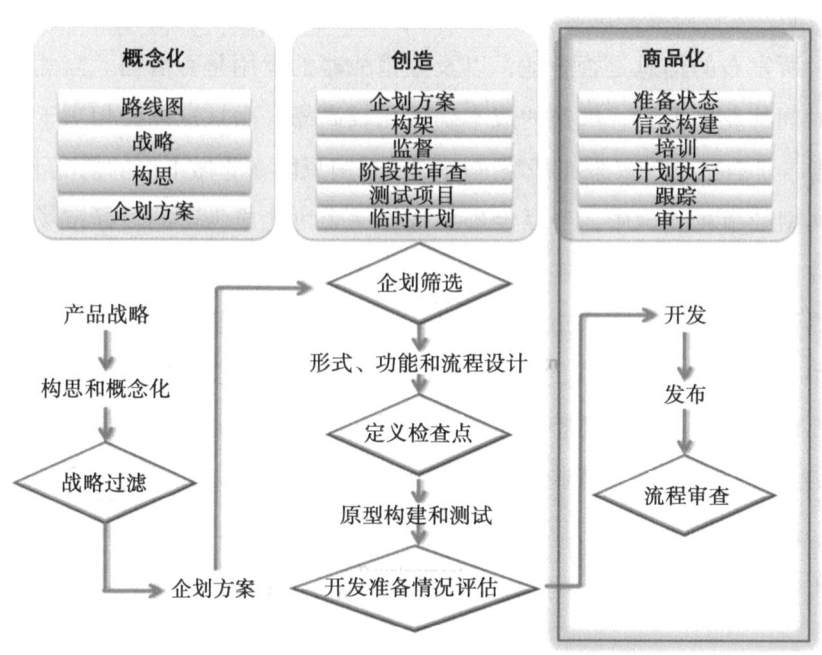

图 9-1 产品开发 3C 框架的商品化阶段

产品发布之前

产品发布之前是产品商品化前的一个阶段。在这个时候,产品经理需要审核产品真正引入市场的各项工作是否都已准备就绪。在这个时候，要开展必要的市场测试，以评估所提出的营销战略的有效性。在这个阶段，产品经理必须了解全部利益相关方，并清楚他们对各种信息的需求；客户服务必须准备就绪，以解决各种咨询问题并处理订单；技术支持人员需要接受专门培训；分销渠道也要事先了解该产品或服务的独特要求。

市场测试

正如第8章所讨论的一样，产品测试就是把产品放到真实的环境中，去发现并解决各种可能存在问题的过程。这些测试应确定产品的可行性，但并不一定就获得了产品上市的最好办法。此时，也许有必要对产品发布战略（而不仅对新产品）进行市场测试，或模拟市场测试。试销可以帮助评估产品定价是否合理、所发布的信息是否合适，以及分销战略的运用是否恰当。当然，从资金和时间的花费上看，试销的成本确实比较高昂，而且这样做相当于向竞争对手通告了自己的产品发布战略。因此，试销只能在非做不可的情况下实施。

典型的市场测试中，产品经理要选择一个可能成为产品目标市场的具有代表性的区域，在此限量销售产品。在这里需要做出的关键决定包括：有多少个测试市场，都是哪些市场，以及该测试要持续多长时间，很多公司选择能够很好地代表目标客户的两三个市场。"很好地代表"是指能够保证该区域重要的人口变量比例与整个市场大体相同。测试的时间长度要根据不同的产品类型而有所差别，有些需要6~9个月时间，有的甚至要持续长达2年时间。因此，购买周期的长短是需要认真考虑的因素，理想的测试至少要持续两个购买周期。[1]

了解可能发生的意外情况

很少有产品发布不出现各种小意外的，因此我们需要回到最初，审视每一个步骤，看看是否有什么疏漏。我们首先要制定一份产品发布前的检查清单（如表9-1所示），帮助我们不要偏离目标。该检查清单需要弄清楚，由哪方来负责，并再次确认产品发布的准备情况。

表 9-1　产品发布前检查表

	是 / 否	意外情况
产品现状检查 ● 它是否实现最初设想 ● 它是否符合市场的要求 ● 是不是存在更好的竞争产品		
产品包装 ● 包装是否方便储藏、使用和运输 ● 包装是不是提供了顾客友好型信息		
监管机构许可与监管标准 ● 是否已经获得国家、政府和行业的许可 ● 能否提供合规及其功效的证明		
系统准备情况 ● 是否已经可以处理订单和账单 ● 是否已经完成生产试运行		
服务与技术支持 ● 基础设施是否已经准备就绪 ● 质量保证合同是否已经准备完毕 ● 服务项目是否已经确定 ● 是否有备用零部件、替代品、升级工具		
物流情况 ● 是不是有将产品实物运到客户所在地的流程图		
营销决策 ● 是否遵循市场定价政策 ● 首次展示工作流程是否已计划就绪 ● 营销沟通是否充分		
营销支持工作 ● 销售与客户服务培训是否已经结束 ● 发布事件和活动是否已计划完成 ● 相关材料是否已经准备就绪		

首先对产品现状进行检查。最终产品与最初的设想不完全一致的情况时有发生，要确定这个产品是否仍能提供其预先设定的功用。确保清楚了解该产品最合适的目标市场。如果自计划开始实施以来，市场或竞争对手的情况发生了变化，那么就有必要确认产品是否仍具竞争优势。

很多产品，尤其是消费品，其包装是消费者与产品最先接触的部分，因此，我们一定要确定包装是否恰当。20世纪90年代晚期，用于降低胆固醇的立普妥上市，被认为是药品市场发布的最成功案例。公司把部分原因归功于该药品包装中所准备的各种文献资料：

> 在产品包装内插入文献资料，把立普妥与它的每个竞争产品进行对比，比较它们降低胆固醇和甘油三酯的效果。我们用了大量比较型的促销材料，不少产品在整个生命周期中都用不了这么多。这表明我们的临床开发与营销团队在协同工作方面做得相当出色，甚至一直持续到产品发布之时。[2]

对于卫生保健行业的多数产品而言，获得监管许可非常重要；产品如果没有获得许可，则可能导致其推迟发布。如果该产品面向全球市场发布，则可能需要分别获得不同国家的许可。因此，必须从IT、生产、技术支持以及其他运营团队核实系统的准备情况。确保质量保证规定清晰明确，在必要时能及时安排索赔。

还应核实营销的准备情况。定价政策，包括分销商折扣安排以及内部转移定价安排，均应准备就绪。首次产品展示战略应制定完毕，也应确定各个市场孰先孰后。广告团队（不论是内部的还是外部的）应在发布时准备好适当的营销沟通信息。销售支持团队，其中包括培训、启动大会、各种竞赛、短期激励、支持材料等，也必须准备就绪。

产品发布准备文件

除了前面讨论的产品发布之前的检查清单外，其他准备性文件（见图9-2）也很重要，以下四种需要认真对待：（1）市场与产品介绍；（2）重要活动图表；（3）支持产品发布的营销战略；（4）附有控制计划的早期指标图。所有这些文件都引导着产品的发布以及早期的商品化过程。

市场与产品介绍是产品发布的重要组成部分。市场情况介绍应界定由理想客户组成的目标市场，并尽可能运用多种分区变量进行分析。同时，要解释客户会购买本产品的理性与感性的原因。解释客户决定与购买流程，有时候还需说明影响人员的作用。问题是，有不少产品经理列出了所有未来某天可能购买该产品的市场，企图证明市场对很多应用与用法的热情程度。但如果仅仅声称产品能解决世界上所有问题，且人人都是潜在客户，只会招致销售人员的白眼和冷嘲热讽。突击销售法不仅浪费资源，而且会让销售力量过于分散化。

图 9-2　产品发布之前的准备性文件

企业案例 9-1 "优质客户声音帮助百力通公司设计和发布运输保护系统产品"提供了很多有益的启发。首先，百力通公司有意识地运用调查和描述（人种学）方法，收集来自商业租赁市场的客户信息。其次，该公司发现了先前没有明确的各种需求，创造了消费者渴望的产品特征。最后，客户信息收集专注于倾听客户的声音，YouTube 网站上的"运输保护系统"视频和本企业案例结尾处有关销售的那部分内容对此有详细描述。

企业案例 9-1
优质客户声音帮助百力通公司设计和发布运输保护系统产品

丹·罗奇（Dan Roche）是百力通公司市场营销经理。他的整个职业生涯都在从事 B2B 营销工作，他起初在多家中西部广告公司担任营销沟通顾问的职务。转到"客户端"后,他为百力通商用动力公司工作,领导其营销工作,包括管理"先锋"(Vanguard)品牌。丹·罗奇喜欢与家人共度时光,在夏天他会在儿子的卡丁车竞赛小组担任后勤工作。

百力通公司产品在个人用户除草与园艺市场占很高份额,但其商用动力部分却只关注建筑和租赁设备市场份额的增长。先锋牌发动机产品线的发明是为了实现产品、团队和价值定位的差异化,以满足通过运用动力设备谋生的那部分人的需求。

在开发单缸气冷发动机的过程中,该团队曾面临抉择,是否应该让其商用特征差异化更明显并更具价值,以便让新发动机产品线在众多已经占领市场的竞争产品中获得关注。

收集客户反馈信息之前,团队要清楚,在获取客户信息过程中,应先听取什么样的声音。明确商用租赁业务的性质(形势严峻、低端用户品牌两极分化)后,团队选择了设备出租商作为代表,帮助成员理解商用设备所有者和操作人员最看重的产品特征。

弄清楚一些特征后,团队的下一步工作是制作事件日历。他们使用的工具(在一大块木板中间放一张发动机照片,围绕其四周的是各种特征"通道")是完美的概念筛选工具,用来鼓励客户参与,激发对产品有用的特征的讨论。开放的通道表示需要认真对待的特征,封闭的通道则表明其重要程度不高。事件日历还可在外出收集客户信息时,作为拍照和录像的物理道具。

客户收集信息的其他重要工作,就是拜访租赁业主的工作现场。这种走访活动为我们带来大量机会,让我们能提出各种问题,并因此理解发动机及维护设备运行的日常工作和取悦客户之间的真正联系。有一次,该团队在拜访一位客户信息提供方的设备维护点时,看到一个容量为200升的润滑油桶。他们问对方为什么机主需要放这么一大桶润滑油在这里。对方回答说,他所用的发动机要经常更换润滑油，一方面是因为操作员工作粗心，另一方面是因为发动机的关机程序比较复杂，容易搞混。机主显然已不再指望用户更加小心、更加严格地执行关机程序，但团队人员明白了，事件日历中要求的特征之一就是要一劳永逸地解决这个问题。

这次访问催生了新发动机的核心特征——运输保护系统。这个特征与现有发动机中装有不一样的两个开关，它做了简化，只设计了一个关机按钮。运输保护系统把电路和油路合在一起，用一个操作杆来控制，从而消除了操作员失误的可能性，保护了发动机，并节省了租赁业主更换润滑油的服务时间。

这个特征之所以重要，是因为在运输发动机的过程中，人们往往会忘记关闭油阀，这样汽油就会从油箱通过汽化器流到发动机里面。运输途中汽油进入发动机会导致各种问题，并需要更换润滑油，清洗发动机。这不仅要花费机主的时间和资金来修理机器，还会因为修理机器需要时间而影响机主履行紧接下来的租赁服务的能力，从而导致重复客户流失。

2010年2月在内华达州拉斯维加斯召开的2010年混凝土世界贸易展销会上，新的先锋牌运输保护发动机首次亮相。该团队综合运用各种印刷材料和电子文档材料，甚至直接展示性运转，来展现其运输保护系统的优越性，并以此来传达其特征和发动机的整体优势。在本次展销会上，该产品赢得了"最具创新产品奖"，并接连在北美租赁与除草设备市场和欧洲商业界获得类似奖项。

该团队制作了DVD材料，就有关设备运输和润滑油稀释方面的危险对OEM厂商和租赁业主开展培训。DVD视频部分还被经过转制，上传到了YouTube网站，公开播映。

争取到出租市场看门人对于OEM厂商具有重大的说服力，因为他们最终负责更换自己设备上的发动机。尽管这项工作还在进展之中，但百力通公司的团队相信，听取客户的声音或其发出的不必要的抱怨，可以发现其尚未满足的各种需求，能够从他们的商用市场客户那里获取长期的收益（见图9-3）。

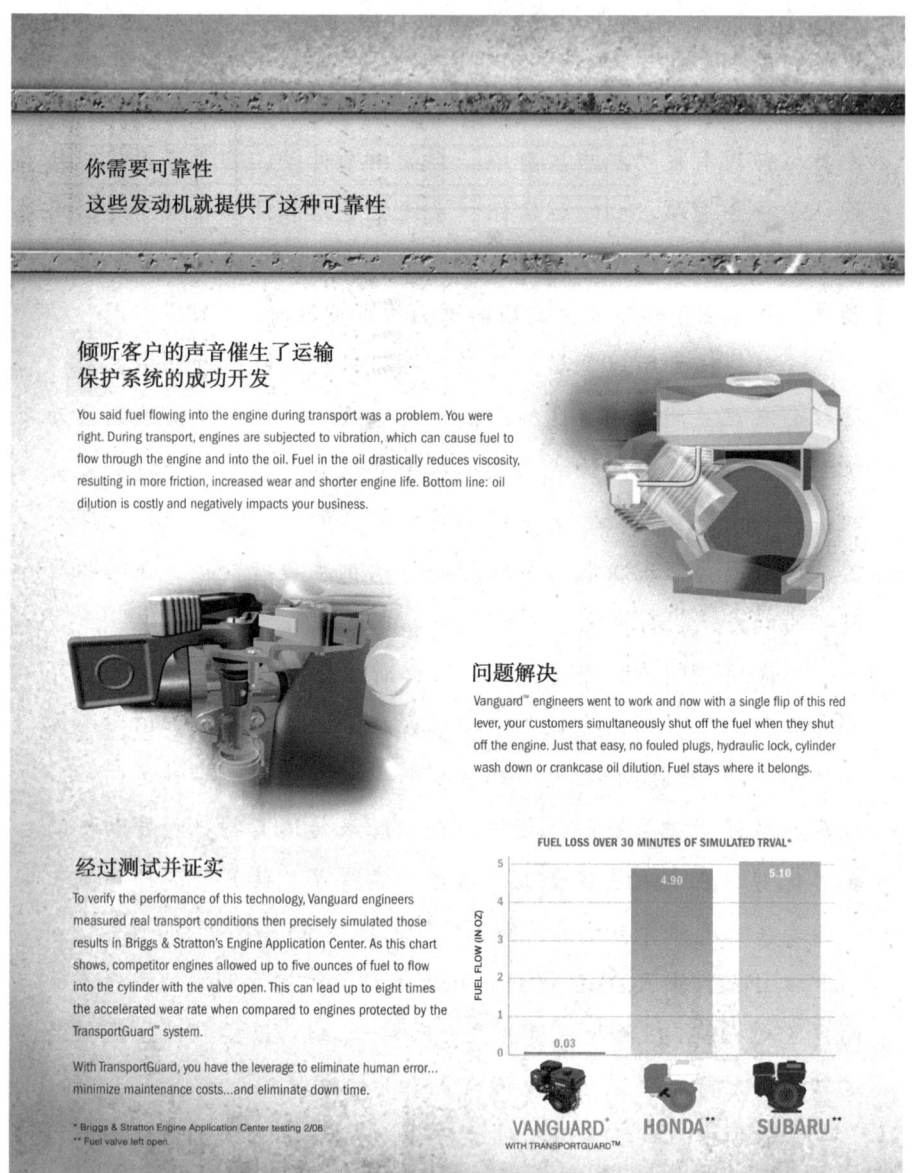

图 9-3　销售展示样品

产品说明与市场说明共同发力，使客户需要的价值得以明确。产品说明要解释清楚产品是什么以及为什么这个产品比竞争对手的更好，然后提供各种证据，证明这种说法。如果不同市场有不同的价值需求，也要在此标注出来。药品品牌经理知道通过利益相关方来明确价值的重要性，企业案例9-2"在产品发布早期就要确立品牌价值"对此就有描述。

企业案例 9-2

在产品发布早期就要确立品牌价值

根据医药行业的传统看法，新品牌发布后有120天时间来确立其地位。因此，产品经理必须在产品发布之前，明确所有的利益相关方的价值定位。在药房购买产品的病人，是希望能解除其病痛；受监管专业医疗人员为住院治疗使用而购买该产品时，所关心的是报销问题；为门诊使用而购买该产品的内科医生，则想省去各种文书工作以及该药品的疗效证明。针对这些具体的客户，产品的价值与优势必须表述明确。

产品经理还应了解清楚可能抵制该新产品的部分市场，并建立相应的应急方案：

20世纪90年代，默克公司推出一种新药——保列治（Proscar，非那雄胺），主治医师可用它来治疗良性前列腺肥大症，因此，老年人无须接受痛苦的浸入式外科手术治疗方案——经尿道的前列腺电切术。但问题是，患有良性前列腺肥大症的病人由泌尿科医生治疗，这些人的大部分收入来自给病人做手术，他们不愿意交出自己的病人，因此反对这种药物。这种药物最终都没能完全克服他们的抵制。

细分品牌价值的类似概念还适用于其他产品。给DIY人员用

> 的工具与专业用户所需要的不同，它们要考虑使用者不同的能力、价格敏感性，以及销售渠道问题，尽管两种产品本质上是一样的。面向不同国家发布的产品必须做到"全球本地化"，以满足特定的价值要求。使用者、决策者、付款者、渠道人员以及其他影响人士的作用都需要考虑在内。
>
> 资料来源：Adapted from Roger Green and J.Martin Jemigan, "Building Brand Value," *Pharmaceutical Executive* (September 2004), pp.36-45.

重要活动图会列出各项重要工作，并明确完成日期，如为产品发布购买设备、确定包装设计、获得法律许可、专业化劳动的分包以及准备用户手册。这些工作中每一项都可能包括多个步骤，而且项目不一样，重要性也有所不同。考虑各项工作先后顺序的时候，需要考虑它们对产品成功有什么影响。例如，电子产品或高科技消费品要获得成功，其技术文件的表述必须非常清晰。客户总是在复杂世界中寻求简单。不巧的是，正如《商业周刊》的一篇文章中所说，"帮助我们使用电子产品的多数手册不会运用直白语言"。[3] 重要活动图的格式可以是一个简单的清单，列出各项活动及其日期，也可以是更加正式的项目时间表和控制技术图，如甘特图（Gantt）和计划评审技术图（PERT）。

产品发布材料有关营销的部分应该详细描述品牌、包装、定价、广告和有关事项。和年度产品计划一样，新产品营销计划首先应设定目标，比如，"把当前客户的25%转变成升级后产品的用户，并增加25%的试用用户"。然后，实施营销策略，实现既定目标。下面所列的是一个整合后的新产品营销战略大纲。有些公司可以用上所有或多数内容，其他公司则可能选择性地使用。产品线扩展的产品只需要简略大纲，而突破性产品则需要全面的营销战略方案。

1. 新产品目标
    a. 销售量
    b. 市场渗透率

2. 背景分析

   a. 整个行业的销售量与发展趋势

   b. 主要竞争对手分析

   c. 市场分区和潜力

3. 产品概况

   a. 市场要求和规格

   b. 品牌名称

   c. 为什么我们的产品更好

   d. 理想客户简介

   e. 产品定位

4. 市场进入战略

   a. 时间安排

   b. 产品首次展示战略

5. 公司准备

   a. 内部准备

   b. 销售人员可用的工具

   c. 客户服务培训

   d. 现场研讨

   e. 政策声明

6. 营销方案

   a. 市场针对性

   b. 销售激励

   c. 渠道激励

   d. 基本价格和折扣

   e. 特殊促销活动

   f. 产品广告

7. 资源要求

   a. 培训工具和成本支出

b. 产品展示与各项工具

　　c. 产品发布重要事项

　　d. 其他

　　如前所述，我们首先要做出决定，是定高价以尽快收回开发成本，还是定低价以尽快占领市场。至此，我们已经比开始阶段拥有更多信息，有能力对价格进行微调。决定是否要调整价格，受多个因素影响。第一，竞争对手短期内进入市场的可能性有多大。判断竞争对手进入市场的能力需要综合考虑他们进入该市场所需要的投资、进入市场的难易程度以及他们自己的战略。对手可能进入市场的速度越快，运用具有市场渗透性的（低）价格战略就越合适。第二，刚开始愿意支付高价购买我们产品的客户群是不是足够大。第三，对于所定价格战略，公司、产品或服务的定位是否足够准确。第四，公司希望的回收期、要求的报酬率和产品回报情况怎样。

　　产品发布文件的最后一部分内容（做完重要活动图、各种事件时间表和营销方案时间表之后）是确定发布成功与否的各项早期指标。早期指标指的是诸如客户咨询次数之类，能帮助预测或表明产品发布成功程度的各种结果。例如，以往历史表明，30次客户咨询通常有一次会转变成真正的销售，这样一来，跟踪客户咨询数量就能得出预测未来销售量的早期指标。其他早期指标还包括为销售新产品所做的客户访问次数、愿意销售该产品的分销商比例、市场知名度、零售商举办的现场促销活动数量等。了解清楚各种早期指标之后，接下来的工作就是为每个指标设定时间（即每周、每月）目标，然后列出指定日期结束之前（即每月）应实现的结果，因此，产品经理不需要等到最终销售数据报上来，就能够比较各种真实和预期的表现。

　　准备好产品发布文件，产品就已经进入了发布阶段。值得注意的是，产品发布之前的阶段，可能需要开展销售培训（官方产品发布前的6～9个月内），当然也可以把培训当作产品发布过程的一部分。有关销售培训的信息在下面的产品发布阶段中讨论。

时间安排

不论是与竞争情况有关，还是与季节或行业事件有关，时间安排都是新产品成功的重要因素。如果竞争对手可能进入市场，产品经理必须决定是否在竞争对手之前、同时或之后进入市场。先入者往往享受各种好处，但如果因匆忙进入而导致产品缺陷，结果反而不好，可能更有破坏性。根据费尔南多·苏亚雷斯（Fernando Suarez）和詹维托·兰佐拉（Gianvito Lanzolla）发表在《哈佛商业评论》上的文章"先发优势更多是个谜，而不是确定的事实"。[4] 市场和技术变化的综合效果，影响先发优势的可能性。具体地说，技术和市场领域的渐进演变，为持续影响提供最好的条件。另外，技术上的突破（或技术和市场的突破）会给后来者提供攻击自己的武器。评估竞争对手反应和市场接受情况，必须考虑时间选择和决策的执行情况。

加入竞争的时间安排，可抵消竞争对手潜在的先发优势，并可能让市场份额增长得更快。推迟到在竞争对手之后进入市场，则可以利用竞争对手的缺陷及其培育市场所带来的好处。如果产品是季节性或周期性的，或者其成功要依赖于它在重要"新产品"贸易展上亮相的话，时机选择也极其重要。

时机选择需要考虑新产品对公司产品线中其他产品可能会产生什么影响。在对其可用性有重要作用的部件齐备之前就发布产品，时机显然不够成熟。同样，发布替代产品也必须选择合适的时机。如果渠道中存在大量在途存货，可能需要把新产品推迟到所有旧产品出售之后再进行发布。但是，市场上既没有旧产品也没有新产品的话，推迟发布会冒市场真空的风险，可能为竞争对手空出一段时间，实现其潜在优势。此时，计划一个重叠期，运用定价策略或渠道战略来差异化替代品，并最小化因新产品导入而导致销售收入减少的情形。医药行业产品专利即将过期时，时机选择会成为一个严重的问题，企业案例9-3"为专利到期而制订的产品线规划"对此有详细的描述。

企业案例 9-3

为专利到期而制订的产品线规划

2008 年有价值超过 8000 万美元畅销药的专利就要过期,因此 71% 的制药公司积极推行生命周期管理策略。这包括引入仿制药和侧翼品牌,鼓励从处方药向非处方药转变,以及通过后续产品、重新配方或新型药物递送系统进行品牌扩展。根本性问题是客户转向使用仿制药品的速度有多快,因为这影响到作这些决策的时机选择问题。

对仿制药品的接受程度越来越高。联邦贸易委员会称,1984～2002 年,处方中所用的仿制药品从 19% 增加到 47%,专家估计现在已经增加到 50% 以上。根据前沿咨询公司(Cutting Edge Information)高级分析师乔恩·赫斯(Jon Hess)的说法,"各个公司正在采取正确的策略更加密切地关注业内企业的成功做法。如今,全部可用的专利保护战略中,产品线扩展显然给各家公司带来获得丰厚回报的最大可能性"。

施贵宝制药、葛兰素史克、宝洁以及辉瑞制药在 21 世纪的第一个 10 年都在探索仿制药或侧翼品牌。例如,奥美拉唑专利到期前,阿斯利康(AstraZeneca)公司已经成功地让 40% 的用户转而使用埃索美拉唑(Nexium)——一种减少胃酸的新药。尽管不是所有公司在产品专利到期时都面对与制药公司相同的情况,但它们都可以从中学习到生命周期管理的思考过程。

资料来源:Jon Hess, "Line Extensions: Most Common Patent-Protection Strategy," *PR Newswire* (March 2, 2005), p. 1; and Edward Tuttle, Andrew Parece, and Anne Hector, "Your Patent Is About to Expire: What Now?" *Pharmaceutical Executive* (November 2004), pp. 88-92.

地理分布战略

产品经理还有必要对地理分布战略做出决策。有时产品适合国内发布，有时则适合国际发布，但很多新产品推行全面的首次发布战略。确定优先选择哪个市场（即地区、行业或国家），并对进入顺序做出安排。例如，可以最先进入在市场规模和收益潜力方面最有吸引力的市场，也可以先进入竞争最少的市场，这样做，公司和产品都有机会积累经验，获得曝光率并赢得市场地位。对于首次上市产品的市场选择，还可以根据产品的不同用途、市场上的在途存货、获得分销商或零售商支持的能力、公司在市场上的声誉，以及很多其他因素来考虑。

尽管首次展示可能与市场测试有点类似，但两者在以下两个重要方面还是有区别的。第一，在测试市场时，产品经理选择的是对产品的最终上市最具代表性的市场，而首次产品展示的情形并非如此。市场的选择依据是其获得早期现金流的能力，或者获得后续产品发布所需要的潜在的、有影响力的市场分区的能力。第二，测试市场是产品商品化决策之前的最后测试，而首次展示在商品化决策做出之后进行。[5]

产品发布之时

新产品开发过程的下一个阶段就是产品发布，即把新产品最终引入市场，此时产品经理的职责是通过教育并激励人员来保持前进的动力。执行就是将时间安排与地理分布战略付诸实施，这要求为销售人员和渠道人员提供培训，并提供各种激励手段。同时，还要实施预先设计好的产品传播方案。

销售人员培训

任何时候都要尽可能地了解客户和潜在客户的情况。为销售团队提供的信息越多，对他们销售新产品的激励也就越大。要与销售团队成员紧密合作，为其提供有助于销售活动开展的各种信息。准备各种"销售方法"手册，探讨客户（不是目标市场）、用法（不是特征），以及销售人员在拜访客户时会被问到的各种有用问题。一定要确保客户服务部门时刻准备好通过内部新闻邮件、非正式和正式会议以及各种通告的形式进行充分的沟通。

引导性营销战略详细规定各种定价策略、基础价格和选择定价，新闻发布以及产品公告，针对精选客户的直接邮件和电子邮件发送，装运策略与步骤，渠道和终端用户沟通，以及为销售团队或客户开展培训。销售培训尤其能帮助销售人员销售产品，而不是简单地把产品抛向市场。

销售培训是产品发布工作的一部分，应该教育并激励销售人员销售产品。换句话说，销售人员为什么应该相信自己的产品会像其声称的那么有用，是什么激励他们去销售产品，如果是对现有产品的改良品，那么最好的证据是产品以往的成功事实。对于是全新产品，就有必要提供更多说服工作。实验性销售或贝塔测试的结论、在首次销售地区获得成功的销售经理或其他销售人员的现身说法、自己个人（作为产品经理）完成的销售或者适当的展销会和潜在顾客开发流程等，都能帮助说服销售人员，该产品是值得他们花时间和精力去推销的。此外，还应该考虑运用财务激励和非财务激励手段。更高的佣金、更好的红利以及各种大家想要参与的竞赛，在适当情况下都很有帮助。非财务激励因素可包括：来自客户的表示不需太费劲销售就能成功的反馈意见，只需增加最少销售时间就可以把产品和其他产品捆绑在一起销售的能力，或者表明该产品比竞争对手的更好的各种无可置疑的证据。

销售培训可能还需要延伸至各渠道人员。分销商、经销商和其他转售商在新产品方面可能不像内部人员那样具有相同的既得利益，但他们在帮助新产品获得目标客户方面能发挥重要作用。这些转售商不仅需要相信投资于这个产品是有利可图的，他们同时还必须获得必要的激励去创造最好的环境，以确保新产品的成功。那么，他们的销售人员需要什么样的培训呢？他们是不是要给辅助人员提供技术培训呢？准备多少库存才是合理的？新产品要取得成功是否需要最小限度的货架空间或具体货架如何布置？转售商在促销产品方面是否需要帮助？有些公司发现，需要通过竞赛和额外资金来建立"兴奋点"，给产品一个成功的机会（见企业案例9-4"通过经销商网络发布新产品"）。

企业案例 9-4

通过经销商网络发布新产品

很多新产品的销售需要通过经销商、分销商、批发商或零售商进行。这些组织对产品的发布过程具有重要影响。它们想要的是能从客户那里获得销售收入和利润的新产品,它们有时候需要各种帮助来执行各种销售方案。例如,克莱斯勒公司就做出巨大努力,发布一系列新产品,并与经销商建立更紧密的合作关系。戴维·科尔(David Cole)是密歇根州安娜堡汽车研究中心主任,他很清楚这种关系的重要性。"克莱斯勒有很多新产品。真正的问题在于其他公司同样如此。那就是各公司和经销商应如何开展产品本身以外的其他工作,才能在彼此之间决出个胜负来。"

从 2003 年开始,克莱斯勒公司推出了更加全面的计划,支持其通过 4400 家经销商发布新产品。这些经销商都是具备独立思维的企业家,已经在经营中投入数千万美元,希望确保投入未来最具有潜力的汽车中去。很多经销商抱怨,先前的培训和辅助材料不能满足他们的需要。因此,他们制订了这个计划,里面包含了以下多项内容:

- 全天候的驾乘体验;
- 对通过经销商在线课程的销售人员进行认证;
- 设立多个金额为 1000 美元的奖项,鼓励竞争;
- 网络竞赛,把得分最高人员的名单发布在网络领先人员榜上;
- 包括袖珍指南、分页卖单、光盘在内的保证文件;
- DVD 以及其他销售网点提供的材料;
- 帮助经销商赢得今后回来接受各种服务的计划。

产品发布流程的另一例子是20世纪90年代后期凯迪拉克发布凯帝（Catera）牌轿车的战略。尽管产品并没有所期望的那么好，但我们仍能从发布过程中学到不少经验。凯迪拉克引入凯帝牌轿车（一款入门级豪华车）时，需要放弃现有年纪偏大的忠实客户，转而吸引经销商不是很熟悉的客户群。为了赢得经销商对该产品的支持，它创建了凯帝学院。该学院的学习包括两天半的课程，介绍各种新客户基础与轿车本身的信息。在学院里，经销商可以亲自驾车，并亲眼观看轿车如何被一片一片地拆开。对于不能来参加学习的经销商，凯迪拉克在美国各地租了电影院，用大屏幕向经销商介绍客户以及参与该产品销售的团队的具体情况。尽管培训本身并不是产品销售激励措施，但它提供了让各种激励手段（如竞赛）起作用所需要的工具，并且这两者在凯迪拉克卓越标准奖（SFE）中都是有要求的。

经销商在诸如技工培训、销售人员培训和客户服务等方面的成功能够赢得积分。每个月，每位经销商都会接到通知，告诉他们在比赛中的排名。大奖是去一个有异国情调的地方旅游。把大奖得主送到海滩上喝鸡尾酒、观看日落并不是凯迪拉克举行比赛的唯一目的，旅程中密集的业务研讨会才是本次旅行的重点。1997年，凯帝轿车发布的大奖就是去德国观看该型轿车的生产线。

凯迪拉克卓越标准奖得主非常认同这种旅游的双重目的。佛罗里达州杰克逊维尔的尼姆尼希特凯迪拉克专门店总裁兼首席执行官埃德·尼姆尼希特（Ed Nimnicht）说："上午开会研讨如何提升代理服务，其目的是促使你认真研究自己的汽车零售店，找出改进方法。之后，你会有一些闲暇时间享受比赛。"

产品发布工作的一部分还包括对经销商的测试。问题回答正确就可以赢得积点,并且参加该项目还要达到一个最低的知识水平。此外,销售凯帝轿车也是经销商赢得凯迪拉克"经销大师"称号的必要条件。

值得注意的是,成功的发布并不能"拯救"内在品质不佳的产品,但好的产品却会因为不成功的产品发布战略而受到损害。

资料来源:Adapted from Dale Buss," Wheeling and Dealing," *Sales and Marketing Management* (February 2004), pp. 36-41. Kenneth Hein," Preparing for the Launch," *Incentive* (April 1997), pp. 45-49.

营销沟通

新产品发布的信息与媒体战略和营销沟通的很多共同问题一起实施。如果可能,公关活动和宣传应作为新产品沟通战略的第一步,并应先于发布之日开展。产品差异化特征越明显、越独特,公共关系的重要性也就越大。公共关系是指公司为赢得媒体关注度而实施的活动和事件,包括开放参观、游览参观、演讲,以及各种资助活动,但并不局限于这些活动。媒体发布有关这些活动的信息,以及发表文章和新闻稿,就是宣传。

公共关系和宣传应该是为客户提供独特好处的产品所用的首选沟通工具(换句话说,对于在产品线扩展中变化很少的产品,或只是成本降低的产品之外的其他产品,这些活动更为有效)。立普妥[华纳·兰伯特(Warner Lambert)公司开发的降低胆固醇的新药]处于联邦食品药品监督管理局(FDA)检测的最后阶段时,它就和美国心脏协会开展合作,在全国推行有关胆固醇的教育项目。通过这些公关努力,公司表明其对胆固醇问题的关注,因此为立普妥的上市提供了坚实的基础。

同样,卡特尔公司(Cutter)在美国发布其第一款驱虫产品时,用派卡瑞丁(Picaridin)取代驱蚊胺(DEET),因为预算有限,所以很大程度上依赖于公共关系。为了争取对派卡瑞丁的支持,公司与地方卫生部门、联邦疾病控制与预防中心,以及世界卫生组织等机构的专家开展合作。这些联系为其产品成分带来了可信度,通过联想同样也给产品带来了可信度。公司还建了一个不冠其商标名的网站,介绍派卡瑞丁的种种好处。经理还参加西尼罗河病毒会议,敦促疾病防治中心(CDC)和世界卫生组织将派卡瑞丁列入其推荐药品之列。[6]

产品经理还可以把以下内容纳入新产品公共关系活动之中。(1)准备新闻工具箱,用于贸易展销会和其他活动。这些工具箱中应至少包括贝塔测试的结果(如果有的话)、详细介绍新产品重要性的白皮书、公司历史、产品定位、背景信息和多份新闻稿件。(2)为精选刊物提供文稿,解释读者应如何从该新产品中获得好处。为了让出版商对这些文章感兴趣,产品必须是真正新颖的,并且文章必须给读者提供有价值的信息,不能只是各种销售说辞。(3)如果产品真正属于创新产品,它也可以进行现场展示,作为展销会上培训内容的一部分。(4)向合适的媒体发送新闻稿件。

利用完各种公共关系机会之后,就应认真考虑做广告了。尽管公共关系活动通常先于产品发布进行,但多数广告和其他促销活动会与产品发布活动同时进行。要确保这些活动如期进行,需要在产品发布之前做好充分计划。

实施促销沟通,我们必须回到对"最好潜在客户"的描述,强调需要着重指出的产品优势,用这种优势主导这个特定市场促销沟通活动。因此,必须认真回答如下沟通问题:你的产品(服务)能为潜在客户做什么?如何做到这些?为什么它比竞争产品更好?要让你的说法更加可信,需要提供什么证据?如果潜在客户对新购买产品不满意,他们能怎么做?注意:第一个问题明确各种好处;第二个问题指出提供这些好处的特征;第三个问题则表明这些优势。这些沟通活动包括与销售培训中典型的FAB方法(特征、优势、好处)相同的内容,但要对它们进行重新组织,以便把各种好处作为最重要的信息呈现给潜在客户。产品经理负责将早先提出的定位战略转变成传播给客户的沟通信息,并保持信息的相关性和及时性。一定要保证从各贝塔测试基地获取各种证据材料。然后,确定如何最好地传播这些信息:是通过贸易展销会、各种销售力量或渠道、印刷媒体、直邮方式、创意传播方式还是通过其他手段。在贸易展销会上发布产品的时候,也在各种行业刊物上有针对性地同步刊发广告，这样会比较有效。努力通过创造性地运用各种媒体，把你的信息多次呈现给潜在客户。

直接销售人员需要各种传播材料，其中包括公司内部（保密）信息、销售访问时可以使用的销售工具、能提供给客户的营销辅助资料。内部文件包括产品销售目标与定位、与竞争产品的对比情况和各种专门的资料。（这些信息可放到公司内部网上，也可以印刷品形式分发。）销售工具应强调协助销售人员完成其销售访问，因此重点在于如何销售。营销材料应从客户的角度来准备，遵循上面提到的 FAB 方法（如果客户是分销商，应该关注他们如何从该产品中获利。如果客户是终端用户，则应关注带给他们的各种好处）。即便客户是终端用户，各种好处也可能因个人的层次不同而有所不同。例如，高层管理人员对新产品如何实现利润感兴趣，而技术人员可能对数据表更感兴趣。产品经理只给销售人员提供各种产品特征与好处（相对于技术人员的），而不提供各种支持材料，用来说服更高层次的管理人员，这种情况非常常见。

间接销售渠道的情形也会有所不同。公司信息会更注重生产商与分销商之间的合作或关系，而不会包含各种绝密信息。对于高端产品，视频和电子自测模块也许很有好处，但只有在渠道认可这种时间付出的真正价值时才有用。销售工具部分可能比较简短，只提供不多的细节。支持材料应重视对终端用户的好处。用于为直接渠道或间接渠道提供沟通材料方面的预算比重，要根据作为产品发布战略一部分的渠道先后顺序情况而定。

产品发布后的评估活动

产品发布阶段之后（或期间），有些类型的项目评估活动就应结束。这一阶段的主要目标是改进未来的产品开发，而产品也从新产品状态过渡到需长期维护的在售产品的状态。有时候，由于产品没有实现预期情况，就可能需要重新发布产品。产品的再次发布应尽早考虑；是否需要再次发布产品，可能已在早期指标中体现出来，关于这些指标，我们在本章中的"产品发布之前"那一部分已经讨论过。如果产品勉强可以接受,则可能要改变营销战略,以使产品能真正获得成功。产品发布材料中应该包括应急方案或控制方案,表9-2就是一个控制方案的例子。

除了对新产品进行评估之外,还有必要对新产品开发过程进行评估。未来改进的最好方法,就是把成功和失败的项目进行比较。把自己的见解记录下来,就能增加其他新产品获得成功的概率。

表 9-2　控制计划样本

潜在问题	跟　踪	应急/控制方案
1. 销售人员未能按预定进度联系通用市场	查阅每周顾客意见簿。方案要求每个代表每周至少电话联系10位常规顾客	如果连续三周没实现该目标,就要召开为期一天的区域销售会议来补救
2. 销售人员可能没理解产品新特征与产品在通用市场是如何联系起来的	电话跟踪要求销售经理每天联系一位销售代表,两个月内联系完全部销售团队的人员	应该针对个别销售代表进行现场说明,但如果最初的10次访问发现了有普遍性的问题,就需要召开专门的远程电话会议,再次向整个销售团队说明新产品情况
3. 潜在客户没有试购产品	通过制定规则,要求每周对10位收到产品销售说明的潜在客户进行电话跟踪。认可该产品主要特征的应该达到25%,认可新产品特征的潜在客户中30%尝试下订单	弥补方案是由销售代表继续跟进,对自己的全部潜在客户进行特殊的电话推销,保证给所有首次购买的客户50%的折扣
4. 购买者试购了产品,但后续没有大订单	实施第二轮电话跟踪调查,打给试购过产品的客户。销售预测的根据是50%的试购客户在未来6个月内会再次订购10个以上单位的产品	对此没有弥补性方案。客户没有再次购买说明在产品用途方面出了问题。如果产品明显优于其他产品,我们就必须了解清楚这种产品误用的性质。对关键客户进行现场访问,以确定问题所在,并了解接下来应该采取的合适行动
5. 主要竞争对手可能有相同新特征(而我们没有专利权)的产品准备上市销售	这种情形根本无迹可查,但供应商的各种咨询问题和媒体报道能帮助我们更快地觉察这种情况	拯救方案是全力以赴开展为期60天的促销活动,这是个孤注一掷的计划。向整个市场只销售新产品,增加50%的首次购买折扣,以及额外再发两份邮寄广告。对其他上述列出的跟踪做法应进行更加密切的监控

资料来源:C.Merle Crawford, *New Products Management*, 4th ed.(Irwin, 1994),p.317.

本章思考

寻找创造性方法来发布新产品。不要武断地认为每个产品都能卖得很好。

埃莉丝·凯访谈：培养产品发布技能

埃莉丝·凯（Elyse Kaye）
家用医疗设备公司高级产品经理

埃莉丝，因为你曾任职于完全不同类型的多家公司，在开始讨论产品发布战略前，你可不可以向我们简单地谈谈你的职业之路？

我的职业之路并不是很传统。我是密歇根州立大学传播学专业的毕业生，课程设置中根本没有产品或品牌管理的内容。可是在我的职业生涯的每个转折点，我都获得了足够的知识，这让我自然而然地通向产品管理之路。

刚一毕业，我偶然发现一个最主要以生产熔岩灯闻名的消费品公司的营销协调员工作。该公司传统上属于销售驱动的，因此不会在营销方面花费太多的预算（因此聘用一位22岁的人来管理其营销和公共关系工作！）。因为人们再次掀起对媚俗产品的热情，所以产品的分销扩张很快。我的工作是制订可实施的营销方案和预算来扩展业务。想想看，作为一个刚进入劳动力市场、梦想大展宏图的年轻人，我居然拥有这么大的一个发展空间。在这家公司，我有机会制订并执行自己方案的每一个细节，包括建立产品授权部门，以及加强我们产品开发流程。通过这些导入性工作，我发现这就是我想要做的事情。

年纪这么小就在一家创业型公司中工作的困难是，这些公司通常组织架构和流程管理不够明确。我的第二份工作是在一家典型的营销型和资金驱动的办公用品公司。在这家公司，我开始了解公司的组织架构。我明白了控制好利润表、过量库存的现金价值以及公司内部自由流动的重要性。我的职责是管理一个由工程师、设计师、包装专家、工程采购人员、绘图师和销售人员组成的团队。

我的下一份工作把我带入了设计、工程采购和工厂管理领域。我相信，从事与产品有关的工作的任何人，都必须拥有在每个领域的实践经验。我在马洛手袋公司（Marlo Handbags）工作时，有37家不同的工厂为我们的产品线生产产品。每次遇见什么特别的要求时，我们就要求工厂来解决。因此，对于任何一家工厂而言，我们都不怎么重要。当第一次代表公司访问中国时，我参观了每一家工厂，充分了解了它们的产能与局限。第二次再去中国访问时，我们把代工工厂的数量减少到13家，这使得我们自己对于这些工厂的重要性大大加强。这导致了更好的定价、物流，并缓解了我们与工厂的紧张关系。这样做还给我带来了机会，运用这些工厂的资源扩展了产品线。

目前，我作为高级产品经理在一家世界领先的消费品企业"家用医疗设备公司"（HoMedics）工作。这里是很好地融合大型公司与我刚开始工作时所具有的创新精神的一个地方。在这里，我可以充分施展我在先前公司中所学到的各种技能。

你的产品发布方法在这些公司中有些什么不同？

成功的产品发布始于产品开发的早期，要计划充分且富有灵活性。很多伟大的产品没有被市场接受，是因为它们的发布方式不对。从内部看，其最大的错误在于缺乏持续的沟通工作。完全孤立工作会导致各种指责，以及各种昂贵的开销支出！根据产品复杂程度不同，我都会尽早地引入必要的参与者，包括开发团队（设计师、工程设计师、研究人员、包装人员、采购资金人员）和产品发布团队（销售人员、广告人员、商品化团队成员、公共关系人员和市场营销专家等）。即使每个人都想要一份简明的时间表，但现实情况却是，需要不断地对方案进行"修修补补"，以应对各种可能扼杀产品发布的意外情况。

我个人喜欢尽可能在早期讨论产品概念的阶段,就去与采购人员进行联系沟通。采购人员是零售商货架布置的看门人。销售与营销之间的冲突时有发生。生产计划或销售订单,应谁先谁后?这种冲突总会不断发生。我有过一次最不成功的产品发布,当时就是因为销售部门和营销部门没有很好地协作。每个产品经理都能给你讲他自己的失败案例,向客户承诺根本实现不了的发货日期。在任何陈列图(陈列图是解释零售产品应陈列在商店哪个地方的图表)中,都有一些关键的日期和价格点。如果采购者对产品很感兴趣,他们就会与公司合作,给予陈列位置与营销支持;如果他们不感兴趣,则了解他们为什么不感兴趣就会很重要。

影响产品发布成败的另一因素是退出战略。零售中消费品的平均上架时间大约为 18 个月,而平均产品开发时间为 12 个月。计算一下,只有在所有库存消化之后,而最好在另一产品即将上市之前,某一产品的成功上市才算结束。作为经理,我们有责任把我们自身和我们正要发布的产品(我们的孩子)区分开来。到了最后,仍然都只是各种数据而已。

对于你刚提到的产品发布团队,作为产品经理,你是如何在产品发布中"引导"开展各种工作的?

我的"引导"职责是制定战略,整合工作团队成员、分配任务,以及促进双方的沟通。

你能不能举一两个你认为在自己的产品发布中真正有价值的游击式营销、产品植入式营销、销售和渠道激励或者任何产品发布的其他技术的例子?

当然可以。我最喜欢的一个例子是,新线电影公司(New Line)与我们接触,要把我们的熔岩灯放到一部名为《王牌大贱谍》(*Austin Powers*)的新电影中去。没人能预料到这股复古潮流会成功。公司实际上因为产能的限制，甚至战略性地拒绝了世界上一些最大的客户。但在短短的几年之内，我们的销售增长了3倍。植入式营销可能是接触大量新客户的比较便宜的方法。另一个例子发生时间比较近一点，《奥普拉杂志》(*O Magazine*)在2010年12月刊中把百得牌碎纸机（Black & Decker）列为"奥普拉最喜欢的东西"。该产品的优惠券代码在亚马逊网站同时发布，产品销量环比增长了1倍以上。

我相信，你有很多在各种各样的公司和行业中的产品发布故事。你有没有发现有些好的产品因为拙劣的发布而失败；或者相反，"差强人意"的产品因为出色的产品发布而取得成功的例子？

苹果公司是产品发布的典范，但他们在新产品发布后不久就发布升级产品时，也出现过营销异常情况。

随着社交媒体的出现和Web 2.0时代的到来，你认为产品发布战略正在发生什么样的变化？你认为消费者和B2B产品所受到的影响都是一样的吗？

当今的产品发布战略必须包括病毒式营销计划。网络是教育和构建知名度的绝好的工具，根据各公司对成功的看法，它也可能是很好的销售工具。我在零售行业工作。买家都是看门人，并且有时候会改变习惯，他们也会变得非常厌恶风险。像"夏普尔印象"（Sharper Image）这样的公司之所以如此成功，是因为它有能力在一个平台上开展各种创新。零售商数量依然持续减少，夏普尔印象、利纳斯、电路城和其他大型零售连锁店的关张，给予仅剩的零售巨头极大的话语权。社交媒体是建立兴奋水平的强大工具，但如果像我们公司这样，未能将产品通过分销商进入零售市场，那么一切都是没用的。我有好几个产品，测试阶段都表现得相当出色，也获得了相当多社交媒体的关注，但所有这些却没能给我们带来真正的销售。

你能不能举几个提早了解产品发布战略导致产品定义改变的例子？

我的产品买家往往是我的产品发布战略的重要推动力量。他们往往和我一道确定定价战略、预制购买时间表，以及实现项目的商品化。因为分销渠道不一样，产品的外形和触感就完全不同。所以，专业零售商想要 60 个点的回报，大型零售商要 35 个点，而连锁俱乐部则要 13 个点。而我，则希望产品线中增加通用部件，尽可能提高设计效率。我还希望在包装和产品美观方面保持品牌的一贯性，尽管我需要同时开发三个独立的产品线，要制定三个独立发布战略和时间安排。

对于产品发布，你能不能给其他产品经理提三个你认为最重要的建议？

一定要结交最为优秀的精英。我喜欢把产品经理称为品牌或产品首席执行官。我们不可能在所有领域都是专家，但我们必须擅长发现专家。在职业生涯的后期，我发现，一定不能感情用事，情绪化往往会导致各种失误。必须保持方案的灵活性，因为随时会发生各种预料不到的变化和问题。最重要的是，我们从事的工作是世界上最有意思的。

第三部分

下游产品管理：
持续的生命周期管理及发展

第 10 章

生命周期管理

请判断对错：生命周期规划属于下游产品管理问题。

这个问题暗藏着陷阱。生命周期管理的确属于下游活动，但生命周期规划涉及的范围却很广。正因如此，我认为上面的说法是错误的。例如，淘汰产品的决策往往要与替代产品的开发决策相联系。因此，生命周期规划属于本书所讨论的宏大产品组合规划的一部分。

本书第二部分的内容重点在于上游活动，现在我们把讨论的焦点转移到下游产品活动的生命周期管理，如图 10-1 所示。营销策略是生命周期管理的重要组成部分。

管理现有产品时，企业一般会希望产品经理做好以下一项或几项工作：（1）巩固并保护"核心"产品和次要产品的销量；（2）更新并重振那些本该表现良好却发展欠佳的产品；（3）重新上市或复活所选定的产品或概念；（4）淘汰失败的产品。本章将重点讨论上述几

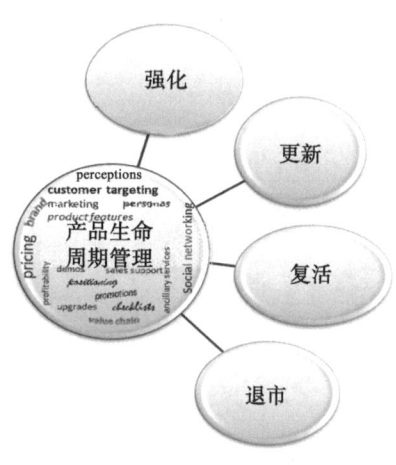

图 10-1　产品生命周期管理

项工作的定义与策略。

产品经理通过新旧产品组合的形式来降低风险。这样的组合有一定的偏差，因为对产品的接受程度和收入很难准确地进行预测和计划。对现有产品必须进行持续的评估，以确定增加收益、降低成本、生产新客户价值或淘汰过时产品的办法。

作为产品经理，你应该定期将现有产品组合与竞争对手的产品线或产品系列进行比较。列出你的产品组合中所有与主要竞争对手相关的产品，找出其中的差距。他们是否拥有你所没有的产品（或者正好反过来）？两者之间的差异是否代表着潜在的优势（或劣势）？分析结果是否表明需要开发新产品或淘汰现有产品？

针对客户的需求进行类似的分析。认真思考客户是如何使用你的产品或服务的？是否还有互补型产品或服务来加强你的现有产品，让它们对客户更有价值？这些产品能不能成为你的产品组合的一部分？如果你从前没有从客户需求的角度来考虑自己的产品，那么请你马上开始这么做。

产品分类

产品经理，尤其是负责大量产品的产品经理，通常会把产品分成几类，以简化或优化决策过程。有好几种常见的方法可供使用，其中之一就是帕累托（80/20）定律：如果大部分收入是由少数几种产品贡献的，那么就应该持续关注这些重要产品，对其他产品只需定期关注即可。波士顿咨询集团（The Boston Consulting Group）知名的分类矩阵将产品按照市场占有率评定为"现金牛产品""明星产品""问题产品"和"瘦狗产品"。还有一种方法是根据产品在生命周期的所处位置来进行界定：导入期、成长期、成熟期及衰退期。若将上述分类方法加以调整，可将产品按照生命周期策略进行分类。该策略包括：保护并维持核心产品；更新表现不佳的产品；淘汰处于生命周期末期的产品；复活或重新发布各种可能有第二次生命的概念或产品

(见表 10-1）。

表 10-1　产品线内的产品分类

	强　化	更　新	复　活	退　市
利润贡献百分比	高	中到高	有潜力	低
品牌价值	高	可能很高	可能很高	下降
战略协调性	一致	可以增长	可以增长	下降
成长性	自我维持	具有成长性	具有成长性	不可持续
时间上的潜力	当前表现优异	未来增长潜力	未来增长潜力	曾经表现不错
策略及资源保证	维持：集中并稳定的资源投入	增长：增加资源保证	增长：大幅增加资源保证	收缩：减少支持

"强化型产品"通常拥有良好的收入流量，但可能不值得投入大量的营销资金，它可能已经成为次要产品，不过还没有遭遇太大的竞争压力。这种类型的产品也可能是具有较高品牌收益的核心产品。无论对于哪种情况，产品经理都应该想办法保住现有的市场占有率，不要被竞争者抢占，最好能够以最少的投入来达到目的。

"更新型产品"需要重新获得生命力，它们可能出现在生命周期的任何阶段，不过它们的表现没有达到客观上的应有水平。应该对这些产品采取一些特别措施，以提升客户使用量或市场渗透率，我们将在后面几章对此加以讨论。

"重新发布（或复活）型产品"是指那些被人忽视的甚至是发展中断但目前看来还具有一定价值的产品。这种情况的出现可能是因为技术进步、竞争格局改变，甚至是出于人们的怀旧情感，这些产品可能会通过重新上市活动而增加销售收入。

最后，那些在同类产品中明显没有竞争力或处于生命周期末期的产品，就应该被淘汰掉。这类产品通常销量显著下滑，没有能力完成目标，或者企业已经准备好开发功能更好的升级产品。如果有关键大客户不管你的公司能否赚钱都坚持使用这种产品，那么这类产品就会给企业带来特别的风险。

评估产品绩效

产品绩效评估的起点是作为周期性规划流程一部分的审计活动。审计应能发现下一个财务年度需要解决的与产品特征有关的问题和机会、潜在新产品进入问题以及质量问题。评估产品绩效具体应包括：各客户细分市场的销量/收益情况、分销渠道或地理区域分布，产品对产品线内其他产品的互补性，市场需求的季节性波动，产品的知名度和受欢迎程度，重复购买（客户存留）率，计划绩效与实际绩效的对比情况。

产品经理不应该认为现有产品已经成熟，而应把它们当成"核心品牌"来对待。要像对待购买其他公司品牌那样对各种品牌进行思考，设想各种可能性。要研究客户，不仅要找出他们的购买行为本身，还要找出产生这种行为的原因。[1]

产品经理常用竞争矩阵来研究自己的产品。竞争矩阵（有时被称为"感知图"）要根据最重要因素，关注产品所具有的重要竞争地位（见图10-2）。竞争矩阵是一个产品在两条轴线上与另一产品比较的视觉表现。每一条轴线表示一种属性，如使用便利性、舒适度和价格等。选择哪些属性进行比较应该根据其对于顾客来说的重要程度。

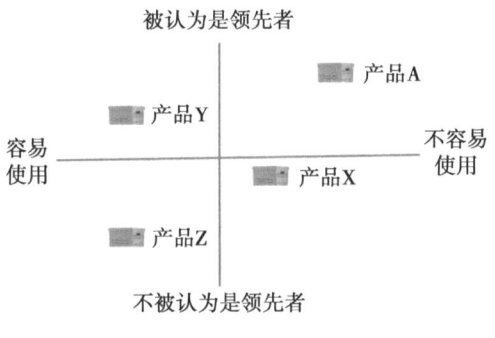

图 10-2　竞争矩阵（感知图）

首先要确定客户做出购买决策时最看重的因素。请客户列出各种属性，并让他们按照重要程度进行排序，然后让他们评估这些因素在影响自己购买决策中的重要程度。

接下来，选取两个或四个最重要的因素来确定重要竞争对手的产品在这些属性方面所处的相对位置。例如，将产品 A 在两个重要购买标准方面，（即市场领先性和使用便利性）与竞争产品 X、Y 和 Z 进行对比。注意产品 A 的领先程度大大高于竞争对手，这可以用作其定位战略的一部分。但是它还被认为比竞争产品更加难以使用。这表明可能需要制定战略，提供更为清晰的说明或对产品进行重新设计，让它用起来更加方便。

如果好几个因素被认为同样重要，就需要采用另一种方法了，将产品作为连续体列出全部因素（像比例尺上的形容词，如从轻到重），请客户针对每个因素给产品打分。将每个竞争产品的平均分或中位数得分连成一条直线，用这条直线来表示每个产品的"真实情况"。图 10-3 对三种产品进行了对比。在产品一致性方面，产品 A 被认为是最好的，产品 B 最容易使用，而产品 C 则是配送服务最出色的产品。

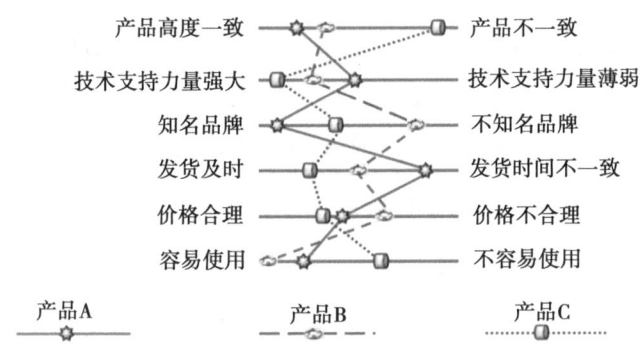

图 10-3　产品比较尺度

无论是感知竞争矩阵还是产品比例对比分析方法，都是用既定因素把本企业产品与竞争对手产品进行对比，其典型目标是要改进产品中竞争力比较弱的属性。它们的不足是没有考虑做出这些改进的内在成本。有时候，只要降低某些次要属性的成本，产品利润率就会提高。如果这还能导致降低价格，则会给客户带来更多的价值。因此，把成本信息增加到每个属性的认知重要性和竞争绩效上会十分有用。

首先，列出产品的特性和属性；其次，把这些信息转变成能带给客户的好处，评估每种好处对市场的平均重要程度，以及该产品相对于竞争产品在提供这些好处方面的表现如何；最后，评估与这些好处有关的属性是否在产品总成本中占很大比重。

寻求各种警示信号。对市场很重要的好处应该来自其所表现出来的、与竞争对手产品相同或比它更好的特征。如果不是这样，产品经理应对这些特性进行改进。如果这些特性所提供的好处对于客户并不重要，那么它的相对成本应更低，否则，就需要对这些特性进行评估，看看是否需要重新设计，或干脆取消这些特性。

这种分析应在制订质量改进和降低成本计划之前进行。通过与来自公司其他部门的人员组建团队共同工作，产品经理可以运用价值分析、质量功能布局或其他技术来提升客户满意度，同时又不会增加太多成本，或者产品经理应在保持客户满意度的同时降低成本。

评估产品线

在评估产品线（与单一产品不同）时，产品经理可采取上文提到的多个相同步骤。作为产品经理，你应持续记录产品线上每种产品的数据，并对相关产品的绩效进行评估。要观察整条产品线上客户的行为，判断客户在核心产品缺货时是选择自己公司的替代性产品，还是倾向于购买竞争对手的产品。可以运用头脑风暴寻求为产品线增加价值的办法：（1）通过增加产品来强化竞争定位并增加品牌资产；（2）取消对目标市场不重要而徒增成本的产品，并且一如既往地寻找机会，通过富有远见的营销策略来加强市场渗透。

你可能会发现，开发一套能帮你进行产品排序的工具非常有用。选出评估产品线的最重要变量，并确定对现有产品进行分类的最佳方法。如果公司没有产品审查委员会，建议组建一个。该委员会应由来自营销、生产及财务等重要的利益相关部门的人员组成；该委员会应开发一个符合公司要求的制度，筛选出比较脆弱的产品。这项制度应明确规定委员会的开会频率（如每季度或每年）、产品审查标准（连续几个季度的销量下滑情况、市场变化及产品毛利润等），以及产品淘汰程序。企业案例 10-1 所讨论的谨慎的产品线管理与分析，是制定强化、更新、复活和退市战略的重要前提。

企业案例 10-1

产品线管理的多个方面

产品线管理涉及孕育并开发新产品、拓展现有产品线以及创建品牌资产。不同公司会强调这些产品线管理活动的不同方面，具体的产品经理也会根据当时的具体要求强调不同的方面。在这个企业案例中，我们将对上述每种情形进行讨论。

开发新产品

开发新产品时，产品经理会运用各种技术降低风险、提高成功概率。首先，产品经理（特别是高技术领域的产品经理）都已明白，在前一代产品上市的同时，就要开始研发下一代产品。20 世纪 90 年代，英特尔公司引入了这种方法。其次，根据公司战略同步开发多个产品，通过壮大声势赢得产品的成功。英特尔的桌面多点视频会议系统（RroShare）系列产品就曾成功地演绎了这种方法。再次，通过公共平台开发多种产品，分摊开发成本，将产品以更快的速度、更低的价格投入市场。惠普公司在推出彩色喷墨打印机时，就曾得益于这种方式。最后，给竞争者的进入设立障碍，这至少能在短期内保持竞争优势。同样还是惠普公司，在推出喷墨打印机时，也发现了采用这种方法的优势。

为了保持自己在打印机市场上的霸主地位，惠普使用了日本竞争者自己的惯用手法击败了它们。几十年前，日本公司在手持计算器市场占据主导地位，而这原本是惠普最先开辟的市场。日本公司的成功是其以价格低廉、设计精良的产品打入大众市场的结果。惠普推出喷墨打印机时，也效仿了这种做法，正如史蒂芬·柯瑞德·尤德（Stephen Kreider Yoder）在其发表于《华尔街日报》上的《惠普是如何用日本人的战术在日本人的游戏中击败他们的》一文中解释道：

惠普的工程师采用了两个日本人的战术：他们申请了大量专利，保护了他们的设计并威慑了竞争对手；启动了一系列持续改进措施，解决了打印机本身的问题。他们开发了在每一英寸能喷出 300 个点的喷墨头，并且制造了可在墨盒中保持液态但喷到普通纸张上就迅速风干的墨水。一位工程师测试过所有种类的纸张，包括铜版纸、建筑图纸、卫生纸，甚至还测试了砂纸、玉米薄饼和袜子。

惠普公司运用这些技术在黑白喷墨打印机市场站稳了脚跟。然而，工程师们在开发彩色打印机，希望可以制造出功能齐全的机械精品时，遇到了另一个挑战。营销人员建议，应利用已建好的平台来开发新产品，虽然现有平台并不精致，但能够满足客户的需求。

工程师们非常反对这种做法，这时一位名叫朱迪·索普（Judy Thorpe）的产品经理，强烈要求他们通过打电话调查客户意见。结果表明，人们最想得到的产品恰恰就是工程师眼中东拼西凑的"组装机"。索普女士说，惠普公司已经明白，"你可以对不太流行的产品稍加改造，就得到最新产品"。通过坚持运用现有平台，惠普得以在迅速发展的彩色打印机市场上击败竞争对手。

还有一点，惠普的"专利风暴"为竞争对手进入市场设置了壁垒。竞争对手的工程师浪费了大量宝贵时间，研究如何绕过惠普公司 50 项专利所制造的迷宫，这些专利涉及墨水如何流过打印喷头等方方面面的技术。等到佳能公司能与惠普真正抗衡时,惠普已经售出了数百万台打印机,并在生产过程中对其不断进行完善。后来,在佳能公司推出彩色打印机时,惠普却在佳能的产品上市之前降低了这种打印机的价格。竞争的结果是惠普"拥有"了全球喷墨打印机市场55%的份额。与英特尔一样,惠普还把喷墨打印机方面的知识运用到诸如传真机等其他领域。

扩展现有产品线:成功与失败

有时候产品并不是全新的,而是对产品线扩展的结果。产品经理在计划产品线扩展时,必须认真平衡多样与多余之间的关系,快速消费品可能尤其容易落入这个陷阱。为了对竞争产品进入市场做出回应、进入更小的市场分区、支撑短期盈利或获得更多货架空间,许多产品经理对核心产品开发出了过多的变种。

产品线扩展的例子很多。纳贝斯克公司(Nabisco)引入"脱脂水果条"产品线时,饼干类产品的销量以每年2%的增速温和上涨。尽管如此,纳贝斯克这条产品线却让它的销量增速比整体市场的增速快了2倍。同样,当七喜公司推出樱桃口味的七喜汽水时,这款变种产品大获成功,其核心产品的销量也有所上升。

不幸的是,产品线扩展也暗藏陷阱。用与核心品牌相同的名字推出的产品变种有可能减少原有的品牌资产。产品线扩展的做法通常很容易被竞争对手仿效。许多隐性成本会逐步显现,这是因为生产过程更加复杂、预测时更容易出错,以及由于可能缺货而导致客户流失。

约翰·奎尔奇(John Quelch)和戴维·肯尼(David Kenny)在《哈佛商业评论》上发表过一篇文章"扩大利润,而不是扩展产品线"。他们以一个名为"快餐公司"(Snackco)的公司为例,对美国快餐食品业面临的困境进行了探讨。一段时间以来,这家公司的产品线不断扩展，但整体销量却与以前保持持平。对这种情形进行评估时，公司对核心产品、利基产品、季节与假日产品，以及替代性产品的效果进行了研究。每种产品在产品线中的比重及其销量占总销量的比重如表10-2所示。

表10-2 快餐公司产品线分析

	占产品线的比重（%）	占总销量的比重（%）
核心产品	20	70
利基产品	10	10
季节与假日产品	5	10
替代性产品	65	10

该分析清晰地显示快餐公司必须做出改变。注意，核心产品通常遵循帕累托法则：20%的产品贡献70%（而不是定律中的80%）的销量。这些产品也是保持公司和品牌声誉的关键产品。于是，快餐公司的管理层调整了生产计划和发货安排，以确保核心产品不会断货。

利基产品则能够进行自我支撑，占产品线的10%，并贡献了总销量的10%。研究这些产品是为了确定哪些市场容量够大并可以继续保持，哪些市场应该放弃。

季节与假日产品贡献了10%的销量，但是只占产品线的5%。应该保留这些产品，并在其活跃销售期内增加额外的店铺陈列空间。

最后讨论的是替代性产品。尽管它们的单位贡献率要高于其他产品，但这不足以抵消其占据产品线65%的份额，所贡献的销量却只占全部销量的10%这一事实。在根据其真实成本和竞争需要对这些产品进行了认真评估后，公司决定减少这类产品的数量。减少最多的是竞争性强的领域，公司决定把腾出来的货架空间分配给核心产品。在领先的产品市场，对替代性产品的淘汰则更加精挑细选，其目的是占据更多货架空间，以免竞争对手有机可乘。

请注意快餐公司所采取的分析步骤。首先，收集并分析产品线上每种产品的销售、利润及贡献的历史数据，以及有关客户和竞争对手的数据。其中有些数据来源于内部资料，但为了能全面评估产品绩效，还需要开展外部研究。商场随机检查发现，多数畅销产品有近一半时间处于缺货状态，而在此期间，有40%的客户转而购买竞争产品或什么也不买。剩下的客户则购买本公司的某种替代性产品。该公司还采用了消费者追踪小组来收集家庭购买和使用频率方面的数据。

分析完这些信息之后，快餐公司管理层面临的困难是，如何增加现有产品和产品线的价值，尤其是针对零售渠道的产品线价值。奎尔奇和肯尼指出，管理层必须证明，零售商能够从将要提出来的产品线规划中受益：

快餐公司高管相信新战略正中要害，但他们也知道，如果没有销售团队的支持，任何执行方案的努力都会失败。因此，在公司总裁的支持下，一个销售区域开展了为期四个月的测试，以确定重新确定核心产品较之于继续扩展产品线的影响。测试不仅市场份额增加了，销售人员的收入也增加了，这是因为撤出的周转速度慢的产品腾出了额外的货架空间给了更加畅销的产品，从而加快了产品线中畅销产品的周转速度。

为了增强市场渗透，产品的使用率及用户数量必须增加。其部分目标的实现要归功于公司重新制订了生产和发货计划来确保核心产品随时有货，并为季节性产品提供了额外的商场展示空间。不过，对广告还需要做以下调整：

快餐公司放弃了原来那种覆盖全线产品的伞式广告策略，转

> 而突出公司的旗舰产品。产品广告强调了快餐公司的品牌,并由此促进了其品牌线的扩展。在过去两年中,快餐公司的市场份额和产品销量显著增加,进而创造了更高的利润。
>
> 资料来源:改编自 John Quelch and David Kenny, "Extend Profits, Not Product Lines," *Harvard Business Review* (September-October 1994), pp. 153-160;Stephen Kreider Yoder, "How H-P Used Tactics of the Japanese to Beat Them at Their Game," *Wall Street Journal* (September 8, 1994), pp. 1+.

强化和保护战略

强化战略本质上是防御性的或自我维持的,以防止败给竞争对手或延长收益流。这种战略可用于核心产品、替代性产品或者周边产品。维持战略要求采取最少的监管,以腾出时间和可能的资源投入重振其他产品的工作之中。产品经理同时管理多个产品时,在任何一个年度都可能有不同的产品处于维持模式。对于这些产品的营销,在营销方案中只需作为附录或脚注列入,而不必在行动计划中详细说明。常见的维持战略有:

1. 坚持到底;
2. 缩小范围;
3. 防好疆界。

坚持到底

有些产品在任何时候都必须处于监控之下,它们往往拥有铁杆客户的支持。因为竞争有限,对这些产品不需要费力推销,只需要在年度产品计划的脚注中稍作交代。而且,如果公司生产某种产品的产能有限,你也许希望沿用以前的做法以维持一定的销量。例如,地方啤酒厂依靠有限的产量保持其独特性。新格拉鲁斯(New Glarus)酿酒厂(位于威斯康星州的新格拉鲁斯地区)总裁讲起他们产品的需求急速上升的情形时说:"最后,我们准备扔手绢示意投降,坦白告诉大家,我们能生产的啤酒只有这么多,我想我们快完蛋了。"[2]

缩小范围

有时候,有些本来要淘汰的产品可以保留下来,缩小规模,并专注于服务利基市场。飞梭太空笔,即有名的宇航员笔,就是这样的例子。20世纪90年代,经济的蓬勃发展为这件小奢侈品的发展提供了绝佳环境,尤其是当它在电视剧《宋飞正传》(Jerry Seinfeld)中亮相之后,更受关注。它的售价为50美元,并能在极端条件下书写。不幸的是,21世纪初的经济衰退突然影响了市场对这款产品的需求,保住其销量的唯一办法是抓住真正的核心客户,即"极端工作"中的"极端专业人士"。例如,警官可以在事故现场用它在乳胶手套上做重要标记。因此,该产品的营销转变为在以护士、警官以及护理人员为读者的专业杂志上做广告。

防好疆界

视线偏离核心产品的风险之一就是竞争对手可能开始"蚕食"你的市场,这也被称为"啃脚踝"(ankle biting)现象[3]。因此,需要努力防范竞争对手的威胁,保持产品在客户面前的可见度,同时对营销支出严加控制。一旦在基础客户中有了"忠实客户",大量的资金就可以被用于产品发布,只用较少的资金开展提醒促销活动即可。对于很多医疗产品,AC尼尔森旗下的HCI公司在研究中发现,强化型媒介(如处方笺、参考读物、病历)是发布强化产品信息的有效载体。该研究发现,这些非传统工具有以下三个优势。

1. 购买点媒介物(如处方笺、病历表及参考读物等)在开处方时接触到医师;
2. 它们在接触医生时,医生并不"期待"暴露在信息面前;
3. 品牌认可获得强化,即便销售代表并不在现场。[4]

更新和重振战略

产品经理对现有产品管理的主要工作被投入至产品的更新和重振方面。此时,有多种方法可供采用:其一是通过给产品或服务增加更多的特征或降低成本,来给产品增加新价值;其二是对产品进行重新定位;包括品牌调整和分离定位;其三是通过增加新用户、新用途,增加使用方法以及产品线扩展来扩大客户基础。

增加新价值

价值是收益与成本之间的比较。一个方案相比于其成本(价格、复杂性、不一致等)所提供的收益越多(如更优越的特征,更便利、更简单、更可信等),其价值认知度就越高。市场变动(如改变规则)会影响价值认知度,因此产品经理需要进行适当的调整,如企业案例10-2所述。

企业案例 10-2

金融服务业的产品生命周期管理

作者:韦德·惠特莫斯(Wade Whitmus)

韦德·惠特莫斯现在担任美国信合保险集团(CUNA Mutual Group)的产品开发经理,在信贷联盟金融服务及合规管理方面拥有近27年的从业经验。在担任现职之前,他担任过多个金融服务产品线的产品经理,并在一家服务型公司担任副总裁和首席运营官。韦德是认证产品经理和认证信贷联盟执行官。

2009~2010年,美国国会和美国联邦储备委员会(FRB)扩大并实施了新的规制措施。这些措施对开放型贷款和更加具体的信用卡账户造成了影响。这两家机构对金融规制进行调整的动力其实是对2008～2010年的经济衰退做出的反应。美联储和国会认为消费者需要更好的保护：强化（更清晰的）信息披露制度、有控制的信用发放条款和条件，以及对产品定价进行限制。这两家机构都认为，信息不充分的消费者不可能获得最好的交易，因此导致更高的交易费用，并且为获得信贷而付出的成本要高于他们本该承担的成本。

规制的变化影响了信贷联盟的经营状况、策略、卡片处理流程，以及对顾客的信息披露。在很多情况下，规制的变化影响了信用卡发放、定价以及声明与信息披露的时间安排。在调整规则期间，由于美国国会和美联储参与推动消费者保护，因此制定了一些初步措施、新的法律、规制修正案，并对现行法律进行技术修正，以及制定了最终规制措施。在规制逐步完善的过程中，金融机构必须将信用卡信息披露更新至少一次，有时需要两次，以符合合规要求持续变化的冲击中的时间安排要求，以及合规措施的执行日期。

正是在这种市场环境下，信合保险集团通过运用多种策略为它的信用卡单据类产品线增加了额外的价值。信合保险集团是一家为信贷联盟、其会员和全球重要客户提供金融服务的主要供应商。进入市场已经75年有余，信合保险集团的愿景不改初衷：成为值得信赖的业务伙伴，提供卓越的服务、以顾客为中心、提供一流的产品以及市场驱动的创新。该集团提供的一个产品类别是支持信贷联盟日常运营的一系列单据文件。在这个产品线上，信合保险集团主导整个市场。

这些单据在信贷联盟中开户、提款以及发放各类贷款业务中提供支持。信合保险集团的单据有纸质的，也有电子格式（如接入交易主系统、输出到网页或仅供内部使用）。我们的价值主张是，让我们的服务为客户提供"舒心的合规安排"，而远不只是提供各种笔墨服务而已。各种单据是我们销售产品的终端载体。我们围绕"单证体验"开展了很多增值服务，这提升了我们的单据对客户的价值。这些增值服务包括培训、网络资源库、电子邮件提醒和其他信息沟通服务、参考指南/手册，以及获得合规/运营专家的帮助。我们的客户都能使用这些服务，以便成功地应对由简到繁的合规制度的变化，以及它们对信贷联盟的日常运营可能带来的影响。我们的业务纳入了多项增值服务，把我们的产品定位在远不只给客户提供普通商品那么简单。

我们在产品线管理工作中实施了各种不同策略及活动，这不仅证明了我们对客户的价值，而且证明了我们对整个行业的价值。如果没有价值增值服务，客户就会认为我们的产品只是普通商品而已，因此只需按价购买即可。支持我们价值增值的活动包括以下八个方面。

1. 通过电子邮件给客户发送合规预警，这表明我们对各种信用卡产品合规制度变化，及其对信用卡业务运作和信息披露文件的影响进行了评估。

2. 产品要闻（分发给客户的技术信息的简称）提供了合规制度变动的解读和具体思考（《今日美国》类型的合规综述）。

3. 通过网络讨论会或电话问答会议，分享各种见解和信息（培训），并就当前问题和客户的提问做出回应。

4. 专门设立热线，接听客户电话并受理对新信息披露文件的订单（我们还专门打电话给重要的目标客户，促成新的业务，并跟进对现有客户的服务）。

5. 建设专门的网站，发布信息并更新信用卡产品合规要求的变化。

> 6. 与其他组织合作，把大块新的和现有业务移交给我们新的信用卡信息披露文件部（展示我们的价值）。
>
> 7. 我们的现场工作人员（外部销售人员）直接面对客户，帮助他们了解合规意义，以及我们成为各种文件资料来源的原因。
>
> 8. 最后，我们创建并出售更新后的信用卡信息披露文件。此外，我们还为客户提供工具来调整业务操作，并通过提供学习辅助来帮助他们更好地了解合规制度的变化及其对信贷联盟运营带来的影响。
>
> 通过两次合规制度升级，我们有效地管理并提升了我们的产品线，及时如约向客户发布信用卡信息披露文件。市场也对此做出了很好的反馈，因为通过这个过程，我们的客户基础和收入几近翻番，我们基本留住了全部的现有客户。我们在合规制度变化方面所取得的成功其实来源于强势的市场地位、外部合作伙伴以及一贯坚持的品牌接触点管理。我们之所以能真正提升自己产品的整体品牌识别度，是因为我们真正提供了舒心的合规安排服务，以及成为他们在合规问题方面的"外包"合作伙伴。

客户价值链

不断且创新性地重新思考并重新定义自己的产品，在日复一日的烦琐工作中寻找隐藏的机会，这一点十分重要。如何调整价值主张才能使其对目标客户具有意义？记住，价值可能来自客户价值链（CVC）上的任何一个环节。画出自己产品的客户价值链示意图（见图10-4），然后从中寻找机会，提高整体的价值体验。

下面是与可能产生升值创意的每个接触点有关的几个问题：

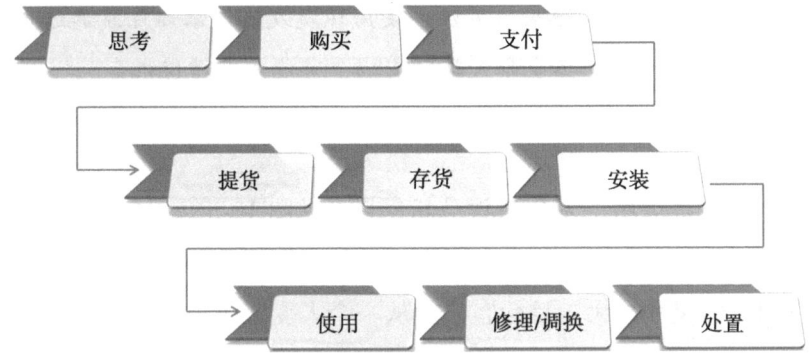

图 10-4　通用客户价值链

- 在思考阶段，售前教育和信息能提供价值——对于复杂决策尤其如此——帮助客户为他们的目标和需求做最合适的匹配。产品演示、产品试用以及各种白皮书等，都能提升客户做购买决策时的舒适感。
- 通过更简单的文书工作或更轻松的支付条款使购买过程合理化，增加某些客户的价值商数。
- 通过终端支付（如汽油费）之类的技术手段简化支付手续、减少隐藏费用，或者使用智能手机进行交易，这些手段都可能增加产品价值。
- 按客户要求交货（如直接预约、代发货或加急送货）也可能创造价值。
- 也许因为分销商便利的地理位置，或者通过现收现付的协议现场购买存货等方式方便地获得各种存货，有可能把偏好从一个供应商转移到另外一个供应商。
- 安装环节可能是重新思考价值问题的另一个领域，有没有可能把定制安装添加到 DIY 产品上，或者反过来操作？
- 减少产品特征的数量（使它更简单）或增加其数量（以提升性能），在这个领域，人种学知识或客户拜访活动能帮助获得各种见解。
- 维修服务的价值是否得到重视？在这点上你能否提升价值，就像百思买旗下品牌极客团队（Geek Squad）那样？
- 如果客户看重退货、换货或升级服务的能力，考虑在这些环节中有没有可能实现增值。

○ 随着人们对生态友好越来越关注，使用环境友好型零部件或通过严格的循环利用项目减少产品生命末期的影响，可能是个增值机会。5

假设分析

另一种方法是运用一系列假设分析问题（见图10-5）。如果把某些产品特性放大，结果会怎么样？例如，增大电视机屏幕促成了家庭影院这个新市场；把三明治的尺寸放大，目标客户就从一个人变成了一群人。最小化做法也能催生新的创意。缩小电视机的屏幕尺寸创造了运动电视；推特是一种微博形式，也符合这种"微型化"的想法。

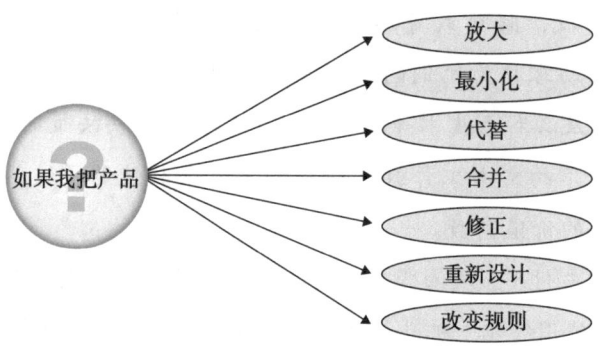

图10-5　假设分析启动器

如果某个新特征代替了某个旧特征，会产生什么结果？例如，索尼用扬声器取代了耳机，就创造了随身听；手机增加应用程序就可以具备信用卡功能；威廉·麦克多诺（William McDonough）的作品《从摇篮到摇篮》（*Cradle to Cradle*）就用了一种合成材料来替代传统的纸张。

把两种现有产品结合在一起能否给客户带来更多的价值？例如，面包车就综合了旅行车和厢式货车的优点；在体育用品零售店都可以买到的帐篷小屋，其实是便携式小屋和帐篷的组合。有时候，两个产品经理可以把各自负责的产品结合起来，这会比各自独立销售创造更多的价值。

某些要素是不是可以调整的？标准特征是不是可能变为选择性特征？选择性特征是不是可能成为标准特征？这些要素可能既包括产品特征，也包括附加服务。销售方式、合同条款或者技术支持的调整都可能改变产品的解决方案和价值。

再想想重新设计的可能性。能不能通过重新设计一下开发流程来降低生产产品，或提供服务的整体成本？许多培训项目都调整为采用电子化的学习模块来降低时间和交通成本。诸如通用电气这样的公司已经开始反向创新，在发展中国家开发适合当地市场使用的新产品，然后从中选择一些新产品应用到发达国家中去。

最后，有些公司已经开始改变行业规则。软件作为一项服务，正在经历从购买软件应用程序（通过下载或光盘安装于客户的计算机）到购买软件的使用权上（实际应用程序安装在供应商的计算机中）的转变。

探索产品价值提升的另一个途径是把"同类最佳"作为标准特征。首先，从销售人员、客户以及行业资源中，针对你正在研究的特征，找出哪些公司或什么产品是被公认为最好的。然后力争找到它们为什么被认为是最好的原因。例如，福特公司在 1992 年重新设计金牛座（Taurus）车型时，选择了 7 款竞争对手产品中的 200 多个特性作为其设计标准。门把手以雪佛兰的鲁米娜（Lumina）汽车为比较标准；车灯以雅阁汽车为标准；车载音响遥控器则是以庞蒂亚克的大普里克斯（Grand Prix）汽车作为标准。

用作标准的比较基准不应仅限于竞争对手的，也没必要仅限于产品特性，改进供货或服务流程也可能为客户带来更多的价值。例如，美国匹兹堡的梅隆银行（Mellon Bank）就实施了一个确定标准的项目，以此提升信用卡账单服务。通过比较 7 家其他公司的标准，其中包括一家航空公司，梅隆银行掌握了改善流程的各种技巧和软件技术。在采取了多项改进措施之后，梅隆银行收到的重大投诉事件减少了一半，并把处理问题的时间由此前的 45 天缩短到平均 25 天。[6]

产品版本管理

有时候可以通过制造不同版本的产品来直接吸引特定细分市场的客户。

优质—更优—最优的产品线可以让客户选择最适合他们的价格—价值组合。可以根据他们独特的需求增加（或减少）产品特性，为客户提供一个更加"量身定制"的解决方案。鉴于这种方式可能会影响品牌战略或定价战略，在本书的品牌与营销等章节中，我们将进行进一步的具体讨论。

重新定位

创建新的竞争态势（即重新定位）可能赋予某些产品新的生命。例如，帮宝适（Pampers）的品牌经理在 2004 年采取了一项重大举措，它赋予男士一种全新的形象，让他承担起照顾婴儿的主要责任，此举让其纸尿布的市场份额从 49% 上升到 59%；红牛（Red Bull）则实施了以高尔夫运动为中心的战略，顺利地把目标客户拓展到年龄较大的群体。[7]

分离定位指的是通过更加激进的方式摆脱现状。此举非但不增加更多的产品特性，反而把产品剥离到最基本的状态，然后再决定，例如，如何增加特征，如何让产品符合特定客户的需要。例如，美国陶氏公司（Dow）发现，很多客户对硅有大量的需求，却不需要任何附加服务（被称为"基本解决方案"）。2002 年，这家公司创建了一个新品牌 Xiameter，并采用了新的业务模式来吸引这类客户[8]。再如，随着众多产品和服务中无线传输功能的极大加强，产生了一小股反科技需求的小革命。例如，有些咖啡店就逆势而为，在特定区域安装信号干扰设备，让手机铃声响不起来，让笔记本电脑无法上网。[9] 这方面的内容请阅读第 11 章，了解有关产品定位的更多内容。

延伸基础

产品经理可采用另外一种产品更新策略，通过增加用户数量或提高每个用户的使用率来提高产品销量。增加用户数量可以通过赢得竞争对手的客户、将非用户转化为用户，以及进入新细分市场等途径来实现。寻找产品新的应用方式或鼓励用户更多地使用产品也都能提高产品销量。

为了增加用户数量，产品经理必须收集三类信息：（1）竞争对手的客户为什么从它那里购买;(2)用什么样理由(如果有的话)说服产品的非用户变为用户;(3)哪些细分市场既有吸引力又可以进入。前两条信息的内容可以从以销售订单流失报告形式的销售信息输入中获取,但这样的信息至多只是不完整的图像,因为销售团队不可能接触所有客户。因此,如果这些数据非常重要,就必须开展额外的调研活动。成立关注小组或进行一对一的访谈均能发现新的见解,搞清楚客户为什么会选择替代产品或干脆不买。

想了解哪个细分市场有吸引力并且能够进入这个市场,既需要信息,也需要直觉。首先,要了解销量增长高于平均增速的现有顾客分区的特点,确定这些增长对于该产品的客户来说是不是独一无二的,以及具有相似特征的非客户是不是也表现出对该产品的需求。接下来,要评估整个市场分区(包括客户和非客户)的规模是在增长还是在萎缩。同时,还要寻找突然出现的、其具体需求尚未被竞争对手认真对待的市场分区。

有时候,产品使用方法和用户可能会与现状明显不同,特别是在产品生命周期的后期。如优质黏土公司(Superior Clay Corporation)是一家成功的排水瓦管生产商。塑料管道的出现,让大多数排水瓦管产品的原有用途过时,公司认识到必须重新开发产品线。在重新评估了自己竞争力之后,这家公司发现可以把自己的黏土制造产能用于生产新的产品,如壁炉的烟道衬块和装饰性的烟囱管帽。通过将客户基础延伸到这些新的产品应用,这家公司甚至比以前更加成功。[10]

重新发布

现有产品的重新发布属于更新或重振战略(有时候是渐进和微小的调整)的极端例子。如果一个没用过的品牌需要重获新生,或某个产品的重新定位涉及范围较广,那么像新产品发布那样进行同样的规划将会十分有用。企业案例10-3讨论的就是这类大规模的产品的重新发布活动。

企业案例 10-3

保险箱业务相关文件的重新设计及重新发布

作者：韦德·惠特莫斯

韦德·惠特莫斯现在担任美国信合保险集团的产品开发经理，在信贷联盟金融服务及合规管理方面拥有近 27 年的从业经验。在担任现职之前，他担任过多个金融服务产品线的产品经理，并在一家服务型公司担任副总裁和首席运营官。韦德是认证产品经理和认证信贷联盟执行官。

多年以来，美国信合保险集团（信贷联盟、成员和全球有价值客户金融服务的主要供应商）一直通过为信贷联盟客户提供纸质及电子文件来支持他们的保险箱租赁业务。保险箱在传统上被看作存放贵重物品、具有纪念意义的物品、珍贵钱币 / 邮票以及传家之宝等的终极处所。信贷联盟把地下室作为安置保险箱的地方。信贷联盟的这项服务在很长时间内都没发生什么改变，我们的文件也没出什么问题，只需要进行极少的维护和升级。

后来发生的一系列事件迫使大家做出改变。自然灾害（如新奥尔良卡特里娜飓风过后的洪灾）、恐怖袭击（如纽约的"9·11"恐怖袭击）以及生物战争或者脏弹（放射性核弹）的潜在威胁等，在相对很短的时间内改变了保险箱业务的版图。曾经被认为坚不可摧的地库，现在却面临被水淹、被彻底摧毁的危险，或根本无力抵抗水与火的破坏。金融机构提供既简单又能增值的服务变得复杂起来，而且产生了一系列新的运营风险。

在仔细分析过这些新的因素之后，作为信合保险集团的文件单证类产品线经理，我认为已经是时候升级银行保险箱的单证业务了。这些单证文件需要被重新设计，以支持新形势下的保险箱租赁业务，并且需要以与公司的整体品牌和产品组合保持一致的方式开展业务。进入市场已经 75 年有余，信合保险集团的愿景不改初衷：成为值得信赖的业务伙伴，提供卓越的服务、以顾客为中心、提供一流的产品以及市场驱动的创新。我们的价值主张是向客户提供"合规的舒心安排"工作，而远不只停留在各种简单的单证文件储存服务。

我们建立了跨部门团队，抓住这个机遇，通过两个独立的线性工作流程解决这个问题。首先，我们仔细检索了每个州的法律，辨别并评估了影响保险箱业务的各项法律及法规的更新情况。同时，我们聘请了美国公认的保险箱业务领域内的权威专家来为公司服务。这两项工作帮助我们设计出了新的文件单证类产品服务并将其推向市场。

我们的法律团队与文件单证类产品设计人员合作，更新并重新设计了保险箱和信息披露文件。新的合同条款和信息披露规则反映了保险箱服务领域面临的威胁和风险。我们综合考虑了各州的法律合规要求，因此，万一客户的分支机构设在其他州，他们就可以使用适用于多个州的通用型文件。这样我们就不必专门为每个州分别设计不同版本的文件。文件一旦起草完成，由我们的外部专家负责审核，并提出最后的修改意见进行完善。有些新的风险和问题甚至有些超出客户自己的预料。

由于我们必须让客户能跟得上新的形势，我们选择了知名专家为企业提供直接的市场信息，而不是采用传统的客户信息输入的方式。专家见解能让我们领先市场，也为重新发布产品确定了更好位置。

接下来就是面向我们的基础客户和潜在新客户，再次销售这些文件产品。第一步是举办由外部专家主持的网络研讨培训会。

> 网络研讨会集中关注运行保险柜租赁业务所面临的各种新的威胁、风险和其他问题。专家会对很多关键问题开展讨论,并在讲课过程中穿插进介绍我们的文件产品(用我们的文件产品作为例子,说明如何应对这些问题和风险)。记住信贷联盟是我们的目标市场,我们希望把(合规管理方面的)的文件出售给他们用于保险柜租赁业务。这种软性销售方式给我们的文件产品带来可信度,且隐含着全国性专家——来自我们行业之外的人士——的认可。网络研讨会结束时,参会人员不仅获得了学习体验,还可以把学习资料带回信贷联盟,以供日后使用,他们还会觉得应该使用我们的文件产品来支持他们的业务,并解决所有提供这些新的服务时面临的问题和风险。
>
> 这项文件产品重新设计和重新发布的最终成果有:
>
> 1. 为市场提供了一个经升级的、重新设计和再次发布的产品;
>
> 2. 产品定价符合我们的文件产品所提升的价值、知识产权及其功用范围的扩大(为我们增加了利润);
>
> 3. 来自网络研讨会(参会者支付注册费用)的新的、一次性的收益;
>
> 4. 与全国性专家合作,实现产品可信度的提升。
>
> 通过实施这些措施,我们完成了使命:重新设计了各种文件单证、吸收了新的客户,并创造了新的收益。

合理化决策及退市策略

请注意这一节有两部分内容:决策流程以及其后的策略。你用什么标准来挑选准备被淘汰的产品?产品经理常常回答不了这个问题。通常在我问他们有关合理化流程(即决策过程)的问题时,他们会告诉我,他们是如何宣布产品退市的消息(即退市决定做出后的战略或过程)的。并不是所有产品经理都会认真思考如何改进合理化决策流程的问题。实施退市策略通常很难，因为产品经理们不想背上"孽种"或"送葬者"这样不好的名声。利用一套标准条件或产品合理化审查委员会（类似于新产品审查委员会）能让这一过程更为合理和顺利。

几乎所有产品线都能受益于合理化决策，即系统分析和调整产品线，使之更加符合长期目标。事实上，如果多数公司能舍弃较弱的品牌和产品，都能获得更高盈利。1996年，雀巢公司的大部分收益实际上来自其品牌组合的约2.5%的部分产品。宝洁公司发现，1992～2002年，其66%的增长来源于自己的十大品牌。1999年，联合利华拥有1600个品牌，而它90%以上的利润却来自其中的400个品牌。尼尔马亚·库马尔（Nirmalya Kumar）在发表于《哈佛商业评论》上的一篇文章指出："多数品牌根本没赚到钱，这一点非常令人吃惊。"[11]

因此，我们首先要做的是，认真分析现有产品和产品线，找出有可能需要淘汰的产品。戴维·安德森（David Anderson）提出了下列经典标准，可用于审查和确认过程。[12]

1. 销售量：根据帕累托顺序，用条状图的形式列出不同时期的产品销量。

2. 销售收入：用类似方法绘制销售收入图。

3. 零部件通用性：用通用零部件的百分比绘制产品图表。

4. 多样化成本：确定并绘制产品的多样化成本图，以基本产品成本的倍数表示。

5. 真实收益率：至少要设计利润贡献情况，摒除各种人为因素的影响。

6. 民意测验与调查：收集各种专家的意见。

7. 工厂流程：各产品是不是与其生产流程相协调。

8. 功能性：寻求机会，整合具有相似功能的产品。

9. 客户需求：产品被淘汰会给客户造成什么影响。

10. 核心竞争力：这些产品应以公司明确的核心竞争力为基础。

11. 全新情形假设：你如果是新的竞争对手，会不会开发这种产品。

12. 未来潜力：产品对公司的未来会不会有影响。

找出弱势产品后，产品经理必须做出决定，并对这些产品应该采取什么措施提出建议。正如讨论领导力的那一章关于决策部分的讨论，处理所确定的弱势产品时，提出多个替代方案会很有帮助。是不是应该通过降价来刺激销售并清空库存？是不是应该通过提高价格迫使客户转而购买替代产品？是不是应把产品出售或授权给其他公司？

最后一步是通过制定合适的战略和流程来实施各项决策。规划过程应确定受该决定影响的利益相关方、他们在产品退市战略中的作用（如果有的话），以及执行该计划的时间表和日程安排。

本章思考

进行产品生命周期规划和管理，要像对待新产品开发那样具有相同的创造力并拥有同样的热情，这样就能创造稳定的未来收益。

格雷格·迪西罗访谈：调动产品生命周期管理的超凡技术

格雷格·迪西罗（Greg DiCillo）
生命周期战略公司总裁
电子邮箱：greg.dicillo@lifecycle.us.com
网站：http://www.lifecycle.us.com

格雷格，尽管你拥有营销方面的背景，但我们都知道，多数产品经理并没有这样的背景。产品经理在从工程技术转到企业管理（有时被工程师称为"黑暗面"）的过程中，会碰到哪些挑战？

技术人员改行从事产品管理工作会面临诸多挑战。其中两个最为常见的挑战是培养营销能力，以及从策略性思维转变为战略性思维。很多时候，工程人员并没有接受过营销方面的能力培训,但这正是产品经理工作的重要部分。产品定位、细分市场和产品定价是产品经理职责的关键部分,但在技术型产品经理的简历中却不一定能看得到这些信息。

另一个挑战是转变为更具战略作用的角色。通常很多技术型产品经理在具体项目和产品设计方面拥有大量的实践经验,但在成为产品经理时,他们的内心经常比较挣扎,纠结于如何平衡短期项目创意和更为宏观、更加战略性地看待客户和市场的动向,以及如何寻找机会进行创新并改变局面。

你能不能推荐几个工具和技术,用来扩大已有产品(而不是新产品)的市场占有率?

我们推荐给产品经理用来扩大已有产品市场份额的最常用技术是,让他们关注"整个产品"。产品经理往往把产品看成是被设计出来的"有形"产品,却极度轻视服务、支持、维护与修理以及物流等在产品或服务提供过程中极具价值的属性。这是整个客户价值链的一部分,能够非常敏锐地评估产生"软性"产品收益的市场,在短期内就能获得回报,且不会给公司带来更多的成本支出。此外,它还能够提供明显的差异化特征并使产品持续保持竞争优势。

对于复活产品,在延长它们的生命周期,或者在产品"淘汰"或退市方面,你能不能给我们举几个例子?

我们与很多有意重组产品线的公司合作过。产品的消亡或退市这个任务并不简单,它对于产品线的绩效以及与公司最终的成长和盈利能力非常重要。我们要像对待新产品开发一样对待产品的"淘汰",这是因为产品生命周期活动的所有方面都参与其中。选出需要淘汰的产品需要前端构想,需要用企划方案来评估产品退市、所需要的成本以及与可能流失客户等有关的潜在风险。在产品开发工作启动时,必须对产品转型战略列出纲要(如何让客户放弃某产品而选择其他的),例如,对外形、匹配和功能等方面都需要认真考虑。有时候，对其他产品做出调整才能让这个转变过程更加有效。产品发布活动要规划清楚、认真执行。销售团队必须对销售这种转型产品做好准备，营销团队必须进行有效推进淘汰产品项目的营销活动。淘汰一个产品需要经过深思熟虑和大家的齐心协力才能获得成功。

你拥有20多年的从业经验，对于生命周期管理，你能给其他产品经理提一些建议吗？

我给产品经理的建议是：把生命周期规划作为工作的核心内容。多数产品经理把生命周期管理当作一件事情，而不是一个过程。产品经理做出的任何决定都会对生命周期造成影响。新产品开发必须考虑现有产品，营销活动要贯穿整个产品生命周期，这就要求产品经理评估它们的可行性。如果产品经理把生命周期管理和规划置于规划过程的核心位置，那么从新产品到改进产品，再到生命周期终结的整个产品线的决策思路就会更加清晰，更加容易理解。

第 11 章

品牌资产管理

> **请判断对错**：品牌就是个徽标。
> **错**。我相信几乎每位阅读本书的人都知道这种说法是错的。虽然徽标是品牌感觉的视觉化表现,但品牌的实质却要深远得多。它是通过一次次与顾客接触才累积起来的。品牌是个承诺,代表一种固有印象,也是一种联系顾客的手段。

品牌要素、结构及战略

产品经理和品牌经理之间存在什么不同吗?有,但也可以说没有。从一个极端来说,品牌经理这个术语通常用在消费领域,是指负责管理某个具体的主品牌(如佳洁士或威斯克)下面的有关产品(如牙膏或清洁剂)的人员,其重点在于把品牌名称根植到终端用户(也可能是渠道)心中,借此构建一个始终如一的品牌身份。在另一个极端,即在 B2B(企业对企业)领域,产品经理往往要积极参与产品构思与产品开发(常与工程设计部门紧密合作),有时也管理整条产品线,其产品品牌可能与公司名称相同,也可能独立于公司名称之外,但由这两个极端组成的连续统一体存在大量的重叠。本章重点讨论这两者重叠部分的品牌战略。

基本要领

"传统"消费品领域之外的产品经理会偶尔觉得，品牌与自己的行业没什么关系。这大概是因为人们普遍认为品牌只不过是营销的"噱头"（这个批评对某些品牌来说是没错的）。但品牌身份可以简化客户购买决策过程，这是因为品牌是一种识别身份的形式，它表明了一定水平的品质、价格／价值和产品支持。

很多专家和组织对品牌下了不同的定义。美国营销协会把品牌定义为："一个名称、术语、设计、符号，或任何其他能够表明某个卖家的产品或服务与其他卖家不同的任何其他特征……品牌可用来表明该卖家的一个商品、一族商品或全部商品。"[1] 著名品牌大师凯文·莱恩·凯勒（Kevin Lane Keller）则认为："品牌是增加了其他维度的产品以某种形式被设计出来，它使一种产品与满足相同需求的产品有所区别。这些差异可以是合理的，并且是有形的……或更具象征意义的、情感性的且是不可触摸的。"[2] 国际品牌公司（Interbrand）是一家专门从事品牌战略咨询的国际咨询公司，它把品牌定义为："众多有形和无形属性的组合，体现在商标中，如果管理得当，能创造价值和影响力……从营销或消费者的角度看，（其价值）在于一种体验的承诺和履行……品牌给顾客提供了一个在集中市场上做出选择和能够进行识别的手段。"[3]

上述定义清楚地表明，品牌是包含了一整套有形和无形属性的集合体，体现了客户对向其所做的承诺的认知情况。因此，品牌就是客户用来做出购买决策的一种行动纲要或者固有印象。像人们会对某些体育明星、政客、地理区域等形成（好的或坏的）固有印象一样，客户对产品、服务和公司也会形成这样的固有印象。产品经理应该努力了解并且管理自己品牌的固有印象。有四个基本问题你可以问问自己：（1）客户对你的品牌有什么印象？（2）这种印象对客户具有什么价值（品牌资产）？（3）与竞争对手相比，目标客户是怎么看待这种品牌印象的（品牌定位）？（4）客户对品牌的认知是你所期望的吗？它们是不是与我们的目标一致（品牌管理）？请见表11-1。

表 11-1 基本品牌问题

品牌问题	说明	产品经理应关心的事项
品牌印象	客户对品牌的认知	明确理性与感性形象暗示
品牌资产	相关性和重要性	确定客户应在意的原因
品牌定位	与竞争对手相比的印象	确定你的差异化优势
品牌管理	持续的战略	制订未来计划

客户对你的品牌印象如何

针对上面第一个问题，品牌印象是客户对你的产品、服务和公司的认知。这种印象是通过客户对产品（或服务，或公司）的体验而逐步建立的，也是公司控制下的营销活动，并通过客户所有的与来自公司以外信息来源的互动而逐步建立的。想一想下列各公司品牌：苹果公司、哈雷－戴维森公司和三星公司。苹果公司被公认为是一家"定义高科技时尚产品的公司"；[4] 哈雷－戴维森公司则笼罩着具有自由精神、顽强个人主义的"疯狂"的光环；[5] 三星公司则已经转型为技术领先型炫酷产品的设计者。[6]

现在请设想一下，客户会如何描述你的产业或类别下的产品。有些描述或许比较理性（如反应迅速或产品线完整），而其他的则可能更加感性（如友好或值得信赖）。同样，这些描述可能是正面的，也可能是负面的。请做出判断，客户会使用什么样的语言来描述你的产品？记住，客户和非客户的印象可能是不同的，甚至不同客户群体的印象也会有所不同。

产品印象对客户具有什么价值（品牌资产）

第二个问题是评估客户对所描述出来的产品印象所赋予的价值。这些印象事关产品的相关性和重要性。客户可能对产品已经形成某种固有印象，却不一定能感受到产品与其自身需求之间有什么关系，或者在某种程度上说，产品对他没有任何价值，这就是以客户为本的品牌价值理念。要在变幻莫测的市场中保持相关性是一项十分艰巨的任务。我们回到哈雷－戴维森公司的例子。它的个人主义形象对婴儿潮中"追梦者"的市场分区有很高的相关性。但其买家的中值年龄正逐年增长，因此该公司就面临着挑战，如何以新的、有意义的方式让它的品牌和产品与女性客户和年轻男性买家联系起来。回顾一下在你阅读前段文字时在脑海中浮现出的自己产品的形象，这种形象对于你的客户来说有什么相关性和重要性？

与竞争对手相比，目标客户是如何看待这种品牌形象的（品牌定位）

第三个问题涉及与竞争对手相比的品牌定位问题。你的品牌形象有什么样的独特性？苹果和哈雷是备受推崇的品牌，它们成功地与自己的竞争对手拉开了距离，并使客户确立了对其品牌的忠诚度。三星公司打造的品牌形象的效果也不错，但要长期保持这个形象，就必须避免竞争对手迎头赶上。如果产品经理的某个主打品牌旗下只有一种产品，那么它的品牌定位和产品定位是相同的。但如果产品经理负责多种产品，其所有产品可能共享某个相同品牌形象的"核心要素"，个别产品可能有独立的定位，但这个定位会与总的品牌形象保持一致，或者某个具体的产品可能有明显不同的品牌身份。关于这一部分，我们会在后面"设计品牌战略"那部分中进行深入讨论。

客户对品牌的认知是你所期望的吗（品牌管理）

最后一个问题是品牌管理，这一问题讨论的是产品经理建立和管理其差异化的品牌形象时，会持续运用的策略使这种品牌形象对某个重要市场来说必须具有价值而且联系密切。你需要做出决定，认真解决产品线扩展、协调品牌价值与集体客户和市场分区之间的关系以及确保产品如约发货等为问题。以苹果公司为例，在它推出诸如iPod、MacMini和iPad等产品时，就需要仔细分析公司品牌与单个产品品牌之间的关系。对于哈雷-戴维森公司来说，重要的是了解不同的细分市场看待品牌价值的关联性问题。最后，三星公司必须在产品设计方面进行后续投资，以保持公司相对于索尼、摩托罗拉以及其他不断涌现的竞争对手来说的领先品牌定位。

制定创造品牌的战略

在制定品牌战略时,产品经理必须清楚,企业形象与产品形象对于客户做出购买决策的相对重要性。是客户在选择某种产品时根本不了解公司,还是很大程度上是因为公司的原因?很多B2C产品会拥有不同于公司名称的品牌,但是很多B2B产品和服务类产品则会以某种方式包含公司的名称(当然也有例外情况)。公司名称的相对重要性应由客户的购买决策过程决定。请问问自己,在购买某个产品的决定中,有多少百分比是出于客户对公司(或者业务单元、部门)名称的了解,以及产品本身要实现的结果是什么。如果这些因素中的大多数会影响购买决策,产品经理可能就需要在多个不同的结构层次水平中建立(或借用)品牌资产。

公司的形象或声誉受多种因素影响,而这些因素却不是多数产品经理能够控制的,这往往导致公司品牌由传播部门来负责。在这个层面上,沟通的对象应包括所有利益相关方(客户、供应商、员工和股东)。产品形象和产品品牌的责任应由产品经理承担,此时的沟通目标是终端客户和产品渠道。

品牌的层级关系

产品品牌一旦与公司联系起来,产品经理就必须评估它们之间的相互影响。尽管产品经理不一定改变或控制公司(或部门)的声誉,但理解其影响对于正确定位产品是很有必要的。对于专门针对具体行业推出的产品来说,如果主品牌被认为并不"适合"这个行业的话,那么这类产品在获得广泛的认可度方面可能会有困难。低价产品可能会与行业中的"宝马"级公司身份不符,反之亦然。花哨的产品也会损害公司的保守形象。相反,产品经理如果能够利用企业形象来促进产品的营销,就能从公司强大的市场定位中获益。

我们以一所大学为例来说明这种层级关系。美国威斯康星大学麦迪逊分校近来在努力改进"公司"(大学)品牌与"事业部"(学院、运动项目)品牌和"家族"(系部)品牌之间的联系。该校的土地由政府划拨,属十大盟校之一，是科研和前瞻性思想培养与筛选地，并致力于体育运动事业。其顶级品牌承诺指出："威斯康星大学麦迪逊分校为大家提供全方位的教育环境，在此有才华、有激情的学生和学者能够共同合作，影响并改变我们的学校和我们的世界。"下一层次的品牌是学院一级的，如商学院。该学院也努力兑现影响学校和世界的形象和品牌承诺，但它通过"家族"品牌，如高管教育中心、小企业发展中心、家族企业中心和其他各种中心，来承担属于自己的这部分责任。这些家族品牌针对具体的客户类型（如家族企业所有人、小企业工作人员或公司经理和高管）推出具体的产品（如产品管理和小型企业基础等方面的研讨会）。大学、学院以及各中心各种具体的研讨会产品提供了品牌背书。这样一来，各产品经理在产品定位方面就十分依赖这些品牌背书，当然具体的产品特色和营销活动也会发挥一定作用。

再举一个例子，苹果公司也为其产品（如 iPod 家族品牌）提供了公司品牌背书。在这个产品家族中，iPod 是全功能产品，而 iPod Shuffle 则是入门级侧翼品牌。因为苹果代表着高端产品的形象，所以，一方面，iPod Shuffle 的营销更要小心翼翼，以免损害家族品牌或公司品牌；另一方面，苹果公司的高端形象给这款产品的发布增加了声誉和可信度。

当公司名称成为潜在障碍时，业务部门或家族品牌有时就成了产品品牌的背书者。例如，顶客坊（Cascadian Farm）是全食（Whole Foods）超市等谷物和其他天然食品零售商的供应商，在它被通用磨坊食品公司（General Mills）并购时，很明显通用磨坊的形象对目标客户而言并不能增加产品价值。对于追求有机食品的客户分区，顶客坊拥有比通用磨坊形象更高的品牌资产。因此，其谷类食品（如燕麦片和蜂蜜燕麦卷）的包装盒上就标明顶客坊为其赞助公司。[7]

除了决定是否把公司品牌作为其子品牌产品的背书品牌之外，产品经理还要认真考虑其他诸多因素。（客户看来）该品牌或产品的核心定位是什么，以及你希望它的定位是什么？该品牌是不是能够或应该扩展到其他产品或种类中？为了确立一个新的定位或吸引新的市场分区，用不同的品牌是否合理，或者是否有必要？

核心定位

在进行品牌定位时要充分利用客户看重的优势，同时保留与竞争品牌的差异。公司可以运用的方法多种多样，包括价格－价值定位、用途定位、产品使用者定位、替代定位、间接关联定位或者特色定位。品牌定位可以针对一个品牌，也可以针对品牌和产品的组合（见表11-2）。

表11-2　品牌定位方法

定位方法	注　释	例　子
价格－价值	创建独特声誉或经济形象，促进推行"优质—更优—最优"战略或系列产品	丰田雷克萨斯与丰田凯美瑞
用途	突出产品的用途	埃克塞德林（Excedrin，用于治疗偏头痛的药物）
产品使用者	能够直接联系细分市场	卡拉威高尔夫俱乐部（Callaway，针对"高尔夫运动狂热爱好者"）
替代	反类型定位（随着相反类型产品的竞争加剧，有时品牌定位只能短期奏效）	有机选择（Organic Choice，斯科特公司有机化肥的品牌）
间接关联	着重关注从位置、人物或其他产品中"借用"的含义	宝马（BMW，德国工艺）、联名信用卡（与协会、公司和某项事业等共享的品牌）
特色	强调具体特征或好处	耐信（Nexium，紫药丸）、戴尔（Dell，客户定制）、联邦快递（Fedex，保证送达）、咀嚼钙片（Tums，加钙）

价格－价值定位法从高端市场到大众市场都适用。高端定位通常被那些产品价格比竞争对手的更高（想必质量也更好）的市场领先者采用。如劳力士（Rolex）手表这种知名度较高的产品，以及像卡特彼勒这类能够引领市场的企业，都是采用高端品牌定位的例子。从另一极端来说，大众消费市场的品牌则更加倚重效率（如沃尔玛）和经济性（如丝华芙美容专卖）。如果产品经理准备在多个价格－价值定位上开展竞争，就应考虑双重品牌或侧翼品牌策略，用不同品牌体现不同的定位。

产品用途定位则与产品应用或使用方式直接相关。尽管并不完全出于战略考虑，苹果计算机曾一度被认为是用来做图形设计的计算机，而个人电脑则更关注IT技术；埃克塞德林定位为治疗偏头痛的专用止痛药；基因试剂可以定位成纯粹为研究，而不是应用研究领域的。

有时候，把产品定位针对相关用户，如某类个人（如自助人员、父母）、专家（如职业高尔夫球手、工程师）或产业（如水净化产业、医院），则可以明确（或隐含）一定的关联性。这类品牌可能与目标客户渴望成为的那类个人（或公司）联系起来。如耐克品牌吸引了一批热衷体育的人，哈雷摩托车则吸引着那些将自我形象定位为反叛者的人群（见企业案例 11-1）。

企业案例 11-1

哈雷－戴维森：美国伟大品牌的回归

《商业周刊》在每年 8 月都会发布国际品牌集团的年度全球最有价值品牌排名，哈雷－戴维森这个品牌总会入选，但最初的情况并非如此。1975 年，杰弗里·布卢斯坦（Jeffrey Bluestein）加入公司，接任工程设计副总裁一职，当时该公司的产品因粗制滥造而声名狼藉。布卢斯坦（后来成为公司的首席执行官）和同事一起恢复了其高端品质，并推出了新款产品。到 2005 年，哈雷公司已连续 19 年保持其利润和销量双增长的势头。

哈雷作为狂热品牌的成功，主要是因为"哈雷骑士俱乐部"（HOG）坚定不移的忠诚和拥护。该俱乐部会员多达 65 万人，他们向彼此展示"反叛者"形象，其品牌形象代表了粗犷的个人主义、自由和反叛，并有"一点点坏"，这些都与美国的文化和价值观相关。该车刚开始生产时，是专供第一次世界大战和第二次世界大战中的美军及其盟军使用的。公司运用"360 度整合营销"强化了它的狂热品牌的形象，它试图通过哈雷骑士俱乐部举办的各种活动、参观工厂、赛车，以及摩托车拉力赛等方式来营造一种社群意识，从而形成一个由各类人群组成的大家庭。

不过，当它想要延续品牌的成功时，却遇到了困难。哈雷公司

> 新用户的平均年龄从1997年的45岁以下上升到2003年的46岁，此后用户的平均年龄又有所上升。婴儿潮时期核心人群的需求已逐渐趋冷。现在，哈雷公司的品牌必须扩展到新的市场及新的产品中去。为了打入新市场，哈雷公司竭力使自己的品牌和产品以全新且有意义的方式与那些将来有可能购买哈雷摩托车的"追梦者"联系起来。零售买家中女性客户的比重从5%上升到10%，对"X一代"（Gen Xers）的销售比重也在增加。该公司开发了有品牌的驾驶员教育培训课程，这门课程被称为"刀锋骑士"（Rider's Edge）。经销商还对课程进行了量身定制，让课程在当地市场更具吸引力。哈雷公司还通过品牌授权增加了收入，这些品牌从哈雷皮裤到哈雷主题芭比娃娃，应有尽有。哈雷公司现在拥有一个品牌营销人员组成的顾问委员会，从整个企业的视角来看待"品牌"。
>
> 资料来源：Adapted from Joseph Weber, "He Really Got Harley Roaring," *Business Week* (March 21, 2005), p. 70. Dale Buss, "Can Harley Ride the New Wave?" *Brandweek* (October 25, 2004), p. 20. Diane Brady et al., "Cult Brands," *Business Week* (August 2, 2004), p. 66. James Speros, "Why the Harley Brand's So Hot," *Advertising Age* (March 15, 2004), p. 26.

以"反"类型产品确立形象的品牌运用了替代品牌的定位方法。20世纪70年代，七喜汽水（7Up）就把自己的产品定位为"非可乐"，这是一种与可乐产品类型对立的软饮料。卫星电视信号服务商做广告，声称自己是有线电视的替代产品。值得注意的是，这种方式在产品生命周期之初可能获得成功，并且在新技术方面偶尔还能形成持续的先发优势，但在竞争对手加入这个"反"类型之后，这种方法的效果可能会减弱。

间接关联提供了另外一种潜在的定位基础。产品经理有时候会从地理位置、代言人，甚至从某个物品身上"借用"意义。瑞士作为瑞士手表的故乡，能让人想到"精确"的形象。德国则以汽车性能卓著而闻名。纳帕谷（Napa Valley）则让人联想到葡萄酒。产自这些地区的其他产品，有时候会因为与这些优势之间的联系而受益。在其他时候，其他产品希望确定与相关地理位置或其他因素之间的联系，用以建立这种二次联系的基础。运动员（如老虎·伍兹代言耐克高尔夫球鞋）、政治家（如鲍勃·多尔代言伟哥）和演员（威廉·沙特纳代言美国旅游服务网站 Priceline），都可以用自身的特点来为产品代言。

属性定位是指在某个独特产品、服务特色或好处的基础上，确立一种差异化身份。如果你的产品是同类型产品中唯一具有钛金属框或蓝色镜片的，或具有其他特色，而竞争对手出于某些原因不会进行模仿，并且这个属性是显而易见并且与目标客户相关的，那么产品定位就可能以此为基础。基于某个好处的产品定位（如沃尔沃汽车的安全性）就是类似做法，只是这一属性不那么显而易见。

一方面，关于品牌定位有几个一定要做的事项和一定不能做的事项。一定要根据产品优势进行定位。否则你就没有能力保持与竞争对手的差异性。一定要通过全面的营销活动来强化你的定位，如果各种不同的客户接触点传达了相互矛盾的线索，产品形象就会被削弱，市场也会被弄混。品牌定位一定要前后一致，要从长期投资的角度来思考品牌定位问题。

另一方面，有些做法则要避免。千万不要试图在每件事情上迎合所有人。这需要专注和纪律，因为总会存在多方投资的诱惑。不幸的是，缺乏专注会让客户不知所措，甚至会把他们推到竞争对手那里。即使品牌定位可能不会让所有客户喜欢，但只要它适合一个足够大的细分市场，你就拥有了优势。千万不要针对同一目标市场使用不同的品牌定位。如果产品能吸引完全不同且相互独立的客户群体，就可能需要对服务做不同的定位。但如果存在明显的重叠，品牌形象就会变得复杂。千万不要根据价格进行定位，除非你真正具有成本优势。即使拥有成本优势，这种品牌定位策略也可能很危险，因为未来的新技术会让你的效率优势不复存在。千万不要用你无法兑现的承诺来定位，这一条与第一条一定要用优势来定位是一致的。一定要确保对客户所做的承诺是可以坚持到底的。

品牌扩展

在产品经理给产品组合增加更多的产品时,他们可能需要同时评估产品的适合性和品牌的适合性。通常这些做法从客户的角度看应该符合逻辑。针对技术产品,品牌内涵往往超越传统的质量承诺,并涵盖产品线扩展的部分。客户想知道同家公司生产的复杂产品能否相互兼容得很好,在这里只强调质量本身是不够的。这就是为什么索尼、苹果、三星等公司都建有品牌展示厅,用以让客户体验整个产品线的产品。[8]

一个品牌,想要让其形象对客户来说不至于被稀释,也不至于要承担其可能变得无关紧要的风险,那么它到底能延伸多远?品牌扩展有什么优点和缺点?品牌扩展战略应该如何实施?什么时候应采用侧翼品牌或双重品牌的战略?对产品经理来说这些都是难以解决的问题。尽管没有确切的答案,但产品经理至少应认真思考这些问题。

由于建立强大的品牌知名度需要投入巨大的资源,公司总会受到诱惑,把品牌扩展到同一产品线的多个产品变形(如不同风味、不同规格或不同色彩的产品),甚至扩展到不同的产品类别(如吉露将其品牌从速凝混合明胶扩展到冰冻布丁)。如果品牌的核心要素(如新鲜、及时发货和有趣)在一定程度上符合新产品的特征,这种品牌扩展就会成功。2001 年,戴姆勒-克莱斯勒公司的吉普车系列推出了一款克拉夫特吉普切诺基全地形婴儿推车。这一品牌概念扩展得十分得当,产品销售火爆,甚至引来福特公司的路虎效仿入市。在纽约的一家品牌公司 TippingSpring 开展的"最佳品牌扩展"调查中,这款婴儿推车在 2004 年 8 月获得了第二名。苹果公司则以 iTunes 在线音乐商城这一品牌扩展位列第一。[9]

当然,品牌扩展总是暗藏风险。新产品可能会被认为与原来产品差异巨大,在市场上导致了混淆。同样,如果新产品失败了,这种失败也会给原有产品带来负面影响。

因此,公司通常会尽力借知名品牌获得好处,但同时仍然保持单个产品一定的独立性。麦当劳对多数产品承诺快速和方便,并用 Mc 作为前缀,这种相同的命名方式（McMuffin、McNuggets 等）把它们联系起来。同样，惠普公司用 Jet 作为产品名称的结尾（OfficeJet、DeskJet 和 LaserJet），扩展了打印机家族品牌。还有索尼公司，它用"man"作为后缀（Walkman、Discman），扩展了其便携音乐播放器的品牌。

如果产品固有的价值主张显著不同，就该考虑运用不同的品牌。提供"优质—更优—最优"多个产品线的产品经理可能会选择使用不同的品牌来代表每个产品线。或者如果两个相似的产品通过不同的价值渠道推广（如一个通过自动贩卖机，另一个通过增值转销商），或许就应该选用双重品牌战略。

品牌元素与品牌计划

层级和定位战略一旦被制定出来，就要通过选择并运用各种品牌元素来将其贯彻执行。这可能包括（但不限于）创建品牌名称、设计标识以及各种与品牌有关的元素，并要拟定沟通方案，以便实现品牌目标。如前文所述，客户对产品的印象来自于多个接触点，但产品经理并不能将其完全置于自己的掌控之中。不过，产品经理还是应该尽可能地控制好品牌的沟通活动。

品牌大师凯文·雷恩·凯勒曾经用五个标准来评估各种品牌要素：方便记忆、有意义、可转移、可调整以及便于保护。[10] 方便记忆是指能让人记住并在购买时容易回想起来；有意义是指能被描述出来并具有说服力，以及抓住并能提升品牌的无形特征；可转移是指品牌要素可被扩展到不同的产品、类别或区域市场的程度；可调整是指能够随时间的推移不断更新品牌要素，保持品牌与市场之间的联系，同时又不会损害已经建立起来的长期品牌资产。最后一个标准是便于保护，即品牌要素可以通过法律或竞争的途径获得保护。这五个标准为产品经理提供了检查清单，在创建新品牌或评估现有品牌的调整时可供参考。

品牌要素

品牌名称对产品的成功有什么影响？这个问题很难回答，因为这两者之间存在协同效应。在第一次购买一种新商品之前，产品名称还没有在客户心中确立起价值。但是购买之后，产品名称就变得重要起来，并且它实际上成了一个成功商品的形象。如特氟龙（Teflon）、航空液压油（Skydrol）、有机玻璃（Plexiglas）和农达除草剂（Roundup）等都是化工产品品牌，历史悠久，品牌非常成功，销量巨大。这些产品一旦被成功地购买和使用，未来的销量就会提高。如果没有名称，相关产品上市时就很难利用其优势，即使配方、设计或功能方面只做微小变动，都会引起竞争对手的进入。[11]

品牌名称的来源多种多样。有些来自常用词汇，如 People 或 Oracle；有些是词语的组合，如 Hamburger Helper 或 Janitor-in-a-Drum。这些词汇都拼写简单、发音容易并且便于记忆，但它们不应是对产品所属类别的描述性词语，尤其是当该类型描述语已经使用了很长时间。混合词汇，如 ThinkPad 或 AquaFresh 等词汇则旨在对产品的优点做更多的描述，并借此克服常用词汇注册困难的问题。不过，随着混合词汇的注册数量不断上升，用这种方法命名的潜在品牌名称的选择性越来越少。像 Tylenol、Pepsi 和 Google 这类新造词语本身并没有什么意思，这类品牌名称比较独特，但需要更多的营销沟通才能在客户心中建立起意义。无论用什么方法来创造品牌名称，最常见的目标就是：找到一个名称，传达产品定位信息以及产品给客户带来的基本好处。在寻找新品牌名称时，对现有品牌名称进行全面梳理非常重要，以免侵犯其他公司的商标权。

除了品牌名称之外，还有很多可以用来注册商标的品牌要素，包括标志、象征符号、人物肖像、包装、标语和广告歌等。这些要素可被用来增加品牌意识，塑造出差异化且便于记忆的品牌标志或传达坚定的价值主张。在公司营销沟通部门强制要求商标的印刷、排版以及颜色保持一致时，很多产品经理对这种"标志警察"（logo cops）多有抱怨。产品经理对此不能有抵触，而应该按照规范行事，尽可能从公司品牌中为产品品牌带来好处。

人物肖像有时候可以被用来强化品牌的理性或感性属性。如美国家电集团品牌美泰克（Maytag），就利用维修人员的形象来传递"值得信赖"的信息。食品企业品牌奇宝小精灵（The Keebler elves），就塑造了一个魔幻有趣的品牌人物。佳洁士则用"没有蛀牙"这个和以前相同的主题，重塑了佳洁士小孩的人物形象（见企业案例11-2"人物形象必须与其品牌保持关联"）。标语口号（如通用电气的口号"梦想启动未来"）也是用来强化品牌形象或承诺的。产品经理应该考虑用最好的方式把这些因素融入自己产品的营销方案中去。

企业案例 11-2

人物形象必须与其品牌保持关联

每个公司都会努力保持其品牌形象的一致性，但这一点并不是总能做到，或总是很明智地被执行。有时候变化是必须的，这样才能让品牌与新的受众或期望联系起来。

2002年，戴尔公司开始逐步停止使用史蒂芬的形象（"哥们儿，你得弄台戴尔了"），当时戴尔觉得"量身定制"这个信息在营销沟通中没能体现得很明确，并且与企业的主要目标客户没有多大关联。虽然该形象代言人的知名度很高，但这种方法并没有像预期那样有效地巩固该品牌定位。同样，美国家庭人寿保险公司（Aflac）也发起过一次活动，"让它的鸭子代言人闭嘴，并寻求更好界定公司业务的办法"。客户倒是说他们记住了那只鸭子，并把它与某种类型的保险联系起来，但不能确定Aflac能为他们做什么。

宝洁公司在佳洁士牙膏广告中沿用了"妈妈，看，没有蛀牙"这个主题的精髓，但说这句话的人却从20世纪50年代诺曼·洛克威尔（Normal Rockwell，当时的美国著名插画家，画家本名是

Norman, Normal 是书中的误拼，它是指典型的洛克威尔式的插画形象）画的形象，换成了一个生于古巴名叫恩雅·马丁尼（Enya Martinez）的女孩。如今的佳洁士小孩是美籍西班牙裔人口暴增现象的体现。

很多其他品牌肖像都经过升级并且有了巨大的转变。杰迈玛大婶（Aunt Jemima）是一位制作薄煎饼和糖浆的女家长，她在1989年换了新的发型，衣服款式也变了。20世纪70年代，印在乔治亚－太平洋公司（Georgia-Pacific）纸巾上的格子衬衣肌肉男那种的健壮男子形象，到了2004年也彻底变样，换成了一位长着深色头发、更加年轻的"都市美男"。

资料来源：Brian Steinberg, "P&G Brushes Up Iconic Image of 'Crest Kid' in New Campaign," *Wall Street Journal* (March 29, 2005), p. B9. Suzanne Vranica, " Dell, Starting New Campaign, Plans for Life without Steven," *Wall Street Journal* (October 16, 2002), p. B3. Suzanne Vranica, " Aflac Partly Muzzles Iconic Duck," *Wall Street Journal* (December 2, 2004), p. B8. Claire Atkinson, "Brawny Man Now a Metrosexual," *Advertising Age* (February 16, 2004), p. 8.

营销方案

无论用什么具体的品牌要素来提升品牌形象，相关的营销方案都是更为重要的。完备的产品战略是营销方案成功的核心。产品组合必须步调一致地践行品牌的有形和无形承诺。客户对产品的价值感受部分依赖于正确的定价策略。将产品发送给客户的渠道必须拥有适合的标志，并能为其提供必要的支持。最后，营销沟通中必须做出的承诺，只能是针对那些可以长期坚持的内容。

可口可乐公司发现实施中的广告推广活动可能与它的品牌形象相冲突。该公司长期以来一直沿用感性的商业广告，如"我要教会整个世界歌唱"。在2000年，该公司想变得更加大胆一些，它决定找一家新的广告公司进行尝试，开展名为"锋锐"的广告宣传战役，试图改变原来那种"热情而好奇"的传统形象。在一则广告片中，一位坐在轮椅上的怪异老奶奶，因家庭聚会时没有可乐而暴跳如雷；在另外一则广告里，一群朋友也因高中同学聚会上没有可乐而大动干戈。客户和装瓶工纷纷写信抱怨，说广告内容过于狭隘。几个星期后，这些广告就停播了，7290万美元的广告投入打了水漂儿。[12]

总之，营销方案应与想要实现的品牌形象和定位保持一致，但产品经理应不断挑战现状，并确定旧的规则是否依然适用。定期访问国际品牌公司的网站，阅读各类观点截然不同的特写文章和专栏文章，其中一定会有内容对你有所帮助。

本章思考

深入挖掘，发现超越产品特性的品牌价值，然后通过各客户接触点尽可能地体现其价值。

杰夫·米库拉访谈：与客户建立真正的品牌联系

杰夫·米库拉（Jeff Mikula）
美国屹龙（Hill-Rom）公司
全球品牌与营销沟通副总裁

杰夫，你从事品牌管理和规划工作已有十多年时间。你能和我们谈谈贵公司在创建和管理品牌价值方面的经验吗？

我真的非常幸运，我的工作能够影响众多企业和产品的品牌，这些企业从初创公司到《财富》500强企业都有，有作为代理参与的，也有在公司内部参与的。我做这一行已经超过17年，曾在很多不同的领域工作过，包括品牌整合、规划、品牌表现及形象开发、定位、架构开发、产品开发及商品化。伟大的品牌触及企业和客户体验的方方面面。我复杂的背景的确能帮助我把品牌工作提升到一个更高的层次。目前，我就在屹龙公司做品牌提升方面的工作，这家企业是一家在医疗技术方面全球领先的供应商，它也为卫生保健行业提供相关服务。该公司在世界各地的医院、后续医疗保健以及病人护理领域拥有众多卓越的品牌。我现在负责该公司的全球公司品牌与产品战略的制定工作，以便在新的和已有市场上巩固其领导地位，提高营收，并增加品牌资产。

"品牌"这个术语有很多不同的定义，你是怎么定义这个术语的呢？

品牌实际上就是公司或产品向其客户和其他利益相关方所做出的价值承诺。在医疗保健行业，我们的事业是建立在信任的基础之上的，而且这是一种强大的价值联系；我们的事业也是建立在承诺基础之上的，这是因为我们每天向病人和客户做出各种承诺。为了实现强大的品牌资产，尤其是在医疗保健行业之类的领域中实现的品牌资产，品牌必须向企业各方人员传播自己的承诺。这绝不仅仅是看一眼、感受一下，或是用一句时髦口号就能实现的。

公司品牌管理和产品品牌管理有哪些不同之处？B2B 与 B2C 品牌管理又有什么不一样的地方？

不管怎样，创建品牌的目标总是相同的，即与客户和利益相关方建立一种深层次的联系，并始终如一地履行品牌承诺。品牌经理必须把工作重点放在品牌所代表的意义及其存在和成长的方式上。在传统的 B2B 环境中，购买决策受多方面的影响，也与多个品牌接触点有关，其工作重点应更加关注客户与企业的关系，而不仅仅限于产品本身，要更加明确地针对特定的受众。在 B2C 环境中，购买行为涉及更多的情感因素，而不像在 B2B 环境中那样以理性或智慧为基础。此时，品牌经理的工作重心应更多地落在客户与产品的联系上，而不是客户与企业的关系上，其受众范围也更为广泛。在这两种情形下，保持一致性都很重要，整合经营活动和营销组合有助于品牌的价值和影响力发挥其最佳作用。

在品牌管理中，从品牌原型到企业公民，再到社交媒体的各个方面，有好多"热门"话题。这些话题对你的品牌管理工作存在什么影响（如果有的话）？

在当今社会，要创建一个成功和可持续的品牌，真实和信任是至关重要的。客户选择品牌是希望该品牌能帮助他们澄清自己的价值观，并分清各种事情的轻重缓急。他们通过寻求各个公司和品牌来表示他们在一定程度上拥有共同的价值观。客户期待一种双向的对话，并且希望拥有参与的机会。组织通过建立信任并运用其声誉，力求以更加透明的方式来创建各种引人关注的品牌。无论它是品牌原型、企业公民还是社交媒体（或者全部都是），品牌经理会不断受到影响，增加各种可能，以使自己的品牌对于客户来说更加具有吸引力，更加真实可靠，更加透明。品牌经理绝对不能以一贯相同的方式来塑造品牌，因为客户与品牌的联系方式已经和以前大不一样。所有这些热门话题都在某种程度上影响了我的品牌工作，正因为这些，我们的品牌和客户都受益匪浅。

因为信息和新创意的产生与品牌话题有关，你有没有什么特别喜欢的来源？

这并不新鲜，产品经理最重要的工具之一可能就是经验映射图了，即了解客户与企业之间全部互动活动的过程。在围绕品牌或品牌承诺方面所做的创新中，最好的改进之处（或最失败的地方）不仅与满足客户的当前需求有关，而且在于预测在市场变化不可避免的情况下，未来会发生什么。经验映射可以让品牌经理接近客户体验中的每个步骤，并以开放和积极的心态来对待每个影响品牌关系业务的接触点。由于品牌环境会不断变化，蓬勃发展的品牌必须紧跟时刻演进的数字、社交和传统媒介方面的潮流，或实现超前发展。我们必须准备好迎接各种改变与我们的品牌和整体市场之间重要关系的下一个重大创新或突破。

你能不能为产品经理提一些品牌管理方面的建议？

深入挖掘，发现品牌的独特含义，建立比普通产品特征更为重要的纽带。对于销量和盈利能力而言，差异化非常重要。要多看看周围的所有对品牌产生影响的人员，并思考他们之间的相互作用，因为这些人际互动可能与他们和你的品牌之间的互动同样重要。密切关注客户体验的每一个接触点，不要只把产品或品牌认知度作为赢得市场的唯一标准。品牌与客户之间的联系越紧密，在该环境中，客户影响与体验的角度也就越广阔。成功的品牌经理既要有微观的视野，也要有宏观的视野，只有这样，才能把优秀的品牌改造成真正伟大的品牌。

第 12 章

营销策略与产品上市

请判断对错：广告、销售和营销是一回事。
这种说法是绝对错误的。营销是前期活动，着重了解客户以及他们的需求或目标与当前或未来产品的匹配程度（因此营销属于规划阶段的工作）。广告和销售是后期活动，是执行营销战略阶段的工作。但它们彼此之间联系密切，产品经理在实现预期产品目标的过程中，必须评估它们各自的作用。

请判断对错：优秀的销售人员能把任何东西卖给任何人。
这是一种普遍存在的误解，有时候甚至产品经理和销售人员自己都这么认为！如果产品经理给销售人员提供好的产品、强大的价值主张、必要的配套或演示、精心确定的目标市场，那么销售能力的增强便会水到渠成，双方必须通力合作才能实现所期望的销售目标。

我们用这两个判断题作为本章开篇，接下来我们将重点讨论两个问题：营销策略组成部分中的客户信息收集问题和产品定价问题。此外，我们还讨论围绕产品上市而开展的各种支持工作。

营销策略

根据美国营销协会的在线词典解释:"营销既是一种组织职能,也是为了组织自身及利益相关方的利益而创造、传播、传递客户价值,并管理客户关系的一系列过程。"这是对历史悠久的 4Ps 营销模型的演进。4Ps 模型就是指产品（product）、价格（price）、促销（promotion）和渠道（place）。由于这些概念只关注内部问题,现在有不少专家（美国营销协会的定义所示）已经把研究视角转移到了组织以外的客户身上。将产品视为针对各种客户需求的应对之策而不是一系列特征,是这种观点的重要内容。图 12-1 所显示的不仅是在 4Ps 理论中增加几个要素,而且把视角从传统的 P 视角转变为从外部来审视的 C 视角。

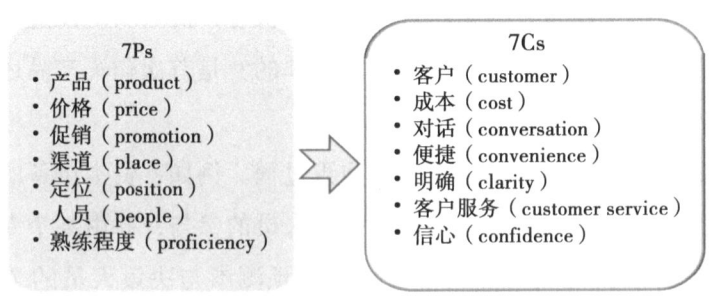

图 12-1 营销从内部视角转变为外部视角

从外部角度看,产品是满足客户需求的一系列要素的具体体现。价格是产品为客户带来的利益及相应成本的货币化体现。促销是从个人的独白转变成为双向的对话,随着社交媒体的发展,这一点尤其重要（在本章结尾处的专家访谈中有相关讨论）。对渠道的理解,现在增加了对客户获取产品的便捷性（或缺少便捷性）方面的认识。如果产品定位得当,客户就可以对该产品获得较为明确的认识。那么,他们是否真的知晓并了解该产品定位的特别之处？员工给客户提供的服务将会成为品牌承诺一部分。最后,创造独特、高品质产品的熟练程度和能力就是证据,是"相信的理由",会转变成客户的信心。如此一来,P 视角的每个部分都需要规划、管理并得到控制，以便能按照 C 视角模型履行各种承诺，并"为组织和其利益相关方带来好处"。因此，我们在本章将深入讨论 P 视角模型和 C 视角模型中的各个要素。

目标客户

关于客户、分区和市场方面的知识，本书通篇都有讨论，这里只是稍微增加一点细节。产品经理做决策时，既需要硬的市场数据，也需要软的市场数据。硬数据是指市场规模和增长速度等方面的信息，这对评估金融市场的潜力是十分必要；软数据是关于客户感受和态度等相对无形的因素，这对品牌价值和客户信息收集来说是十分重要的。

产品经理应重新确定自己的视角，从以创造并销售产品为出发点转变为帮助客户做出购买决策，这意味着要深入分析客户的购买决策过程。其购买行为是经过"深思熟虑的"的还是比较简单的？是首次购买产品还是重复购买产品？购买产品的是新客户还是老客户？

深思熟虑后的购买是相对复杂的购买过程。例如，资本设备的购买通常要事先进行深入的研究，这需要众多影响人员的参与，并由某个专门委员会做出决定。为了提高成功的概率，你应该预测参与决策人员的个性和某些"敏感问题"，并尽量提供必要的"理由"来帮助他们做出对你有利的购买决策。这就是说，要为财务人员准备好财务方面"可以相信的理由"，为用户准备好"特征－好处"方面的证据。一方面，即使人们在感性基础上做出此类决策，他们依然需要理性数据来"证明其所作决定的合理性"。因此，理性与感性的购买驱动因素都是需要考虑的。另一方面，"简单购买"则更多的是个人行为，并更倾向于决策时感性的一面。具体要销售的产品有可能属于"深思熟虑后的购买"和"简单购买"之间的任何一种，因此需要相应地调整你所提供的信息。

如果多数目标客户是新客户，你就要确定需要运用多少信息来介绍公司并根据产品类别对客户进行教育引导。重复购买者则可能只需要更多提醒性质的沟通。

定价战略及策略

产品经理必须负责制定上游和下游的定价决策。我们在第 3 章已经讨论过经济价值预测建模以及理解产品真实成本的重要性，新产品定价决策树理论则在第 7 章中讨论，所以这里不再重复。具体地说，接下来本书将从营销的角度来探讨产品定价问题。

最初的定价往往着重考虑产品组合中最重要的产品，这些产品可以是给公司带来重要现金流的核心产品，也可以是受益于更强势价值定位的升级产品。定价时要根据历史销售记录和销售力量的投入情况，来确定客户的价格敏感程度。提高价格能否留住足够数量的客户，并至少能维持目前的盈利水平？降低价格能否获得更多业务，并抵消因此而减少的利润？尽管这些问题都比较主观，但你可以仿效第 3 章中的例子设计一个电子表格，分析价格变化所引起的收支平衡情况，以便对价格进行估算。

要更加积极地对高周转率产品进行管理。这类产品要么更受欢迎，要么拥有更大的市场，因而需要更具竞争力的价格。假如你是二级市场汽车零部件产品经理，专门化的零部件往往通过经销商销售，因为购买频率不高，长期的价格竞争也较少，因此会有更高的利润空间。易损零部件则面临来自沃尔玛和其他大型零售商的竞争，需要根据具体情形进行评估并重新定价。

要尽量控制价格泄露（发票价格和落袋价格之间的差距），这与第 3 章讨论落袋价格问题时的情况一致。有时候销售人员或其他人会要求产品经理授权其以额外折扣或特殊价格销售产品。如果价格上的例外能提高产品的单位销量，或能防止客户转投到竞争对手那边，这样做倒是物有所值。但如表 12-1 所示，如果产品单位销量保持不变，我们就需要认真思考一下价格变化对盈亏的影响了。

表 12-1　1% 的变动情况比较　　　　　　　　（单位：美元）

	原始数据	价格降低 1% （198 美元）	销量降低 1% （4 950 单位）	已售产品成 本提高 1% （21.2 美元）	固定成本 增加 1% （353 500 美元）
销售收入 （5000@200 美元）	1 000 000	990 000	990 000	1 000 000	1 000 000
销货成本 （5000@120 美元）	600 000	600 000	594 000	606 000	600 000
毛利润	400 000	390 000	396 000	394 000	400 000
运营成本	350 000	350 000	350 000	350 000	353 500
税前净利润	50 000	40 000	46 000	44 000	46 500
收入的百分 比变化（%）		−20	−8	−12	−7

表 12-1 中第一列数据是比较基准：5000 单位的产品以单价 200 美元出售，获得收入 100 万美元，税前净利润为 5 万美元。如果产品价格降低 1%，调整为 198 美元，其他不变，盈利则从 5 万美元降至 4 万美元，即降幅为 20%。再来看比较基准，比较如下调整带来的影响：销量降低 1%、销货成本提高 1%，或固定成本增加 1%。很显然，只有预期单位销量增长的情况下，才能授权价格降低 1%（要预测销量可以增加多少，见第 3 章的内容）。

要为产品线中的替代品和互补品确定定价战略。两个产品如果是互为替代品，当它们互相竞争时，重点在于要同时对其价格进行评估。这些产品是否具有不同的价值主张，因而要销售人员给不同的目标客户？如果是，就依此定价。如果一种产品代替另一种产品有相应的过渡策略，就要力求做好这个过渡的时间安排，把对差异化定价的要求降至最低。如果多个产品存在协同作用，作为一个整体解决方案（如设备及其替换零部件），则要确定降低设备价格是否有意义，是否能赢得初次销售，并从未来耗材上赢得更高的利润。企业案例 12-1 探讨的就是产品线定价方面的问题。

企业案例 12-1
产品线定价

斑马科技公司（Zebra Technologies Corp.）是一家条码打印机制造商，其产品品质卓越、领先同业，在顾客中享有良好声誉。不过，该公司在低端产品市场也发现了许多潜在的商机。制造低价、低附加值的打印机对公司来说是轻而易举的事情，但推出这类产品会带来两个风险：它可能有损于斑马公司在客户心中已经塑造起来的高品质形象；更糟糕的是，这样做有可能对现有产品线造成冲击。

斑马公司的解决方案是推出一款简化功能的机型，用客户喜欢的塑料材质作为保护外壳。这种简化机型不能升级，从而确保了它不会与能快速将条码打印在任何材质上的高端产品产生竞争。但它也没有放弃目前在售的产品，其最终结果是：新型打印机使得斑马公司的销售额在一年之内就提高了47%，新机型的利润完全可以和原有产品线相媲美。

苹果公司在向下游发展时也采取了类似做法。它试图针对两个核心市场推出低端产品：MacMini 和 iPod Shuffle。MacMini 是 Mac 电脑的简化版，是该公司推出的最便宜的电脑，它希望这种低价产品能让微软视窗操作系统的用户转而使用苹果的 Mac 电脑。苹果公司认为，自己的产品售价不高，再加上微软系统容易感染病毒，这会促使一些客户重新考虑自己的选择。

相对于标准的 iPod 音乐播放器，iPod Shuffle 是苹果公司推出的一款功能简单、价格较低的机型，它的功能更少，存储歌曲的容量也更小。它的目标市场是那些对价格更加敏感、更加年轻的客户群体。在推出新产品后，iPod 和 Mac 的业务量都获得了快速增长。

资料来源：David Greising, "Quality: How to Make It Pay," *Business Week* (August 8, 1994), p. 58. Nick Wingfield, "Apple Scores with Cheaper Lines," *Wall Street Journal* (April 14, 2005), p. A3. Peter Burrows and Andrew Park, "Apple's Bold Swim Downstream, *BusinessWeek* (January : 24, 2005), pp. 33-35. Nick Wingfield, "Apple Tries a New Tack : Lower Prices," *Wall Street Journal* (January 12, 2005), pp. D1-D5.

不论基础定价战略如何，一定要构建自己的创意工具箱并将其用来测试。你可以把表 12-2 作为工作的起点。并不是所有创意都是对你有用的，但它们在适当的情形中都会表现不错。多数定价方式是显而易见的，因此，该表是这些主要类别的概览。

表 12-2　定价工具箱

价格变动类别	工 具 举 例
激励式定价	打折、折扣券、促销价格、甩卖、价格保证 组合价格、渗透定价、每日特价、订单–规模折扣、数量累积折扣 产品组合折扣、阶梯（或大宗交易）折扣、抵扣券、优惠条件、买一送一
所有权变更	租赁/出租、特许经营、预约购物、计量定价
先付款后受益	会员制、预付制、订阅制、价格锁定、预付费
先购买后支付	融资项目、信用购买
消费式定价	高峰期和非高峰期、计量/按时段定价、按照项目定价、按用途定价、两部分定价
产品线变化	不同版本、自有品牌、优质—更优—最优 组合定价、捆绑销售、自选菜单式定价 赠品、生命周期定价、亏本商品
一刀切式定价	统一费用/固定费用、"吃到饱"式定价
实时价格变动	协商定价、动态需求定价、竞争性投标定价、拍卖式定价
客户参与式定价	忠诚度定价、担保价格、优先接待定价、特定地点定价、业绩达标定价 销量管理、不二价、保护价、延长保修价、以物易货价 客户细分、价格保证、最低订单规模、心理定价
非标准营收增加	市场扩张、赞助/广告费、控制价格泄露

资料来源：© Linda Gorchels 2010. Reprinted with permission.

激励式定价应设计出来"激励"某些类型的行为。例如，订单–规模折扣的意图是在可接受的货运成本下保持发货规模；数量累积折扣则尽力鼓励客户长期保持忠诚。诸如特许经营之类的所有权变更，会让客户享受产品或服务带来的好处，即使他们的预算费用可能很有限。先付款后受益（或相反情形）式定价可以在客户特定的预算要求下，达成交易。消费式定价允许客户按自己用掉的产品数量付款。产品线变化（也称为"不同版本的产品"）是指允许产品按具体客户分区所认知的价值进行定价。产品创新可用来限制价格的敏感性，正如企业案例 12-2 "运用创新，减少价格竞争"中所讨论的那样。一刀切式定价可以用来简化购买和配送流程；实时价格变动能让我们根据竞争对手的价格变动迅速做出反应。客户参与式定价可用来实现产品价格组成部分与不同客户的价值驱动因素的匹配。非标准营收增加则是寻求产生新收入或利润的方法，但不直接调整产品价格。

企业案例 12-2

运用创新，减少价格竞争

退出价格战的办法之一就是创新。我们用 BD 公司（Becton Dickinson）的皮下注射针来举例说明这一策略。该公司每年生产的针头数以十亿计，其价格也一直保持稳定。该公司经历过一段十分痛苦的时期，那时一家日本竞争对手开始以每个单位 7 美分的价格（明显低于同类产品）销售其产品。换句话说，你基本就不会再想继续这个针头的生意了。后来，BD 公司与百特国际（Baxter International）携手合作，当时百特国际已经成功开发了 InterLink（分隔膜接头，一种无针接头产品）。

要记住一点，医师插入病人手臂的针头占了整个市场约 50% 的份额。另外 50% 则用于把静脉注射导管接到其他静脉注射器上，正是这点让百特－BD 团队取得了成功。InterLink 看起来和常规注射器差不多，只是针头被一种坚硬的锥形塑料管取代，管头部分做了钝化处理。百特发明了一种用塑料和橡胶做成的新型封口，这种封口在被刺穿后，塑料针头周围会重新封上。百特公司请 BD 公司生产这种针头。

医院很愿意为 InterLink 针头支付更多的费用，因为无针接头降低了意外针扎事故的风险。在产品上市之际，医疗保健业员工报道过的针扎事故大约有 100 万起，对于每次事故，医院花费在时间和文案工作的支出达 400 美元以上，这还不包括任何法律费用或长期保健支出。BD公司营销副总裁加里·科恩（Gary Cohen）说："这正是产品的吸引力所在，即使每个InterLink针头花费25美分，医院依然能省钱。"

这种创新趋势也蔓延到了消费品领域，很多公司想方设法希望成功提价。宝洁公司就下定决心，为自己单调的品牌注入活力。它仿效吉列（Gillette）公司有名的剃须刀和更换刀片战略，想给自己的产品增加机械或电动的特色。售价为14美元的速易洁（Swiffer）拖把（搭配5.75美元的替换拖把头）就是一种利润可观的新产品，初次销售和后续销售都不错。汰渍去污刷（Tide Stain Brush，一款电池驱动的刷子）、清洁先生自动干燥器（Mr. Clean AutoDry，水压洗车系统）以及其他配件产品，为宝洁公司贡献了540亿美元销售额中的8%左右的份额。

资料来源：Andrew E. Serwer, "How to Escape a Price War," *Fortune* (June 13, 1994), p.90. Robert Berner and William Symonds, "Welcome to Procter & Gadget," *BusinessWeek* (February 7, 2005). p.76.

客户信息沟通

现在我们来谈谈如何与客户谈话，这不是做广告，不是沟通，而是交谈。从对话而不是个人独白的角度来思考问题，你说什么、你怎么才能以让客户产生共鸣的方式说出来？这就是客户消息管理。这不只是发出一份字斟句酌的宣言，也不仅仅是用一番动听的说服话语来销售产品，而是转移到"对方"那边（购买方），并帮助客户做出购买决定（希望是对他有利）。

对于同一种产品，其受众却往往并不一样，这就要求产品所传递的信息也要有细微的差别。如承建商对车库的门只有一个要求（如为了完成工作），房主可能会有其他的要求（如安装简便），建筑师可能又有另外的要求（如美学与建筑设计的完美结合）。另外，我们此前也曾说过，对于很多产品，使用者可能并不是购买者，也不是他影响购买决策的人员，每个人需要该特定产品的理由可能都不尽相同。产品经理的困难在于要确定谁是首要受众，谁是次要受众，以便信息沟通战略有明确的针对性。

用尽可能多的细节清楚地描绘出你的首要目标客户，这样你可以想象出与他们进行对话的场景。有些人把这些细节看作产品原型或品牌原型。如果你的主要购买者是工厂经理，描述出这类人的心理和人口学特征，以便给信息战略提供协助。例如，"山姆"是一位45岁的工厂经理，在同一家公司工作十多年。他很想升职，但又担心自己缺乏其他领域的从业经验会成为他的障碍。他喜欢垂钓，偶尔也去打打高尔夫。他已经结婚，并育有两个孩子，开一辆运动型多功能车。

在描绘出目标客户之后，你要尽量设身处地地从他们的角度考虑问题。为什么他们会在这个时候想要这个产品？他们购买这个产品的感受如何？他们可能会有什么反对意见，你的产品会不会给他们带来风险？他们可能正在考虑哪些替代产品？你的产品完全符合他们的需求或用途吗？你的客户在购买产品时会从哪里获得建议？为什么你的客户应该相信你的产品比竞争对手的产品更能满足他们的需求？客户现在是如何购买产品（或满足自己的需求）的？一定要记住你的客户想要知道的是以下几点：

- 你的产品（服务）会为我做什么？
- 它会怎么做？
- 为什么它比竞争对手的产品更好？
- 是谁说的？我为什么要相信你？
- 如果我不满意怎么办？

一旦你清楚了自己所界定的目标客户的想法，这些信息就可以用作构建产品或服务的创造性平台。该创造性平台有助于营销沟通部门的同事接受你的观点，并将其转化为客户信息。该创新性纲要至少应包含如下内容：

- 具体说明你想接触的人是谁（描述市场情况及与你交谈的"人"）？
- 主要价值主张是什么（如果用一个词来概括，你希望客户通过对话产生什么样的想法）？

- 产品的定位是什么（你的定位如何优于竞争对手）？
- 你希望传达的信息对受众有什么影响（人们的感受如何？如激动、释然、精力充沛）？
- 客户为什么要相信你（能否从 β 测试、客户评价、第三方背书或其他"信任构建因素"中获得相信的理由）？
- 客户接下来会采取哪些行动（试用产品、联系销售人员等）？

多数产品经理都要主动参与确定客户信息沟通的主题，但实际的执行则可能要由营销或营销服务部门实施。这就意味着你必须与他们通力协作，确定接触受众的最佳方式，而不一定总是通过传统途径。有时候，你必须独具匠心才能突出重围，要主动接触客户，尤其是像房屋抵押贷款这样的产品。艾柏全国抵押贷款公司（Arbor National Mortgage，以下简称"艾柏公司"）是一家位于纽约州尤宁代尔地区的中型企业，它开发了一种有用的数据库建设和定位方法。该公司把标准抵押贷款产品重新包装成新娘购物单形式的产品，成功地赋予了产品独特的身份。

艾柏公司选择了一款标准的房利美（Fannie Mae）抵押贷款产品，并将其重新包装成"艾柏新婚注册之家"（Arbor Home Bridal Registry）。新婚夫妇在艾柏公司登记，而不是在百货公司登记，这样亲友就可以为这对新婚服务购买首套住房出力了。"办理登记有大量工作要做，以至于我们在意的不是如何让新人前来登记，而是接受购置首套住房的询问。"艾柏公司高级营销副总裁博伊尔斯（Boyles）说，"虽然只有36对夫妇真正进行了登记，但有5000多对新人打来了电话，他们想要了解这项服务。他们的名字如今在我们的数据库里。我们希望将来有一天，他们会成为公司的客户。"艾柏公司还为地产经纪人、会计师和消费者举办了房地产抵押贷款讨论会。只要客户需要，艾柏公司还可以在他们自家庭院里或在公共森林中为他们种下一棵树作为纪念。[1]

产品经理还可以运用各种各样的促销技巧，如样品赠送、销售竞赛，以及各种激励计划。这些技巧被称为"激励计划"，因为它们能够提供诱因，刺激短期产品销售的逐渐增长，而不是建立长期的品牌忠诚度。促销活动常被用来引入新产品、干扰竞争对手策略的有效性，或对某个新市场进行试探。

样品赠送可能是鼓励客户尝试新产品的有效方法。需要潜在客户改变自身行为才能被接受的新产品，通常要靠客户获得低价或免费试用产品的可能性。例如，3M公司的便利贴要求免费赠送样品，这样客户就能获得使用该产品的体验；试驾是汽车业中让客户试用产品的方式；有购买权的租赁方式也是免费试用样品的一种方式，它降低了双方的成本（和风险）。

渠道选择及销售支持

在本书中，我一直在强调掌握终端客户知识的重要性。现在转而来谈渠道似乎有点矛盾。其实不然，将产品有效地初次"销售"给销售人员、分销商、经销商及零售买家往往是实施营销战略、接触终端客户所必需的。除非公司的产品上市战略完全是通过互联网或无线环境来实施的，否则多数产品经理需要在自己的方案及其执行当中考虑直接或间接的销售渠道。

渠道知识

对于很多产品经理来说，销售渠道是既定的。但对于面临新发展挑战的那些产品经理来说，选择合适的上市途径可能至为重要。除非有某位产品经理负责的产品与公司内所有其他产品的分销方式不同，否则他很有可能无法完全掌控分销战略方法。多数分销活动需要与现有分销商、经销商或代理商合作，必要时还要加快发货。但是有些新产品需要改变分销渠道，否则市场和竞争者会要求改变现有产品。如果产品经理正致力于把产品推向新的区域或向全球推广，销售渠道可能会是计划的关键要素，因此产品经理在制订产品计划时绝对不应忽视分销战略。

每当产品经理引入低价或高价产品时，或者有不同形象的产品被引入时，可能有必要引入新的销售渠道。一个极有可能成功的产品可能会因为错误的销售渠道决策而遭受挫折，虎飞公司（Huffy）在推出新款越界运动自行车时，就对此深有感触。

虎飞公司是一家成功的自行车生产商，年营业额高达 7 亿美元。该公司在发布一款越界运动自行车的新产品时，做了认真的市场研究。这款车综合了在青少年中流行的结实的山地自行车和车架轻巧、运转灵活的竞赛自行车的特点。虎飞公司在全国大型购物中心选择了两个独立系列的市场关注小组，随机选择儿童和成年人观看自行车，并给它们排序。新款自行车获得了购物者的普遍认可。到此为止，一切顺利。1991 年夏天，这款越界运动自行车被运往各大零售超市，如凯马特、玩具反斗城连锁店等，虎飞公司的生意多数是和它们合作的。错误就在这里发生了。虎飞公司总裁兼首席执行官理查德 L. 莫伦（Richard L. Molen）这样解释：市场研究人员忽视了一个关键信息。这款混合型自行车的目标人群是成年人，售价高达 159 美元，比公司其他自行车的价格高出 15%，并因此需要那些专业知识丰富的自行车专卖店的销售人员专门向客户推荐。相反，虎飞公司却把这款车放在如凯马特这类大型零售商场里，由那些原本就很繁忙的一般销售人员来负责销售。结果正如莫伦所说："这个错误的代价是 500 万美元。"到 1992 年，该公司减少了这款自行车 7% 的产量，其收入下滑了 30%。[2]

随着市场的不断分化，不同的目标客户即使对于相同的产品，也可能会寻求不同的分销渠道。一方面，对于关键客户，直接为其服务可能是最好的做法，而对于其他客户，通过分销商进行服务则可能更加高效；另一方面，针对小客户，可以通过电话销售为其提供服务，即便当时在该地区公司有业务代表正在拜访大客户。专业化的分销商或代理商在某些市场分区可能会比现有中间商更加成功，因此应定期发掘这种可能性。技术的发展改变了很多公司和产品的上市战略，如图 12-2 所示。

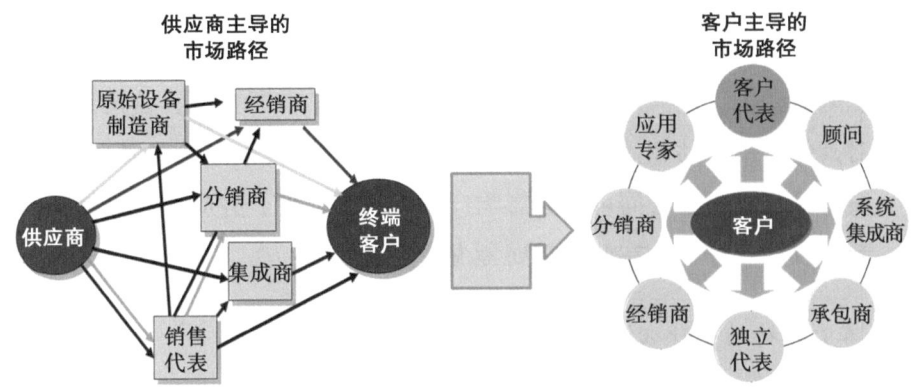

图 12-2　渠道设计中客户影响力的增加

有效地激励中间商会对实现盈利起到积极作用。首先，要认真记录产品分销商和销售代表的活动，并评估其总体能力。产品经理应陪同地区经理或销售经理定期拜访分销商或销售代表，并可能还要协助准备联合营销方案。如果设有咨询委员会，产品经理应认真参阅会议记录（至少参阅与自己的产品线有关的部分内容），并采取相应措施。

制造商和分销商的目标并非总是一致。一方面，产品经理有时候会把转销商当成自己产品的终点；另一方面，转销商则把接手产品那一刻看成销售循环的开始。这会造成不必要的冲突，但如果大家能更加有效地共享信息，这种冲突就能有效减少。

产品经理需要付出大量的金钱和努力去了解终端用户的需求，以及自己的产品是如何满足这些需求的。分销商也应掌握此类信息，与分销商共享信息不仅能帮助他们更好地工作，还使他们能够把与产品性能有关的、有价值的反馈信息提供给制造商。

销售渠道通常需要产品支持服务。产品支持包括以下几项内容：产品安装、持续的产品保修、产品升级、维修以及客户培训等。产品经理可能不会直接参与这些活动，但他应该关心是否有相关政策和程序来应对这些情况的发生。客户满意度往往依赖于这些因素，其重要性并不亚于产品本身。此外，产品经理还可能参与开发一些服务，使各个市场分区的盈利潜力达到最佳状态。

安装费用可以包括在产品价格当中，也可以被当作"可选"项目或非捆绑的项目，这个决定应由产品经理与合适的人员（如服务部门经理）共同做出。如果需要做出重大改变，它们应在营销计划中有所体现，营销计划还应包括对其他营销活动和盈亏平衡产生的影响。

质量保证或服务合同可能会影响产品的畅销程度，并应该与其他产品特征一起加以认真分析。在此，需要考虑的问题如下：

- 客户期待的是什么？
- 是否提供全面或有限的保证？
- 竞争对手能不能做出相同的保证？他们会这么做吗？
- 产品保证应由制造商、经销商还是其他独立组织来负责？
- 签订服务合约和延长保证期有什么优势和劣势？

销售支持

产品经理也应与内部销售人员开展广泛的互动。拥有销售经验的产品经理会觉得，自己能更容易理解销售人员的"世界"，并能更容易地为其提供他们真正看重的那类支持。产品经理通常提供的支持和培训包括技术产品细节和营销计划中晦涩难懂的部分。有些时候，这种支持欠缺的是要为销售人员提供具体工具和建议来帮助他们瞄准最有可能购买的客户群体并有效地进行销售。与销售部门的人员合作十分关键，见企业案例12-3。

企业案例 12-3

营销与销售部门合作的重要性

对于包括医药公司在内的多数组织而言，管理要传递给客户的信息都非常困难。产品经理付出极大的努力，对关键要点进行微调，希望让销售人员传递单一、经过审慎定义的信息。但信息在经由产品经理到销售人员，再到医生的过程中会大量流失。通常，销售人员并不认为这些信息是可靠的，因为产品经理作为一个整体被认可的程度也相对较低。

有时候，产品经理发出的信息也不应是单一的，而应采用不同的视角来迎合不同受众的需要。医生往往会批评医药公司，说医药公司向他们提供的信息中含有以下过多的营销诉求：

参与调查的医生希望获得不带偏见、有证据支撑并且科学的产品信息，包括与竞争产品的直接比较情况、各种风险和副作用等。医生可能更希望了解该产品与同类竞争产品相比的优点，以及各种副作用和风险等详细信息。对于其他人来说，成本信息则是关键，而还有一部分人最关心的是产品能为患者恢复健康带来的整体好处。

如果产品经理要帮助销售人员培养他们与客户之间更有价值的关系，他们就需要为适合的细分受众创建合适的差异化信息。他们还必须向销售人员提供适当的辅助资料和销售工具用来帮助销售团队实现目标。为了实现这些目标，双方需要开展以下密切的合作：

极为关键的是，销售人员和营销团队能否通力合作，共同开发产品信息。在理想情况下，公司应想方设法构建一个由产品经理领导的跨职能团队。这不仅能让相关流程更有效率，也能确保所有的必备知识都被包含在销售材料之中。这种跨职能部门之间的合作可以确保销售组织能够全身心投入。

把客户输入意见纳入信息开发流程也是最佳实践做法，其最好的方法是建立由医生组成的典型小组。这些小组可用来研究并测试各种新信息选择，并帮助公司更加深入地理解医生想听到的

> 是什么。
>
> 资料来源：Alasdair Mackintosh, "Getting the Message Across," *International Journal of Medical Marketing* (April 2004), pp.102-105.

产品经理常犯的一个错误就是他们会尽力让目标受众的数量看上去尽可能多，从而引起销售团队的"兴奋"。他们不但没有把重点放在精心界定的目标客户群上，反而试图把重点扩张到第二级市场和第三级市场。很不幸，这种做法分散了销售力量，并降低了产品先期盈利的概率。因此，销售人员也变得对产品失去了信心。

销售人员其实是你的第一批"客户"，他们提出的问题与我们前面列出的客户问题有以下相似之处：

- 你的产品（服务）能为我做什么（换言之，该产品如何帮助销售人员赚取佣金）？
- 它是如何做到的（你是否会提供特殊奖励，以诱使客户试用产品）？
- 为什么说该产品比竞争对手的更好（在哪些方面更具竞争优势说服客户会不会比较容易）？
- 是谁这么说的，我为什么要相信你（你有没有来自客户或其他销售人员的任何证据，该产品与失败产品的差距在哪里）？

搭建一个由你能够信任且也愿意帮助你的销售人员组成的网络，向他们寻求帮助和建议，并获得其他销售团队成员的支持，一定要履行你自己对他们做出的承诺。

本章思考

不要只从向客户促销和推销的单一角度出发去思考营销问题。相反，要换个视角，把营销看成帮助客户做出对你有利的购买决定的过程。

加布里埃拉·萨尔达尼亚·布林克访谈：在科学界构建社交网络

加布里埃拉·萨尔达尼亚·布林克（Gabriela Saldanha Brink）
美国普洛麦格公司脂解激活脂蛋白受体（LSR）
全球产品经理

加布里埃拉，请你谈谈你自己和你的职业生涯，说说你是如何从一名来自巴西的生物专业毕业生起步，成长为美国普洛麦格公司总部从事全球产品管理职位的。

好的。我的名字是加布里埃拉·萨尔达尼亚·布林克。名字这么长，你应该能猜出来我是葡萄牙人后裔。不过你说得也对，我是巴西人。当我还在家乡弗洛里亚诺波利斯上高中时，就了解到有关DNA和人类基因组项目的信息。那时候我就觉得，这就是我要从事的事业了。我很幸运，能够追求自己的梦想，并且今天仍在这个领域工作。尽管我已经不在实验室工作，但我的科学知识和对客户痛苦和需要的理解为我提供了必要的工具，成就了我在普洛麦格公司担任全球产品经理的一番事业。在过去11年里，我一直在这家公司工作，负责几个不同的产品线，从用于法医学DNA分析的短串联重复技术和亲子鉴定技术，到通过多聚酶链式反应（全世界的研究型科学家使用最广泛的技术）来研究核酸的酶类产品和整套设备，都包括在内。普洛麦格公司为生命科学产业提供了创新型解决方案和技术支持，它是业内的领军企业。我们拥有2000种产品，能够帮助世界各地的科学家在基因组学、蛋白质组学、细胞分析、分子诊断学、身份鉴定等方面推进他们的相关研究。我在位于美国威斯康星州麦迪逊市的公司总部工作。不过，我们在15个国家设有分公司，还有50多个全球分销商。

在努力接触科学家的过程中，你已经真正用好了社交网络和互联网技术。你所采用的工具、技术和策略包括什么？

我一直是敢于尝试的人，对于社交媒体我也持同样的态度。当我看到了社交媒体的潜力后，就立刻开始对其尝试。不过，起初进行得很慢。我开始阅读文章和白皮书，从其他用户那里听取建议，并且参与了网络社区和论坛。一定要虚心向别人学习，这一点很重要。这个领域当时处于发展的初期阶段，这意味着需要尝试新的事物，并观察随之而来的结果。在对社交媒体的本质有了一点了解之后，我就能拟订计划，设定整体方向和具体目标，我还制定了可供参考的衡量标准。社交媒体的优势就在这里，它改变了我们的交换信息方式、我们和家人朋友交谈的方式，以及我们和客户的沟通方式。的确，我们是在和他们交谈。我们不仅散布信息，我们也在交换信息。这就提供了持续的反馈信息，这个过程变化不断、运转不停。这就是为什么要关注客户在网络上对你的公司和产品说了些什么的重要原因。信息就摆在那里，人人都能看得到。你必须做好充分准备。否则，你一定会发现竞争对手早已虎视眈眈。

什么东西对你来说特别有用？什么东西却没有任何用处？

当某些事物刚刚起步时，你必须首先进行尝试，看看什么东西有用，什么东西没用，或者看看在下次尝试的时候，应该做出哪些调整。一方面，对于社交媒体，我们尝试上传过一些针对特别产品的 YouTube 视频，我们希望这些内容有趣的，但并不必然要求过分地以推销为目的，然而这些视频并没有达到预期效果，也没有获得病毒式的传播。另一方面，谈到有效的做法，我们公司开设了一个叫作"Promega Connections"的博客。虽然我没有直接参与这个项目，也不了解相关细节，但在社交媒体上的这次尝试十分成功。这个博客的内容被许多研发机构、技术服务类科学家、科普作家、IT 人士和营销人员转载。这些内容不以产品为核心，可能是个人故事、科学发现之类的内容。这个博客内容也不涉及我们的公司，而是关于社区、关于人的。这就是我们的新世界,它是关于人的:他们是谁?他们做什么?他们想要什么?但这些信息都与公司无关。

你可以举几个具体的成功例子吗?其原因是什么?

好吧。"Promega Connections"这个博客就是个很好的例子。我们知道科学家经常上网,他们已经在网络上,我们希望可以与他们在网上进行交流。当时公司在脸谱网上有一个页面,不过那似乎算不上是一个接触科学家们的最佳地点。但网络社区在不断成长,我们也在继续尝试。我们更愿意建立一个科学家客户群体能互相交流想法的社区。在这里,我们可以间接地脱离公司品牌,将这个社区作为信息载体来提供服务。

晋升到目前这个职位,你积累的最重要的经验有哪些?

你必须思想开阔,并能关注本领域发生的变化。你要知道并了解自己的客户,以及他们的习惯、好恶、痛苦、需求,并能提出解决方案。社交媒体不见得对每个人都有用,它取决于你对客户群的了解程度。不过尝试新鲜的、各种不同的事物很重要。如果你不尝试一下,你就不会知道什么东西有用、结果会怎样以及会产生什么影响。有些客户群可能更加保守,不愿意接受新鲜事物。我相信科学家都是天性好奇、乐于创新并且勇于冒险的。他们所做的许多研究都是试验性质的,可能失败,也可能成功。基于我对公司客户群的了解,他们应该会使用社交媒体。毕竟我们都是极客(geeks)。

第四部分

微 调

第 13 章

构建全球化思维模式

> **请判断对错**：世界上绝大多数文化是以关系为中心的。
>
> **对**。这种说法完全正确。不过，多数美国和一些西方国家的产品经理由于来自以任务为中心的文化，但到了注重关系的文化中，他们往往会发现，自己很难适应那些闲谈与额外的"相互了解"时间。

跨国界与跨文化沟通

全球化产品经理不仅包括那些负责监督产品在其他国家销售的人，还包括在对全球竞争情况充分了解后思考问题并制定规划的人。即使是产品在海外销售比重很低的公司，也会有不少来自外国的竞争对手、供应商和客户。全球化思维，而不仅仅是销售，对产品经理非常重要。无论企业是否设立了跨国分支机构，产品经理都必须放眼全球，制定长期产品战略。他们应寻找不同世界市场的相似之处，尽可能实现标准化，并在必要时为客户量身定制新产品。这为未来的国外销售以及为针对全球竞争对手制定竞争战略提供了前瞻性机会。

产品经理的职责多种多样，这要看他们的驻地是不是公司所在地，或者他们所处的国家或地区是不是产品的销售市场。第一种被称为"基于本国的全球"（domestically based global, DBG）产品经理；第二种被称为"基于地区的全球"（locationally based global, LBG）产品经理。基于本国的全球产品经理常常参与"上游"产品的开发工作，他们还可能直接负责产品的上市工作，或者可能与其他国家的"下游"经理开展合作。

基于地区的全球产品经理可能负责的工作囊括了从下游的（战术）活动一直到全程（战略和战术）的参与。对于仅仅参与战术活动的产品经理，其职责是在自己负责的国家销售预先设计好的（而且通常是预先生产好的）产品，并负责相关的营销、销售和分销活动。全程参与的产品经理要为自己的市场创造独特的产品，要从设计到销售全程参与。基于地区的产品经理可能是从公司的其他地方被派遣到这个国家来的，也可能就是本地人。这些产品经理必须充分了解当地客户的需求。企业案例13-1讨论了中国市场的产品经理所面临的一些挑战。

企业案例 13-1

中国市场的产品经理

上海拥有2000多万人口，是众多跨国组织总部所在地。对于很多消费品来说，这是片肥沃的土地，其原因有两个：第一，数百万计的外国派遣人员渴望能买到自己熟悉的品牌，并享受各种便利；第二，与跨国公司发展紧密联系的中产阶层的崛起，造就了成功所需的"尝鲜者"市场。但这绝对不是中国唯一的市场，产品经理如果想要成功，就必须了解不同的细分市场，包括工业品市场和消费品市场。

中国不同地区的工业公司呈现不同类型的购买行为。在南方地区，有许多华侨投资于广东和福建的企业，由于经济改革发端于此，当地企业都愿意尝试新鲜事物；东部沿海地区（上海、江苏、浙江）的消费者主要属于海派风格，他们受西方文化的影响最大。

中国的大众消费品市场存在地域、方言、习俗和饮食等方面的巨大差异。因此潜在市场像欧洲市场一样分散且多样，人口因素和心理因素变得日益重要。上海与西安的青少年也许有着相似的预算和渴望，但其信仰和态度不同会导致上海人比较看重品牌的情感效用，而西安的消费者则更多关注产品功能。

惠而浦公司也发现，有必要对客户做心理细分，以便更好地在中国销售其电器产品。"例如，19%的中国消费者属于惠而浦所细分的'实用主义者'这类，他们往往居住在边远农村地区、收入较低，或者他们往往受教育程度偏低、年龄偏大。打动这类消费人群的关键因素是产品价格、购置成本和可靠性。中国市场中另外20%的人则由'有抱负并追求身份的人'组成。他们更年轻，正向上升迁，且受教育程度较高。对他们来说，价格并不是最重要的问题。"（Drickhamer，2004）

产品多样化必须符合市场细分的要求。正如宝洁公司中国区美容护肤类品牌营销总经理欧华礼（Austin Lally）所说："要在中国取得成功，需要深入理解你的营销对象。如果产品设计之初，你就只想着生产满足普通中国消费者需要的一般性产品，你所获得的最终产品通常就会在精致性和差异化方面做得不够，无法赢得上海或北京市场，同时你的最终产品也无法为小城市或城镇的消费者提供足够的价值。我们最终获得的，是比我们最初带到中国的更加广泛的产品组合。佳洁士这个品牌就是一个很好的例子。我们没有按口味来销售牙膏，而是推出不同的价位和性能。我们出售的这些不同产品，不是考虑某一款比另一款更加便宜，而是针对不同客户群体专门设计的。"

资料来源：Adapted from Don Y. Lee, "Segmentation and Promotional Strategies for Selling CSRB Bearings in China," *The Journal of Business & Industrial Marketing* (2003, vol. 18, no. 2/3), pp. 258-270. George Crocker and Yi-Chung Tay, "What It Takes to Create a Successful Brand," *The China Business Review* (July/Aug 2004), pp. 10-16. Ann Chen and Vijay Vishwanath, "Expanding in China," *Harvard Business Review* (March 2005), pp. 19-21. "Navigating China's Ever-Changing Marketplace," *Advertising Age* (November 8, 2004), p. 12. David Drickhamer, "Appliance Envy," *Industry Week* (November 2004), pp. 24-30.

DBG产品经理通常会积极参与全球化产品的设计。他们产品的成功取决于他们对客户需求和当地市场需求的了解。不幸的是，有太多产品经理只花有限的时间去拜访自己所负责国家的客户，而过于依赖统计和二手数据。LBG产品经理主要关注战术性活动，常常在影响反映自己所服务市场需求的产品设计变化方面感到无能为力。他们面临的挑战在于要影响上游活动，这样一来，那些最重要、最相关的特征和好处就能融入产品中去。因此，DBG和LBG产品经理都应参与全球化产品战略之中。

盈亏责任由谁负担也会影响全球产品经理的工作。[1]几年前，宝洁公司实行了一套制度，在该制度下，"全球事业部经理负责品牌管理和产品研发，而区域市场发展组织经理负责销售、商业营销、媒体和多品牌营销"。盈亏责任交给了全球事业部经理。联合利华公司拥有类似的组织架构，只不过"盈亏责任落在区域总裁肩上，而不是落在控制营销、产品结构和战略的全球性组织肩上"。

产品经理通常领导或参加跨文化产品团队，这可能造成诸多问题，就像理查德·盖斯特兰德（Richard Gesteland）在他的"全球专家建议"专栏中所讨论的那样。

"全球专家建议"专栏

管理多文化项目团队

理查德·盖斯特兰德（Richard Gesteland）
威斯康星州麦迪逊市全球管理有限责任公司
（Global Management LLC）总裁

实践者经验证实，管理位于遥远地区的人员很困难。他们也很清楚，文化差异使管理项目团队更具挑战性。在全球范围内从事经理人员培训18年的经验告诉我们，领导国际项目团队的美国和多数其他西方人士所面对的多数困惑都由三种文化变量引起。

凑巧的是，中国人和印度人共同拥有这三个引起困惑的行为特点，并且由于我们的美国和北欧客户多数在中国和印度拥有项目小组，因此下面的例子就围绕这两个重要的商业文化展开讨论。

任务型与关系型

美国的商业文化属于少数几个在北欧和盎格鲁－撒克逊民族国家存在的、以任务为核心商业文化。相比之下，世界文化中有90%以上（包括印度和中国）是以关系为核心的，因此来自这些国家的项目小组成员通常所期望的管理方式与任务型产品经理所采用的并不一样，随之产生的冲突不断给双方带来困惑。

例如，美国人往往主观地认为，与远方的同事沟通大多可以通过电子邮件、电话和视频会议的方式进行。但是，关系型团队成员认为，复杂、有难度或让人痛苦的问题应该亲自、面对面地解决。与任务型公司相比，关系型的印度人和中国人还希望有更多寒暄，用更多时间来培养人际关系。

最后一点，与任务型的美国人相比，通常用于专题工作的矩阵管理往往会给关系型人群带来更多的困惑。所有这些差异都会导致摩擦和各种误解，从而降低项目团队的工作效率。

平等主义与等级管理行为

第二个重要的行为差异与期望和主观设想的差异有关。中国和印度的团队成员和世界上绝大多数的人一样，来自地位差异很大的等级和阶层化社会。员工服从权威，从不挑战或反驳自己的老板，认为所有事情都应由上级决定，并且往往期待详细的指令和严格的监督。

问题自然也就由此出现了，因为奉行平等主义的经理希望国际化团队成员工作时能尽可能少地依赖指导，能充分发挥主动性，并能公开表达自己不同于项目领导人的任何意见。这些差异解释了为什么经验丰富的美国项目经理纷纷抱怨，他们的中国或印度团队成员"缺乏主动性""期待细微管理""逃避责任"以及"不能自己做决定"。

直接语言 vs 间接语言

当然，在任何文化中都不可能有两个完全相同的人，来自关系型、等级文化的项目小组成员往往运用间接的、模糊的语言来避免丢面子或冒犯他人。特别是他们都学会了永远不对老板说"不"。相反，多数任务型经理则希望下属运用直截了当的语言直白地表达不同意见。因此，从参加中国和印度的研讨会的西方人那里听到最多的评价是："他们为什么就不能说'不'？"和"为什么我们的同行说'是',而他们真正想说的分明是'不'?"

搭建跨越文化鸿沟的桥梁

有些美国和北欧的公司已经想出以下三种办法来尽可能地降低这种挫败感,并改善项目领导者和国际化团队成员之间的沟通。

1. 增加在国内和国外召开项目小组面对面会议的频率。
2. 为项目经理和其他总部人员开展详尽的互动式培训。
3. 尽可能多地带领国际团队成员到总部参加入门指导、培训及文化体验活动。

这三个行之有效的方法能帮助不少任务型项目经理营造与国际同行共享的文化,并以此来面对管理多文化项目团队的艰难挑战。

跨国产品战略

全球战略意味着在设计开始之初,产品经理就要将国内和国际标准同时嵌入产品和服务之中,而不是做"事后诸葛亮"。这表明既要达到世界的标准,又要承认各国的差异性和本地的规范。这种做法具有明显优势,在最初阶段就考虑主要市场的需求,而不是日后对专门为国内市场开发的产品进行改进。

产品经理首先要认清全球战略市场,然后对这些市场的需求进行分析。通过寻求共性(及差异性),产品经理必然要从为全球化产品设计平台的角度考虑问题。产品经理要非常明智地指导产品设计,以便把可能实现标准化的核心部分最大化,同时允许必要的量身定制产品。产品开发过程的主要目标不是打造标准产品或产品线,而是把可调整性融入产品及产品线中,以此获得全世界的好感。

第13章
构建全球化思维模式

打造一款全世界都一样、完全标准化的全球性产品无异于痴人说梦。不过，通过将核心产品或其主要部分进行标准化设计，再加上可以定制的外围产品或其他配件，全球化产品（或服务）的某些好处是能够实现的。以客运车辆为例，产品的标准化主要体现在"平台"（车架及相关部件）和标准化程度略低的发动机上。汽车行业讨论"全球车"已经有几十年了，但实施起来却很困难。本田公司在它的1998年款雅阁车上取得了一些进展。本田公司发明了一个平台，可以通过弯曲、拉伸使产品具有明显不同的车型，因此节省了数亿美元的研发成本。本田的工程师把汽车的油箱移到两个后轮之间，发现他们可以设计出一系列支架，把车轮悬挂在更具有伸缩性的内部框架里，这样公司就不必满世界地运送整车，而只需在世界各地用这个底盘。

尽管企业都想实现产品或产品线的全球标准化，但进行不同程度的调整是必需的。有些产品只需要配备不同语言的说明文件。例如，20世纪90年代，美能达（Minolta）相机要被从日本运到位于比利时安特卫普港（Port of Antwerp）的新浪潮企业（New Wave Enterprise）分销中心的时候，装船时没带任何辅助性的说明材料，特定语言（如法语、荷兰语和德语）的文件是在产品抵达目的地时加进去的。

产品策略可在一个连续体中呈现各种变化：从近乎全球一致的产品（只是标签和语言种类有所不同）到稍加修正的产品，其核心部分都是标准化的，各种调整只是为了反映地域上的差异（如电压或颜色方面）；再到为特定国家而制造的产品，产品实体根据每个国家或几个国家的需要而量身定制的。决定采取哪种方法需要考虑多个变量。有一种支持全球品牌的观点是按高科技和高接触产品的不同而定的。

> 高科技产品吸引了了解共同的技术语言和符号、高度专业化的人士来购买。计算机和互联网用户、网球运动员、使用医疗设备的医生和音乐家等完全了解产品技术层面问题的人，就属于这种情形……仅仅存在通用"行业术语"就能促进沟通，增加其作为全球品牌的成功的概率。

高接触产品则更关注产品形象，而不是产品特色，但它们也符合全世界共同的主题或要求，如浪漫、财富、英雄主义、娱乐性等。许多产品，如香水、时装、珠宝和手表、休闲胜地等，都是以这些主题为卖点的……如果产品接近高科技类 - 高接触类这一范围的两端，这类产品在全世界范围内实现品牌标准化最为可行。[2]

对全球化品牌所做的相关研究，也就消费者对如何看待全球品牌所提出的新的观点。发表于《哈佛商业评论》的一项研究对12个国家的1800人进行了调查，结果发现，世界各地的消费者都会把全球化的品牌和三个方面进行联系。第一个方面是品质的象征。消费者认为，因为跨国公司一定会和对手展开更加残酷的竞争，会比对手更快地开发出新产品和新技术，所以它们提供的产品质量更好，也更有保证。有趣的是，这种态度并不与产品的原产国直接联系起来，而只是因为它是全球品牌。第二个方面是全球文化意识。消费者把品牌看作文化理想的象征。最后一个方面是社会责任。该研究的受访者普遍认为，全球化公司应关注社会问题，要"为公共卫生、劳动者权利和环境安全保驾护航"。[3]

在其他时候，产品可以通过实现市场需求和产品功能之间的最佳匹配来延长其生命周期。如美国目前的麻醉通风机技术让供氧的精确度达到正负几毫升的区间以内。但很多发展中国家的医院的手术室对精度要求的范围在正负100毫升以内就足够了，这样产品的价格自然要便宜许多。一家麻醉设备的主要供应商发现，它能够延长这种"不很精确"的通风机的寿命，只需向这些市场供应比"最先进"设备价格更低的产品就行了。

这种做法也适用于消费类产品。以面粉为例，印度每年约消耗6900万吨小麦（美国仅为2600万吨），然而市场上几乎没有包装好的全麦面粉出售。在印度销售这种包装好的面粉几乎是革命性的做法，因为当地多数家庭主妇依然购买整袋小麦，亲手洗净，然后每周扛上一些小麦去附近的磨坊（印度语为chakki），放在两块石头之间磨成面粉。贝氏堡公司（Pillsbury）发现，它可以把基本款的散装面粉（在美国的成熟产品）推向印度市场，增加其销量。于是它对"贝氏堡面团宝宝"进行了改进,把这款"老"产品当成新产品,高调投放印度市场。

宝洁公司的全球营销策略也采用了新兴的营销方式、媒体和技术。该公司采用的新概念包括全方位营销、许可式营销和实验式营销。全方位营销是指全面而深入地了解当地消费者,以及他们喜欢的获取产品信息的方式。许可式营销与网络应用中的用途相似,指的是直接获取表示愿意从卖方得到信息的消费者联系方式(如电话号码)。实验式营销则是不断尝试以各种方法接触新市场中的客户。最近,宝洁公司一直在大量运用影响者营销方式,让热情的消费者为产品的引入在市场上播撒"种子"。

在新产品一上市就会立刻遭遇激烈竞争的情况下,产品层面的全球规划无疑会带来一些现实利益。首先,产品经理能够更好地开发出其规格能够实现全球兼容的产品;其次,他们能够效果更好、效率更高地调整产品,以适应当地市场的需要;最后,他们能更加迅速地对全球公司的竞争行动做出反应。

全球本地化

全球本地化,即"思考全球化,行动本土化"[4]。无论你是在某个国家销售特定的产品,还是在全球销售标准产品,好的产品管理仍然要求了解当地客户。与全球层面相比,本地市场也有可能存在一群不同的竞争对手。

我们先讲最基本的。该国家或地区的喜好是否同质化?把市场细分成几个潜在客户的合理集群,然后确定哪一个或哪几个市场是你的主攻目标。这就形成了该地区产品线战略的基础。任何一个细分市场的特点是否跨越了国界?有时候,年青一代通常和全球同龄人更加相似,和当地其他年龄段的人的区别反倒更大。如果是这样的话,他们可能更加愿意接受标准化的全球产品。

其次,确定当地客户不可通融的期望。即使在其他因素表明,全球产品战略可能已经够用的时候,文化习俗和生活方式却可能导致各种变化。大众公司在美国就有过这样的教训。

自从推出原创的甲壳虫汽车之后，大众公司就把美国当成汽车产业停滞不前的地方。它把这个国家当成过剩产品的倾销场所，并很少主动去了解美国人的驾驶习惯。一个典型的例子就是"杯架"，这个细节一直被大众公司忽视了很多年。[5]

在与发展中国家打交道时，价格因素可能要比跨国公司以前经历过的其他因素更加重要。这可能带来巨大挑战，尤其是对本地产品经理而言，公司要求他们销售价格相对较高的产品，但它们是在别国设计的，且不符合当地客户的价格预期产品。这些产品经理只好采取以下策略：（1）寻找愿意短期内购买产品的意见领袖和创新人士；（2）说服公司经理必须缩小与当地公司之间的价格差距，以便能在该特定区域长期有效参与；（3）运用反向创新，反向创新指的是在发展中国家开发适合当地的低成本产品，然后在发达国家找到其应用范围。

分销到其他国家

产品经理需要和销售部门合作，确定把产品分销进入新市场的最好方式。多数公司首次进入他国市场时，会通过间接或直接出口的方式。间接出口是指通过国内中间商（如代理商或分销商）销售产品。这种方法最大好处在于便于管理。即便公司在出口方面只有很少的经验或完全没有经验，也可以完全依赖渠道伙伴的专业知识，而不必自己去学习跨文化技能。而直接出口则是生产商在分销其产品时直接与外国中间商交易。这种方式要求拥有更多的跨文化专业知识，但同时也要求产品经理拥有更多的市场知识，可能还要赋予其更多的控制权。

除了要确定中间商最好是位于国内还是国外之外，认真分析代理商、分销商和其他中间商之间的差异会十分有用。代理商、经纪商、生产商代表和出口管理公司（EMCs）通常不会取得所代理产品的所有权，而分销商、批发商、零售店主则会取得所有权。其他合作伙伴要么和企业有着不同的合约关系，要么为企业提供具体差异化的职能。采用产品授权方式作为进入市场的战略意味着生产商要把专利或商标授权给外国公司。这种方式的优点在于有些国家政府更加喜欢这种方式，因而进入市场就更加容易；它的缺点则是生产商对被授权人的依赖。特许经营是产品授权协议的一种形式，生产商赋予外国公司以事先约定的方式开展业务的权利。这种做法与产品授权有着相似的优点和缺点，但由于特许经营协议比产品授权协议更加全面，所以生产商在某种程度上拥有更多的控制权。合同制造是指公司让自己的产品由外国公司根据合同约定代为生产，其生产过程可能只是组装，也可能是完全整合生产，这要依公司的需求而定。

戴维·阿诺德（David Arnord）在《哈佛商业评论》上发表过一篇文章，他指出选择国际经营的合作伙伴极其重要，这是因为卖方与买方在地理和文化上相距甚远。他详细列出了七个要点用来指导选择并与国际分销商和贸易伙伴开展合作。

1."选择分销商，而不是让他们来选择你。"重要的是要先选择市场，然后再选择分销商和代理商。

2."寻找有能力开发市场的分销商，而不是那些明显有一些客户关系的人。"选择那些愿意投资并乐于培育市场的合作伙伴。

3."把当地分销商看成长期的合作伙伴，而不是进入市场的临时媒介。"营造一种追求合适目标的氛围，如吸引并留住客户、促进新产品销售、合作管理库存和补充库存等。

4."通过承诺投入资金、管理人员和行之有效的营销理念来支持产品进入市场。"在产品修改和人员支持方面进行投入，以满足当地市场的需求。

5."从一开始就保持营销策略的控制权。"产品经理应该主动拜访分销商和渠道成员，以此了解当地市场。

6."确保分销商为你提供详细的市场及财务绩效数据。"建立关系与契约，分享详细的市场和财务绩效数据。

7. "尽早地让全国分销商彼此建立联系。"就像在美国一样，分销商经常见面，建立联系，分享经验。这会帮助所有各利益方，并在营销方面增加自己成功的概率。[6]

企业一旦认识到他们可以通过更好的关系架构来控制国际运营，而不必仅仅通过所有权来实现的话，他们就可能还会发现，通过本地分销商采用本地化方法对于全球战略所起到的长期作用。

在其他国家制定上市战略时，产品经理应谨记国际业务的两条铁律：第一，卖方理应适应买方（当你在销售时，你会需要做出各种调整）；第二，外来者应入乡随俗。这些规则迫使人们去了解存在于世界不同地域的不同类型的文化。理查德·盖斯特兰德在他的《跨文化商业行为》一书中，深入讨论了四种类型的文化连续体，如图13-1所示。[7]该书清晰地解释了与世界各地的商业人士共事的情形，并提供了多个实例。

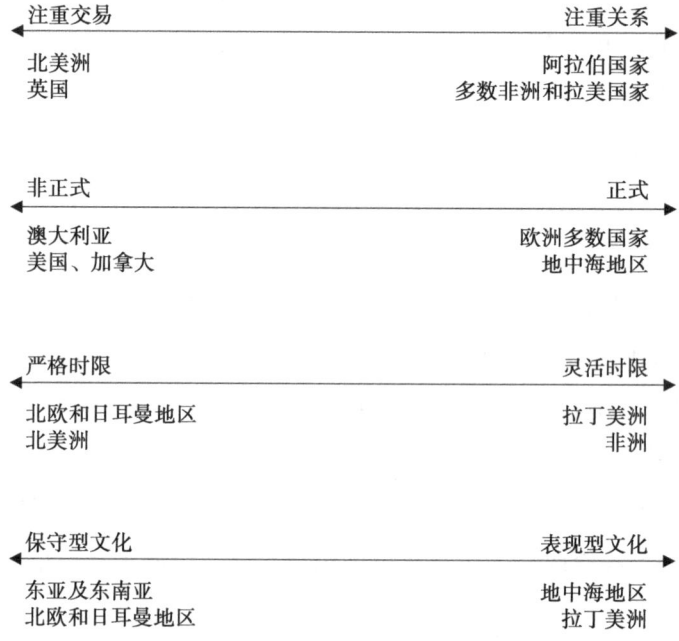

图 13-1　国际谈判中的文化差异实例

资料来源：缩写自理查德·盖斯特兰德《跨文化商业行为》，哥本哈根商学院出版社，1997。

第一个连续体讨论的是从注重交易型的文化到注重关系型的文化的商业视角。来自关系型文化的分销商希望在开展业务前就与生产商建立信赖关系，因此他们可能会觉得交易型的渗透方式有攻击性，爱出风头。

第二个连续体是从非正式到正式的商业视角。非正式型的业务经理通常来自相对具有平等精神的文化（如美国），有时候会犯错误——不尊重其他文化中的礼节。

第三个连续体是从严格时限到灵活时限的商业视角。严格遵守时间的文化可能会不恰当地认为位于该连续体另一端的文化比较懒惰，这会导致会面时紧张和不自然。

第四个连续体是从保守型到表现型的商业视角。保守型文化在语言和非语言沟通上的表现都比较保守，并因此会与来自表现型文化的人产生冲突。产品经理在与国际渠道伙伴建立关系时，理解并尊重文化差异很重要，这样才能建立信任，讨论才会顺利。

本章思考

要有意识地去了解存在于各种国际关系中不同的文化界限，并运用这些信息来完善自己的全球战略。

马克·菲利普斯访谈：提升你的全球产品管理智商

马克·菲利普斯（Mark Phillips）
通用电气医疗集团亚太区首席营销官
http://www.linkedin.com/in/markalanphillips

马克，我在写本书的第 3 版本时，就曾经采访过你。那时候，你还是通用电气医疗集团亚洲区的一位下游产品经理，如今你已经是亚太区首席营销官了。在这段时间内，你的工作发生了哪些变化？

我目前的职责比我以前为某个产品组担任产品经理的时候要宽泛得多，但我在做产品经理时学到的很多技能，如今在作为地区首席营销官的日常工作中都会用到。一个主要变化就是，我目前需要负责自己产品之间的一个"空白区间"的工作：通过结合多个产品，制订一个客户方案，以此来解决客户需求问题。一个例子就是结合核磁共振成像和超声波以及造影剂产品线来治疗肝癌。肝癌分几个病程，对于很多买家或用户来说，我们的产品在该病周期的不同病程都能起重要作用。因此我的工作重点在于为客户创造价值，让 1+1=3，或者通过组合产品让它相比单个产品增加更多的价值。这一定不只是因为客户从你这里购买了更多产品而要求你打个折扣而已。你必须理解其中的联系，在空白区间填入诸如 IT 或各种服务之类的项目，用以创造价值。这里所需要的基本技能与卓越产品管理所需的类似：

- 了解客户需求和市场中的竞争/替代方案；
- 把对客户的理解转变成产品或解决方案；
- 量化市场潜力，制定企划方案；
- 把产品与其他可能的替代产品和竞争对手的产品进行对比，结合其对于客户的直接和间接价值（经济价值和无形价值）进行分析，并以此为基础，运用明智的定价方法；
- 制定扎实的产品上市方案；
- 试验、测试并改善，发布产品、激励各方欲望，并培训分销渠道。

首席营销官的工作还要在自己的领域内，在"立足当地，服务当地"（ICFC）和反向创新方面，带领或帮助推动公司重要活动的进展。这些行动要求根据具体国家的需要，设计产品或制订解决方案，有时候还要把方案用到完全不同的市场，并采取新方法来使用该产品。

请你多给我讲讲关于 ICFC 和反向创新。

第13章
构建全球化思维模式

　　ICFC是指我们要经历的一种过程，即为某款产品确定某个具体国家的需求。过去，我们会为美国市场设计一款产品，然后尝试将其面向世界其他地方销售。考虑到新兴市场、"金砖四国"（巴西、俄罗斯、印度和中国），还有其他更多国家的重要性，这种模式已不足以保持竞争力并推动成长。因此，我们开始更多地关注这些市场的需求，合理安排各种流程和资源，以便能满足这些需求。有时候，这也导致在国内生产产品，但只要产品被创造出来并可以被分销到需要这些产品的地方，就不必都在国内生产。每年我们都会经历这个过程，了解当地趋势和客户需求，并为我们要求的产品制订企划方案。很多时候，对某个产品的需求和其他市场相似，那么它就成了全球产品方案中的一部分。其他时候，对某个产品的需求可能是某个国家特有的，而且市场规模也够大，专门为该国市场制造这个产品完全合理。像印度、中国和美国等全球最大的几个市场，通常就属于这种情况。

　　反向创新是个相似的过程，但其结果往往非常不同，并且常常出人意料。在20世纪的大部分时间里，很多产业的创新是从发达国家流向发展中国家的。但是，在我们仔细研究ICFC过程后，最终结果是我们开发了新产品，并学会了新的业务模式，而这些都可以用在欠发达国家，如为满足中国农村地区需求和价位而设计的超声波产品就是这么一个例子。后来，这款产品经过重新定位，让它符合美国市场上私人诊所的需求。随着我们不断从新兴国家学习如何更快打造出一款让客户更加负担得起、更加方便使用的产品，以及如何用新的方法把它们推向市场，这种趋势将会一直延续下去。

这些概念如何才能移植到其他多国公司和其他类型的产品和服务中去？

　　我觉得这些概念对于各种市场上其他公司和不同类型的产品和服务来说非常适用。你在各行各业都能看到一些共同趋势，印度和中国的厂商会开发出越来越多具有全球竞争力的产品。他们通常先将产品出口到其他有价值的市场（如南美、东欧和非洲），然后逐渐增加其精密程度并不断拓展，最后再进一步谋求发达国家市场（如美国或欧洲）。他们带来的创意和产品本来是为自己国家的市场开发的，最后却成功地用到了发达国家市场。跨国公司只有确保自己拥有了解新兴市场客户需求的相关技能，确保领导层会听取其意见，并对相关意见做出回应，才有可能与之竞争。缺少任何一个环节，都会导致全球战略的失败。

你认为国内产品经理（全部运营活动只在一个国家）和国际产品经理（在本地推广某个全球性产品）之间存在哪些异同？

国内产品经理往往管理某个专门为自己的市场设计的产品。产品设计出来是为了满足国内客户的需求，并在国内和重要的全球竞争对手相抗衡。而国际产品经理则往往需要"原封不动"地"接受"产品，并承担向国际市场进行发布的任务。这样会碰到很多困难。在这里，我列出了如下几个主要难点。

- 国内和国际产品经理都面对全球性的竞争对手，但国际产品经理还必须面对本地的竞争对手。对抗专注于本地市场需求的本地竞争对手，给国际产品经理增加了一条国内产品经理无须面对的额外战线。本地竞争对手通常更具成本优势，行动更为迅速，且非常关注本地的需求。这对价格是主要驱动因素的价值市场，或对日本这样的注重复杂细节需求的市场，造成了巨大挑战。
- 多样化的市场。人们常常会采用对待美国市场相似的做法来对待欧洲市场或亚洲市场。但美国总体来说是个同质化的市场，而亚洲市场和欧洲市场是多元文化与不同经济体的混合，每个市场都有自己的特质。例如，在亚洲，整个地区存在巨大的社会差异和经济差异，还有多样的文化、语言和政治制度。亚洲本身地跨多个时区，并拥有众多国家。对于亚洲通常没有统一适用的战略，这种上市战略的多样性让产品经理的工作变得更加复杂。
- 还有一项把原本为不同国家和文化设计的营销材料本地化的额外任务。这可能包括基础的翻译工作，还包括拍摄本地化的照片，以确保在材料中出现的是"当地面孔"。这通常会增加依据全球标准制定的本地上市预算支出。国内产品经理则不用负担这种额外的支出，因此能把资金用到更多的战略活动之中。
- 规模很重要。虽然国际产品经理负责的市场比国内市场增速更快，但国内市场往往规模更大。因此，与更大的国内市场需求相比，要体现他国本地市场所需要的特征和功能是非常有挑战性的。
- 要和处于不同时区的上游团队合作。这意味着你需要在大清早或深更半夜召开电话会议，以便获得自己所需要的支持。在欧洲的产品经理可能需要熬夜，而亚洲的产品经理往往得早起晚睡，让自己的时间安排得非常紧迫。

既然你曾经是产品经理，并且现在依然每天都与他们共事，在你看来，最好的产品经理和其他人有什么差别？

我仍然坚定地认为，产品经理要取得成功，需要把他们自己当成产品的首席执行官或者具有企业家精神的领导者。这包括以下几个方面。

- 超越单纯的产品特征，去了解产品的分销渠道、生产过程、服务流程和详细的成本构成。
- 努力掌握基本的财务技能，以便能为产品制定明确的商业方案。
- 花大量时间到现场与销售人员和用户及购买者接触，直接倾听市场对产品的反馈（不只是花钱请别人开展市场调研）。
- 关注具体某个产品之外的客户需求。退后一步，要了解产品如何以及什么时候被投入使用，以及这前后发生的事情，要进行360度全方位的观察，这会帮助增加服务和毗邻扩展方面的很多认识。
- 与他人合作，即与其他地区拥有同样产品的同事，或者与其他产品线的产品经理合作。抛弃导致很多产品经理失败的不安全感和过度竞争，这对于进入下一步工作来说非常重要。组织内部的领导总会晋升那些能跨部门和地理界限开展工作，并带领整个组织前进的人员。所以，一定要想方设法实现共赢，这就是你的领导想要的。

第 14 章

实现目标与绩效的协同

> **请判断对错**：当预期与能力不相匹配时，很多公司往往会对自己的产品管理组织架构感到失望。
>
> **对**。很多公司开始构建产品管理团队时，并不是很清楚它们到底想要什么样的结果，以及什么样的产品管理技术能帮助它们实现这样的结果。因此，我们有必要回到起点，重新思考这个问题。首先，我们要明确公司的各种期望，然后再搞清楚相对于要实现的期望，产品经理真正拥有和应该拥有什么样的技能，最后再采取行动来缩小两者之间的差距。

这一章和本书其他各章略有不同，本章的内容不仅对产品经理有用，对管理层和人力资源主管也同样有用。尽管我在本书中曾多次把产品经理比做企业家，可事实上，前者必须在一定的范围内开展活动，他们的产品线目标和战略必须与自己的业务单元和公司相联系。

产品管理入门

产品管理一直被认为是一种多产品公司的有效组织形式。其优点不胜枚举，且多有记载。首先，它为产品、品牌或服务提供了一个忠实的支持者；其次，产品管理能创建健康的内部竞争环境；再次，通过支持多个产品的供应，公司可以更快地对客户忠诚度的变化做出回应；最后，它提供了机会，方便了为管理人员晋升至更高级别进行评估。

但不管怎样，产品管理的有效性受多个因素的影响。如果我们希望产品经理能真正地保护他的品牌，就必须让他参与产品的日常决策之中，为产品制定未来战略路线。产品经理在制定多数与产品有关的决策的过程中扮演重要角色，但他们仍需要依靠专业人员来落实自己的很多计划。

在产品管理架构搭建好之后，确定经常要与产品经理互动的公司人员的职能就变得相当重要。在解决有关产品的所有相关问题时，产品经理是公司内部职能部门之间联系的纽带，也是公司、销售人员和客户之间联系的纽带，因此有必要了解他们对彼此的期望。不论这种相互理解的要求已经被写在职位描述之中，还是已在培训项目中被讨论过，或是以非正式的形式被确定下来，这种相互理解都会对产品管理的成败产生影响。

几十年来，产品管理工作一直在发展。但与众多预测文章所说的正好相反，产品管理（尤其是"非传统"产品、市场和服务管理）的数量与重要性并没有下降，反而大为盛行，并囊括了客户管理与价值链分析，进而发展成一个更加综合的职位。产品经理的总体职责是把各个业务部门整合为一个具有战略关注重心的团队，并通过协调对市场需求的理解和产品的生产将其价值最大化。为了实现这个目标，产品经理需要拥有涉及公司几乎所有方面的广博知识，以及有关具体产品或产品线及其客户方面非常专业的知识。产品经理不仅要监督各种产品，还要监督各种项目与流程。

宝洁被认为是发明产品管理概念的公司。1931年，宝洁旗下的卡玫尔（Camay）香皂的销量不断萎缩，而象牙香皂却销售火爆。公司的一位高管建议，为卡玫尔香皂专门指定一位经理，让各种品牌互相竞争。这种品牌管理体系因此大获成功，以至大多数消费品公司纷纷效仿。

产品管理方法既有优势，也有不足。从好的方面看，产品经理非常关注产品线问题。这种做法自然导致产品经理掌握更多的客户、竞争对手以及该组产品的战略潜力方面的信息。另外，由于产品经理必须和公司内部各运营部门进行互动，一方面，这个职位可以为年轻管理人员提供良好的锻炼平台；另一方面，对产品管理架构的批评也随之而来，认为该职位不过是获得升迁的快速通道或垫脚石，因其过于强调短期的结果。它会进一步让人们觉得，产品管理技能比产品和产业知识更容易传递。此外，产品管理还可能导致各种冲突，因为产品经理在产品开发、营销和销售等方面的职权有限，但却身负盈亏重任。最后，产品经理可能会过于关注产品本身，从而忽略了客户的需求。

各公司都在不断调整其产品管理的组织架构方法。有些服务类公司创建了分区管理模式（尽管仍用"产品经理"这个头衔）。例如，某些医院设立了专为女性患者服务的产品经理；一些金融机构可能有小型企业产品经理或"贵宾客户"及"富人市场"经理的职位。

不过，只是简单地把工作重点从产品转移到细分市场上并不能消除矩阵型组织本身存在的一些问题。在矩阵型组织中，员工不仅要直接向特定职能部门汇报工作，而且间接地（通过虚线关系）向其他职能部门汇报工作。这两者都会（或都不会）导致对客户了解的加深和获得满足客户需求的能力。想取得最佳效果，就需要所有人员全身心的投入。

首先，我们必须了解产品管理作为一种组织形式的基本原理。产品管理最为成功的公司通常是那些生产过程相似、营销要求不同的多种产品的公司，在同一款产品能直接打入多个细分市场或客户群的时候尤是如此。其次，企业高管必须绝对支持产品管理组织，并为其开展工作提供组织架构和各种工具。产品经理如果只承担相当于项目协调员的工作，就不会产生本书所讨论的效果。最后，公司必须为这项工作选择并培养合适的人选。

不论产品经理这一职位将来有可能经历什么样的组织变化，成功的产品经理必须充分了解各种细分市场的需求，理解企业的整体能力，并能够利用这些能力满足市场的需求。换言之，产品经理的终极目标就是充当公司内的跨越多个职能部门的领导者，借此实现客户的满足感。

以往，产品经理在消费品公司的工作会和在B2B公司的工作内容不一样。消费品产品经理往往管理的产品更少，而将更多时间花在广告和促销上。其目标市场通常很大（有数百万客户，而不只是几百或几千个客户而已），更有可能实现多样化。企业产品经理则更多地参与产品或服务技术层面的工作，将更多时间投入工程技术与销售团队建设方面。

不过，这两类产品经理之间的差别正在缩小。消费市场分化升级，产品种类激增，同质产品大量出现，消费者很难区分产品的特色或质量，往往只是根据价格来做出购买决定。行业顾客满意度的重要性日益突出，像沃尔玛、家得宝和麦克斯办公用品（Office Max）之类的量贩商和"大卖场"的发展势头持续向好。因此，消费品产品经理很快就会发现，自己花在销售人员和商行（零售商）身上的时间越来越多，与商行打交道的能力很可能会变得越来越重要。尽管零售业巨头早已存在，但功能强大的信息系统的出现给他们提供的有关顾客的数据比制造商能够获得的要多得多，因此，他们的影响力也日益增强。消费品生产商很快就认识到有必要以客户（零售商）为中心开展工作，进行技术投资，并且成为他们的伙伴，而不再像过去那样。沃尔玛的供应商必须满足大量的要求，才能在沃尔玛销售自己的产品（或让产品上架）。越来越多的公司在产品开发的早期阶段就开始听取零售商的意见。百得公司在其向市场引入得伟（DeWalt）系列电动工具时，就曾向包括家得宝在内的多家零售商征询意见。百得公司电动工具部门总经理则强调团队的参与："我们和他们讨论产品命名问题，我们和他们讨论色彩问题，我们和他们讨论质量保证问题。"零售商的意见很有价值，这不仅体现在产品设计上，而且是他们作为合作伙伴的明显标志。[1]

在 B2B 领域，产品经理发现面对数量日益增加的竞争对手，公司更加迫切地需要引入营销战略以巩固自己的市场地位。市场（与"产品"正好相反）知识已经成为产品差异化成败与否的关键性决定因素。

在过去 10 年间，运用产品管理团队（PMTs）来制定产品相关决策的做法日益增多，但团队的具体作用及其有效性还不太明朗。不过，很多大型企业正努力为具体的产品经理配备专门的财务和营销人员，借此提升知识以及各种关系的连续性。

无论在消费品领域还是在企业产品领域，品牌的全球化趋势日益明显。

这对产品经理和聘用他们的公司来说意味着什么？很多产品经理在了解国外市场对自己产品的需求时，往往会碰到各种困难。有时候，对产品或其营销策略要求的变化不多，那么公司自身的转变也就不会太大。而在其他时候，大规模市场调研、产品的改变和促销策略的调整却不可避免。可能还会要求产品经理与部署在其他国家工厂或办公地点的人员开展合作，有时还需要通过视频会议、传真和其他电子途径来协调虚拟团队的工作。这些跨国的业务团队将负责综合利用其公司分布在世界各地的生产能力。公司需要制定组织决策，决定产品经理是否要负责全世界范围内的产品，是否由上游产品经理在国内负责开发工作，而下游（特定国家）经理负责产品上市战略，或者判断是不是采取其他架构会更加合理。他们还要负责为产品经理提供培训机会，帮助他们学习跨文化工作的技能。

产品管理组织形式的转型

启动产品管理转型工作有五个步骤：第一，公司必须进行评估，看看产品管理是不是合适的组织形式，如果合适，确定它应采取哪种工作汇报机制（层级制度）；第二，公司必须明确列出产品经理以及该系统内其他主要成员所需具备的能力和职责；第三，确定所应具备的能力和实际能力之间的差距；第四，必须建立一套招聘、培养和评估人才的制度；第五，公司必须确保目标、指令和行动的持续一致性。

对组织架构匹配度的评估

从功能型（筒仓结构）组织架构向各种以团队或矩阵为基础的组织形态（包括产品管理）转变时需要精心规划。对工作内容的描述必须以书面形式呈现，以便帮助产品经理了解自己的新职责，而其他部门也必须明白，对新任产品经理应抱什么样的期望。尽管他们对组织内其他部门没有权限，产品经理仍必须依靠他们的支持和工作绩效来实现产品绩效目标。为了在组织内成功地引入产品管理架构，目标就必须明确。

一方面，当公司的产品线发展到运用功能型架构已不再奏效时，产品管理就可能成为合适的组织架构。尽管各种产品可能通过同样的渠道流入共同的市场，但产品数量可能已经超过单个营销经理所能应付的程度。或者公司的各种产品可能彼此之间差异巨大，以至于从竞争状况和客户群体的角度来看，必须对它们进行区别对待；或者可能需要掌握相关技术或复杂的产品知识，才能满足市场的需要。此时，产品经理可能就需要参与跨部门、跨市场的产品线的开发与营销活动（见图 14-1）。

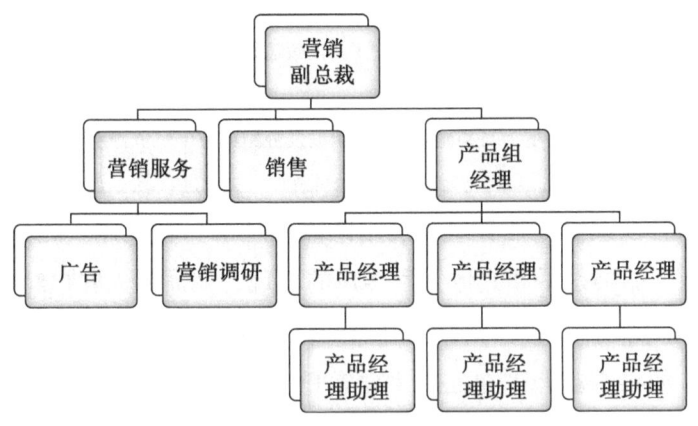

图 14-1　传统产品管理组织

另一方面，不同情形中存在细微差别可能是合适的（见表 14-1）。如果本行业的产品在客户看来是基本"相同"的，那么传统产品经理的架构可能会导致压力，会仅仅为了产品的差异化而人为地制造差别。在这种情况下，市场或分区管理方法可能更具可取之处。当公司要为单个产品线开发不同的市场时，就需要有市场经理。其重点是开发市场，而不是让产品上市。市场经理可以用捆绑的方式或调整公司的产品组合，以满足选定市场分区的需要。这可能还需要，或可能不需要任用"专门产品"经理与细分市场经理一起开展工作。

表 14-1　针对不同产品/市场形势下的组织架构

产品/市场特点	可能的组织架构
众多产品进入数量有限的市场分区。产品需要特别专注，才能完全成功	产品管理

(续)

产品/市场特点	可能的组织架构
公司面向多个对不同产品集有不同偏好的市场分区进行销售。产品可能不需要特别定制,但产品/服务的捆绑类型是各市场分区所独有的	市场或分区经理
情况与上一格相同,但还要为不同市场分区开发新的产品	与"专门产品"经理或项目经理一起进行分区管理
公司的销售对象是少数几个大客户,其需求与其他基本客户不同	大客户经理
新产品耗时很长,但对公司的生存又至关重要,以致需要设置专门岗位,专门负责解决新产品问题	产品开发经理或新产品经理,可能隶属于(虽然并非一定)技术部门
从区域或国家组织架构转变为与共同客户/应用以及分销渠道实现战略协同	负责主要产品类别的全球事业部

大客户管理或全国性客户管理是产品管理的一种变体。随着大型卖场、大型零售商、品类杀手和其他大型客户的出现,就需要大客户经理来负责接洽重点客户,并与他们共同确定,应如何将产品调整到最佳状态,以满足他们的需求。如果产品经理在处理主要客户的特殊要求时,花费了过多时间,就需要增设一位大客户经理,来专门负责这些"特殊要求",并与产品经理一起进行产品调整。

组织架构中还有最后一个重要的考虑因素,那就是新产品开发。虽然大部分产品经理在新产品开发上会花费大量时间,但是有些公司还是会选择单独设置新产品经理一职,来负责有关产品规格、设计及产品开发等问题,然后产品经理再接手,负责产品上市后的营销活动。尽管这种情况并不常见,但也是一种符合企业某些具体需求的组织类型。

大部分产品经理隶属于营销或营销/销售部门,通常向营销或产品管理主管、营销或产品管理经理或营销副总裁汇报工作。产品经理本身,却往往没有下属向他报告。然而,在大型企业内,产品经理下面可能设有助理,也会对某些职能性下属有管辖权。有些产品经理会直接管理8个或更多员工。如果产品经理有下属员工,最佳做法通常是,让他们分别承担信息处理员、协调员或分析员的工作,而不是搭建一个由层层助理组成的金字塔形结构,这等于是在层级组织内再创造另一个层级组织。

层级组织的设立是为了预防错误，但同时也削弱了个人责任心、创造力和承担风险的机会。这正是为什么会有那么多产品管理大师，都提倡企业组织扁平化，将组织架构的重点放在如何为终端客户提供更好的产品和服务上。产品经理和产品管理团队的建设，如果都以客户满意度（正如他们本该做的）为出发点，并能够被授权制定产品线的相关决策，那么也就与上述思想相符了。

明确产品经理和其他人员的职责

如果想要把沟通中产生误解的可能性降至最低，并提升产品管理架构的成功概率，企业管理层必须对关键的管理人员说明清楚，组织概念具体是怎么发挥作用的，以及对它做出改变背后的原因是什么。重要的是，不仅要明确产品经理的职责，还要明确产品经理经常要接洽的人员的职责。举例来说，假定一家公司设有三位产品经理、一位营销服务经理、一位营销调研经理和数位区域销售经理（所有这些人员可能都向营销总监或营销/销售副总裁汇报工作）。

通常，产品经理负责建议并制定产品的战略指导方针，收集客户分区和产品的市场信息，为销售部门提供信息，帮助与某些特定客户达成交易，并在产品/服务开发、调整和淘汰等工作中发挥主要作用。营销服务经理要支持产品经理的工作，为其提供沟通材料，并处理全公司的推广和公关活动。营销调研经理则外包或自主进行必要的营销调研活动，充分了解客户需求以及竞争对手的实力，并为公司的成长与并购机会提供信息。区域销售经理负责销售团队的日常激励和管理工作，并支持产品经理，把新商品推向市场。

许多产品经理（尤其在 B2B 公司或服务部门）受聘是因为他们拥有某些特定产品或服务方面的技术知识。因此产品管理和相关业务部门的职责就要梳理清楚。如产品经理可以提供客户和竞争对手数据，借此支持自己建议的新产品，但他们必须把实际设计工作交给设计人员负责。

尽管这些职责描述不一定对每个组织都适合，重要的是必须全方位思考，并确定相关职责及其重合部分。在引入产品管理之前，确定各职务的责任概要能降低组织架构的不确定性。

无论产品经理在公司中的定位如何，不论其职责是否以书面形式确定下来，都能极大地影响他们履行职能。管理层面对的重要问题是，要平衡产品经理的管理和创新职能。认知地位相对较低的产品经理不可能成为真正的变革推动者；相反，认知地位相对较高的产品经理则应拥有所需的各种技能和尊重，能够有效地发挥职能。

有家大型服务类公司，首次引入产品管理制度时，成立了一个工作组，负责建立一个产品经理职责模型，并确定了10个涉及产品管理的支持部门（加上高级和业务单元管理部门）的职责。产品经理负责本章所讨论过的很多具体的活动。下面清单中列出的，就是一家代表性公司中这10个部门的主要职责摘要。产品管理架构一旦搭建完成，管理层就必须选择合适人选，培训并指导其活动，确保其工作走上正轨。

某大型金融服务公司的相互职责

高级副总裁

- 确定组织的总体方向和工作的优先安排；
- 分配组织资源。

业务单元经理

- 核定年度产品业务计划和预算；
- 决定产品资源分配。

产品开发

- 开展新产品或重大改进项目的可行性研究；
- 协调新产品的开发与引入工作。

市场调研

- 衡量、追踪并报告产品的市场份额;
- 根据需要开展产品调研。

营销与沟通

- 开展并协调与产品有关的营销和销售沟通活动;
- 协助制订营销方案;
- 执行营销方案。

销售

- 寻找新的业务机会;
- 完成交易。

运营

- 提供例行的客户支持与服务;
- 实现产品运营效率。

公司关系

- 识别新的业务机会,并制定客户保留战略;
- 协调公司的业务发展计划。

人事

- 制订并执行产品经理的职业发展计划;
- 开展产品经理专业技能培训。

质量保证

- 协助制定并监督执行质量标准;
- 提供流程管理评估意见。

明确职位要求与实际能力之间的差异

成功的产品经理并没有一个理想化的形象，但很多特征、技能，以及各种经历通常被认为会关系到产品管理的成功。产品经理身上最常见的先天特征包括创业的态度、领导才能和自信。后天习得的能力应包括组织能力、时间管理能力以及沟通技能。销售能力和技术能力在很多产业也很重要。而以往经验是否重要，得看该产品管理职位的具体要求。如果职位要求有技术和工程设计方面的知识，工程设计方面的背景就比较重要。如果职位需要理解客户应用，在本行业内从事销售的背景就比较重要；但是如果大的市场趋势和竞争对手定位等方面的知识很重要的话，营销研究或广告经验就是该职位所需要的。

产品经理的合适特征还依赖于组织的文化和它对该职位的期望。有些产品经理扮演的是（并希望其去扮演）协调者的角色，有些可能更具指导性，还有一些则扮演领导者的角色。

协调型产品经理主要作为管理者承担职责，确保如期完工，按要求执行。这种类型的产品经理更可能制定各种预算，而不是规划。指导型产品经理不仅要协调各种项目，还要负责制订产品计划。而领导型产品经理则更具创业精神，在为公司制定产品和服务的战略规划方面更加积极主动。

产品经理所需具备特质也有不同之处，这要取决于他们是为消费品生产商还是为工业产品生产商工作。对设有产品管理组织的多家澳大利亚公司的营销高管进行过一项研究，结果发现，消费品公司和工业产品公司的管理期望是有差别的。来自消费品公司的营销经理往往更多地把产品经理看成是战略的协调者和执行者，而工业产品公司则不会这样。相反，对于工业产品经理而言，做出预测以及收集竞争对手情报更为重要，而消费品产品经理则并非如此。其中部分原因可能是，消费品公司可以获得大量综合性的消费者数据信息，而工业产品公司则不可能。

该项研究突出强调了产品管理理念（PMC）中存在的一些问题：

> 那些对PMC表示出不满的公司常常会被人追问为什么。这是一个开放性的问题。各种可能的原因如下：产品经理花费过多时间

处理日常事务，却没有足够时间规划和寻找新的机会；产品经理没有体现出足够的创新精神；产品经理对销售部门没有足够的管理权限，无法与销售团队进行良好的沟通（这是频率最高的回答）；对产品经理的职责了解不够；产品经理缺乏经验；权限与责任不相匹配。[2]

评估及指导产品经理

产品经理需要不同种类的知识，包括产品/行业知识、业务知识和人际技能/管理知识等。由于新任产品经理通常会花费大量时间，收集并整理有关产品、客户和竞争对手的信息，关于产品的知识是重中之重。随着经验的不断积累，他们的关注点会转移到更加全面的业务知识，包括财务、营销及战略规划等。与此同时，他们也会培养团队建设、谈判、沟通及领导能力。各公司会用正式或非正式的方法，来培养产品经理，这在企业案例14-1"产品经理的技能与知识培养"里有相关讨论。

企业案例 14-1

产品经理的技能与知识培养

产品经理的职位描述中通常会列出诸如竞争能力分析以及新产品开发方面的主要职责。但发现并提高所要求的技能和知识，可能很难。识别这些能力是个发现的过程。很多公司起初试图通过分析优秀人才来揭示他们成功的"秘诀"，或者他们把外部资源编辑整理成基本资料。内部分析对于具体行业方面的能力要求十分有用，而外部分析则提供了一个视角更为宽泛的评估标准。在任何情形中，能力都应真正与产品经理的绩效联系起来。

培养产品经理的过程可以是正式的，也可以是非正式的。联合利华公司拥有一个相对正式的方案，它建了一所营销学院，那是一所专门为想要提升营销能力的员工建立的虚拟全球性大学。

> 课程把组织培育品牌的方式作为讨论的主题，并且把培训和业务目标联系起来。这种做法增加了知识的迁移。所用资源包括书籍、小册子、内部网、讨论会以及各类课程。
>
> 考虑到跨职能部门知识的重要性以及营造合适文化氛围的需要，非正式的培养过程也很重要。葆拉·斯尼德（Paula Sneed）是卡夫食品公司（Kraft Foods）的全球营销资源高级副总裁。她发现，倾听自己在通用食品公司（General Foods）和卡夫食品公司工作时所遇见的各级同事的心声并欣赏他们，极大地推动了她的职业发展，她把这种方法称为"拼图式指导"。
>
> 资料来源：Linda Gorchels, *The Product Manager's Field Guide* (McGraw-Hill, 2003) provides a product manager competency model, along with alignment exercises for each competency. "Unilever: The Marketing Academy," *Brand Strategy* (May 2004), p. 28. "Dreaming Big, Preposterous Dreams Gives Vision for Success," *Chicago Tribune* (October 25, 2005), p. 5.

很多公司认为，培养出一位高效的产品经理需要 3～5 年时间。根据坦普尔、巴克和斯隆股份有限公司管理咨询公司的负责人比尔·梅泽夫（Bill Meserve）所说，在这个时候，培训和激励至关重要，职业发展必须成为一项责任："3M 公司某部门采用的是正式做法，它以职业发展的书面文件以及每年的定期审查为基础，这种审查与绩效评估是分离的。监督职业发展的主要责任落在高级营销管理人员或独立营销委员会身上。"[3] 开发产品经理能力模型是个不错主意，如图 14-2 所示。确定所需的能力及其相对权重，然后运用这个工具，评估并指导每个产品经理。

产品经理若想取得工作成效，就需要在公司内部构建沟通的桥梁，并成为跨越职能部门的领导者。因此，在选择并培养产品经理方面，这种能力超越了各职能部门的界限，必须认真加以考虑。多个产品或品牌管理体系的彻底失败是因为把产品经理当成产品的守护者，强调"安全"的结果。产品经理所担负的责任是，要实现立竿见影的结果，而不是创造长期的客户价值。此时，产品经理关心的是如何提升自己的地位，而不是改进公司的产品。威

第 14 章
实现目标与绩效的协同

廉·威尔巴克（William Weilbacher）在他的《品牌营销》一书中是这么写的：

> 最后，品牌经理迫于品牌管理制度的压力，会更加关注职业生涯管理而不是品牌管理。品牌支持和品牌拥护会被品牌经理讨好上级的行为所取代，而不管其长期对品牌和购买产品的客户的感受会产生什么影响。[4]

推动业务成效	通过他人来传递结果	制定战略	确保以市场为导向	指导产品匹配及功能	管理多项优先事务	展现企业家特质
财务能力	领导力	发展趋势的能力	市场分析及细分	技术知识	项目管理技能	自律
销售知识和技能	影响与激励	开发系列产品	竞争对手情报	新产品开发知识	时间管理技能	远见
业务规划	团队管理	前瞻性	产品上市知识	质量保证	组织能力	风险承受力
预测	决策	处理模糊事件的能力	客户支持	产品线匹配	计划执行能力	不畏艰难的态度
流程知识	感知力	伙伴关系	品牌与沟通相符	原型审核	必要时的拒绝能力	以结果为导向
加权总分						

- 特定能力的权重
- 针对产品经理特定能力的评分
- 权重×分数，即为所得总分

技能评分标准：
1. 能力不足：产品经理缺乏胜任岗位所需要的基本经验、技术或能力。
2. 基本胜任：产品经理能够基本胜任该岗位，所具备的知识使其可以参与决策制定。
3. 熟练：产品经理能够较全面地胜任该岗位，必要时能够指导其他员工。
4. 精通：产品经理不但精通相关技能，并能够自我提升。

图 14-2 产品经理能力模型

确保目标、指令和行动的持续协调

合适的评估标准取决于管理层的绩效预期。销量或利润目标都是十分常见的绩效衡量指标。但是，如果利润作为衡量指标，区分清楚利润贡献和底线利润就十分重要。利润贡献是扣除产品经理所有的直接、可控或相关费用之后所剩下的产品收益的额度。分担间接费用方面的贡献额是比全部利润分摊更加公平的绩效评估方法，因为间接费用贡献将大家对分配方法有效性的顾虑降到了最低。过度关注会将间接费用分摊到每个产品之上，耗费原本可以更好地用到其他方面的精力，但这并不意味着全部间接费用就不需要进行分摊。间接费用贡献目标的确定，是为了考虑预期费用的分摊问题，但并不是要求产品经理为间接费用的增加超出其控制范围而承担责任。

有些公司执行质量管理的原则是选择尽量减少个人绩效衡量指标，而是关注整个公司的绩效。这倒不见得只能是二者选其一。衡量方法设计出来是为了衡量个人和公司的绩效。各公司可以根据自己有关绩效衡量理念各公司可以根据自己的绩效衡量理念，来有区别地对这些指标进行权衡。

除财务指标外，对产品经理进行评估可以根据其他各种因素的组合，举例如下：

- 成功引入新产品；
- 市场份额保持不变或有所增长；
- 客户满意度指数；
- 实现公司专门的目标。

本章思考

对本公司（或行业）内顶级产品经理进行研究，确定与成功有关的"所期望"的能力，把这些最协调一致的能力与本公司的目标和方向进行匹配。运用所选出的能力，来设计对产品经理的能力要求，促进产品管理的成功。

斯坦·科帕克和约翰·卢茨兹克访谈：产品线管理转型

斯坦·科帕克（Stan Kopec）
加拿大北方电信公司（Nortel）
知识产权组合经理
电子邮箱：skopec@charter.net

第 14 章
实现目标与绩效的协同

约翰·卢茨兹克（John Luszczek）
加拿大北方电信公司移动卫星服务
业务部总经理

斯坦和约翰，你们已在北方电信工作多年。两位目前和过去在公司都担任什么职务？

约翰：我目前是北方电信公司移动卫星业务部总经理。在这以前，我领导北方电信公司产品线管理转型项目。当然更早时候，我在产品管理部门和工程设计部门工作过。

斯坦：我目前负责管理北方电信的知识产权许可协议组合业务。在这之前，我和约翰一起，参与产品线管理转型项目。再早些时候，我在多个产品组合、项目管理和竞争/市场情报收集等岗位工作过。

这些年来，北方电信碰到了一些问题。所采取的进步措施之一就是你们两位刚刚提到的产品线管理转型项目。两位可以谈谈这个过程吗？

约翰和斯坦：北方电信曾在众多职能部门启动过不少业务转型项目，来发展整个公司的最佳实践。产品线管理就是这些职能领域中的一个。在整个过程中，我们采用了相当规范的做法。

首先，我们和负责产品线管理的高管团队和职能部门人群进行面谈，深入了解产品线管理组织所期待的关键责任和目标是什么。这成为框定产品管理所需能力的重要基础。

我们还识别出每个产品管理团队成员的人口学特征（如工作年限、教育背景、从业经验和其他因素）及其当前运作模式。这能让我们很好地了解现状。

· 323 ·

然后，我们确定了市场规划、产品组合管理、业务规划和生命周期管理工作职责的主要支柱，进而依此设计出整体责任模型。我们意识到，对于要为某些结果和后果负责的人们来说，他们需要具备一定的基本技能。该模型帮助我们识别并界定了这些技能，即我们需要产品经理履行其主要责任所需具备的能力和熟练程度。

下一步就是寻找潜在的技能提升空间。我们对整个产品线管理组织进行了技能评估，确定可以提升的普通和具体技能（我们成为执行技能）。我们以这些信息为基础，与一流大学合作，确定提升这些技能所需要的培训。

这个过程的最后一步就是开展培训。但因为当时北方电信公司正在进行财务重组，这个步骤并没完成。产品线管理业务转型小组的建议被提供给了各个业务单元。

经历过整个过程后，你们两位所学到的最让人吃惊的是什么？

斯坦和约翰：实际上有三个重要方面：第一，我们意识到多数产品线管理员工以前都是研发人员，因此他们极其关注产品性能；第二，我们发现多数产品线管理培训是在职培训，并只是与指导者一起工作而已；第三，针对我们具体的产品线管理发展项目，市面上几乎看不到现成的培训课程。

能不能列举几个转型过程中成功的例子？

约翰和斯坦：当然可以。这个过程真的帮助我们制定了产品线管理的责任模型，它适用于北方电信公司内的所有产品线管理岗位。尤其是该模型可以应用到从硬件到软件（应用）的各个方面，也包括服务方面。它还可用于整个产品生命周期的所有重要活动领域，具体包括市场规划、产品组合管理、业务企划和生命周期管理。

我们认为，我们还取得了其他一些成绩。我们更好地界定了产品线管理所需的技能，即与责任模型相匹配的技能，并且能够进行技能评估，并因此得以推荐培训要求。

我们上面的回答中遗漏了几个其他事项。作为培训的一部分，我们制作了指导产品线管理人员通过特定课程的发展手册，并明确指出哪门课程具体针对哪种技能。我们还为履行产品线管理职责列出了一个需要改进的优先工具清单。

对于那些正在力求强化其产品管理组织的公司，你们两位有些什么建议？

斯坦和约翰：事实上我们有好几条建议。你绝对要与高管团队对产品线管理组织的期望协调一致，并获取公司层面的信任。你一定要了解产品线管理组织当前的能力，量身定制技能发展和培训方案，有针对性地强化急需提升的能力。最后，你得承认，要承担产品线管理职责，执行技能（即具体的与产品有关的技能，如倾听客户心声和产品上市技能等）是需要的，但卓越的通用型技能（领导力、战略、创新）则是发展进入下一个层次所需要的。

注　释

第 1 章

1. G. M. Naidu, A. Kleimenhagen, and G. D. Pillari, "Is Product-Line Management Appropriate for Your Health Care Facility?" *Journal of Health Care Marketing* (Fall 1993), p. 8.

第 2 章

1. Robert W. Koehler, "Triple-Threat Strategy," *Management Accounting* (October 1991), p. 32.
2. Some executives are working with writers, directors, producers, and actors to gain better skills at storytelling. Screenwriting coach Robert McKee discusses this phenomenon in "Storytelling that Moves People," *Harvard Business Review* (June 2003), pp. 51–55.
3. Camille H. James and William C. Minnis, "Organizational Storytelling: It Makes Sense," *Business Horizons* (July–August 2004), p. 29.
4. Social scientists refer to this as the principle of authority, a critical component of persuasion. For more detail refer to Robert B. Cialdini, "Harnessing the Science of Persuasion," *Harvard Business Review* (October 2001), pp. 72–79.

第 4 章

1. Peter Burrows and Ben Elgin, "Why HP Is Pruning the Printers," *BusinessWeek* (May 9, 2005), pp. 38–39.
2. Numerous trend-watching publications follow nanotechnology. *The Futurist* (a publication of the World Future Society) has covered it in several issues. One such article is "Molecular Nanotech: Benefits and Risks," by Mike Treder, *The Futurist* (January–February 2004), pp. 42–46. This was also the *BusinessWeek* cover story in the February 14, 2005, issue.

3. Rich Tomaselli, "Pharma Replacing Reps with Web," *Advertising Age* (January 24, 2005), p. 50.
4. John A. Nolan, "It's the Third Millennium: Do You Know Where Your Competitor Is?" *Journal of Business Strategy* (November/December 1999), pp. 11–15.
5. Theresa Howard, "Glen Ellen Reformulates to Go Upscale," *Brandweek* (May 1, 2000), p. 78.
6. Julie Schlosser, "Looking for Intelligence in Ice Cream," *Fortune* (March 17, 2003), p. 115.
7. Liz Torlee, "The Perils of Segmentation," *Marketing* (August 23–August 30, 2004), p. 31.
8. Industries were previously grouped according to the Standard Industrial Classification (SIC) codes. Refer to census.gov for the translation to NAICS.
9. Refer to Niraj Dawar, "What are Brands Good For?" *MIT Sloan Management Review* (Fall 2004), pp. 31–37 for a discussion on replacing brand management with customer management.
10. Alan W. H. Grant and Leonard A. Schlesinger, "Realize Your Customers' Full Profit Potential," *Harvard Business Review*, vol. 73, no. 5 (September–October 1995), pp. 61–62.
11. Kelly Greene, "Marketing Surprise: Older Consumers Buy Stuff, Too," *Wall Street Journal* (April 6, 2004), pp. A1–A12.

第 5 章

1. "Hyundai Steers for the Top," *Wall Street Journal* (April 27, 2005), p. B3.
2. Chad Terhune, "In Switch, Pepsi Makes Diet Cola its New Flagship," *Wall Street Journal* (March 16, 2005), p. B1.
3. Amy Barrett, "DuPont Tries to Unclog a Pipeline," *BusinessWeek* (January 23, 2003), pp. 103–104.
4. Betsy D. Gelb, "Why Rich Brands Get Richer, and What to Do About It," *Business Horizons* (September–October 1992), p. 46.

第 6 章

1. James Carbone, *Purchasing*, vol. 136, no. 4 (March 15, 2007), p. 30.
2. Geoff Colvin, "Here It Is. Now, You Design It!" *Fortune* (May 26, 2008), p. 34.
3. Vanessa Wong, "Co-Creation: Not Just Another Focus Group," Bloomberg *BusinessWeek* special report (April 1, 2010).

4. Regina Fazio Maruca, "The Right Way to Go Global," *Harvard Business Review*, vol. 72 (March/April 1994), p. 143.

5. Christopher Power, Kathleen Kerwin, Keith Alexander, and Robert D. Hof, "Flops," *BusinessWeek* (August 16, 1993), p. 79.

6. Janet Guyon, "CEOs on Managing Globally," *Fortune*, the 2004 Global 500 special insert (July 12, 2004).

7. "The Knowledge Creating Company," *Harvard Business Review* (November–December 1991), p. 101.

8. A more complete listing of screening (or business case evaluation) criteria can be found in Philip A. Himmelfarb, *Survival of the Fittest* (Prentice Hall, 1992), pp. 107–111.

9. Peter Strub and Steven Herman, "Can the Sales Force Speak for the Customer?" *Marketing Research*, vol. 5, no. 5 (Fall 1993), pp. 32–35.

第 8 章

1. The section on heavyweight product managers was adapted from Kim B. Clark and Takahiro Fujimoto, "The Power of Product Integrity," *Harvard Business Review* (November–December 1990), pp. 107–118; Christopher Power et al., "Flops," *BusinessWeek*, (August 16, 1993), pp. 76–82; and Jean E. LeGrand, "A Product in Need of Management," *Bankers Magazine* (November–December 1992), pp. 73–76. While the product managers in the automotive industry described in this section were generally part of engineering, most product managers in other industries are in marketing, marketing/sales, or product management departments.

2. Clark and Fujimoto, p. 108.

3. Clark and Fujimoto, p. 109.

4. Clark and Fujimoto, p. 110.

5. LeGrand (1992), p. 73.

6. R. Madhavan, "From Embedded Knowledge to Embodied Knowledge: New Product Development as Knowledge Management," *Journal of Marketing* (October 1998), pp. 1–12.

7. Faye Rice, "Secret of Product Testing," *Fortune* (November 28, 1994), pp. 88–95.

8. Preston G. Smith and John S. Farnbach, "Avoid Costly 11th-hour Project Dilemmas by Preparing for Change," *PDMA Visions* (December 2010), pp. 24–26.

第 9 章

1. C. Merle Crawford, *New Products Management*, 4th ed. (Richard D. Irwin, 1994), p. 351.
2. Wayne Koberstein, "Master Launchers," *Pharmaceutical Executive* (May 1998), p. 45.
3. Bruce Nussbaum and Robert Neff, "I Can't Work This Thing!" *BusinessWeek* (April 19, 1991), p. 60.
4. Fernando Suarez and Gianvito Lanzolla, "The Half-Truth of First-Mover Advantage," *Harvard Business Review* (April 2005), pp. 121–127.
5. C. Merle Crawford, *New Products Management*, 4th ed. (Richard Irwin, 1994), pp. 351–353.
6. Mary Jo Feldstein, "How Do You Take a New Product, Create a Need for It and Sell It?" *St. Louis Post-Dispatch* (April 19, 2005), p. D1.

第 10 章

1. James R. Rindall, "Marketing Established Brands," *Journal of Consumer Marketing* (Fall 1991), pp. 5–10.
2. Jason Stein, "What's Brewing?" *Wisconsin State Journal* (May 15, 2005), p. C10.
3. Paulette Thomas, "Case Study: Narrow Markets Need Cultivation to Thrive," *Wall Street Journal* (November 23, 2004), p. B8.
4. Steve Varon, "Filling in the Gaps," *Medical Marketing and Media* (June 2004), pp. 52–56.
5. Jeremy Main, "How to Steal the Best Ideas Around," *Fortune* (October 19, 1992), p. 103.
6. Ibid.
7. Alexandra Jardine, "Next Generation," *Marketing* (November 24, 2004), pp. 31–36.
8. Refer to Youngme Moon, "Break Free from the Product Life Cycle," *Harvard Business Review* (May 2005), pp. 87–94, for a discussion of reverse positioning, breakaway positioning, and stealth positioning concepts.
9. Staci Sturrock, "Time Not on Our Side," *Wisconsin State Journal* (May 15, 2005), p. I8.
10. Ralph Ruark, "Innovation Matters," *Ceramic Industry* (May 2004), pp. 38–41.
11. Nirmalya Kumar, "Kill a Brand, Keep a Customer," *Harvard Business Review* (December 2003), pp. 86–95.

12. David M. Anderson and B. Joseph Pine II, *Agile Product Development for Mass Customization* (Times Mirror, 1997), pp.75–83.

第 11 章

1. From the dictionary on the American Marketing Association Web site, http://www.marketingpower.com/.
2. Kevin Lane Keller, *Strategic Brand Management* (Prentice-Hall, 1998), p. 4.
3. http://www.brandchannel.com/education_glossary.asp.
4. Beth Snyder Bulik, "Apple Hires HP Star to Bring Stronger Marketing Punch," *Advertising Age*, vol. 76, no. 8 (February 21, 2005), p. 4.
5. Joseph Weber, "He Really Got Harley Roaring," *BusinessWeek* (March 21, 2005), p. 70.
6. David Rocks and Moon Ihlwan, "Samsung Design," *BusinessWeek* (December 6, 2004), pp. 88–96.
7. Kevin Helliker, "In Natural Foods, a Big Name's No Big Help," *Wall Street Journal* (June 7, 2002), pp. B1–B7.
8. "Leaders: Brand New," *Consumer Electronics*, (January 15, 2005), p. 10.
9. Todd Wasserman, "Marketers Extend Kudos to Jeep, Apple," *Brandweek* (October 11, 2004), p. 4.
10. Kevin Lane Keller, *Strategic Brand Management*, p. 132.
11. Steve Butler, "Product Range Brands: A Frequently Overlooked Source of Value in the Chemical Industry," *Chemical Market Reporter* (December 9, 2002), p. 26.
12. Betsy McKay and Suzanne Vranica, "How a Coke Ad Campaign Fell Flat with Viewers," *Wall Street Journal* (March 19, 2001), pp. B1–B4.

第 12 章

1. Andrew Serwer, "How to Escape a Price War," *Fortune* (June 1994), p. 84.
2. Christopher Power et al., "Flops," *BusinessWeek* (August 16, 1993), p. 79.

第 13 章

1. The information in this paragraph is derived from Jack Neff, "Unilever Reorganization Shifts P&L Responsibility," *Advertis-*

ing Age (February 28, 2005), p. 13.

2. Salah S. Hassan, Stephen Craft, and Wael Kortam, "Understanding the New Bases for Global Market Segmentation," *The Journal of Consumer Marketing*, vol. 20, no. 4/5 (2003), p. 454.

3. Douglas B. Holt, John A. Quelch, and Earl L. Taylor, "How Global Brands Compete," *Harvard Business Review* (September 2004), pp. 68–75.

4. John Galvin, "The World on a String," *Advertising Age* (February 2005), pp. 13–19.

5. Alex Taylor III, "Can America Fall in Love with VW Again?" *Fortune* (May 16, 2005), p. 130.

6. David Arnold, "Seven Rules of International Business," *Harvard Business Review* (November –December 2000), pp. 131–137.

7. Richard R. Gesteland, *Cross-Cultural Business Behavior*, 5th ed. (Copenhagen Business School Press, 2011).

第 14 章

1. Zachary Schiller, Wendy Zellner, Ron Stodghill, and Mark Maremont, "Clout!" *BusinessWeek* (December 21, 1992), p. 70.

2. P. L. Dawes and P. G. Patterson, "The Performance of Industrial and Consumer Product Managers, *Industrial Marketing Management* (February 1988), pp. 73–84.

3. Bill Meserve, "The Changing Role of Product Management," *Electronic Business* (January 9, 1989), p. 146.

4. William Weilbacher, *Brand Marketing* (NTC Business Books, 1993), p. 123.

会计极速入职晋级

书号	定价	书名	作者	特点
66560	49	一看就懂的会计入门书	钟小灵	非常简单的会计入门书；丰富的实际应用举例，贴心提示注意事项，大量图解，通俗易懂，一看就会
44258	49	世界上最简单的会计书	（美）穆利斯 等	被读者誉为最真材实料的易懂又有用的会计入门书
59148	49	管理会计实践	郭永清	总结调查了近1000家企业问卷，教你构建全面管理会计图景，在实务中融会贯通地去应用和实践
70444	69	手把手教你编制高质量现金流量表：从入门到精通（第2版）	徐峥	模拟实务工作真实场景，说透现金流量表的编制原理与操作的基本思路
69271	59	真账实操学成本核算（第2版）	鲁爱民 等	作者是财务总监和会计专家；基本核算要点，手把手讲解；重点账务处理，举例综合演示
57492	49	房地产税收面对面（第3版）	朱光磊 等	作者是房地产从业者，结合自身工作经验和培训学员常遇问题写成，丰富案例
69322	59	中小企业税务与会计实务（第2版）	张海涛	厘清常见经济事项的会计和税务处理，对日常工作中容易遇到重点和难点财税事项，结合案例详细阐释
62827	49	降低税负：企业涉税风险防范与节税技巧实战	马昌尧	深度分析隐藏在企业中的涉税风险，详细介绍金三环境下如何合理节税。5大经营环节，97个常见经济事项，107个实操案例，带你活学活用税收法规和政策
42845	30	财务是个真实的谎言（珍藏版）	钟文庆	被读者誉为最生动易懂的财务书；作者是沃尔沃原财务总监
64673	79	全面预算管理：案例与实务指引（第2版）	龚巧莉	权威预算专家，精心总结多年工作经验/基本理论、实用案例、执行要点，一册讲清/大量现成的制度、图形、表单等工具，即改即用
61153	65	轻松合并财务报表：原理、过程与Excel实战	宋明月	87张大型实战图表，手把手教你用EXCEL做好合并报表工作；书中表格和合并报表的编制方法可直接用于工作实务！
70990	89	合并财务报表落地实操	蔺龙文	深入讲解合并原理、逻辑和实操要点；14个全景式实操案例
54616	39	十年涨薪30倍	李燕翔	实录500强企业工作经验，透视职场江湖，分享财务技能，让涨薪，让升职，变为现实
69178	169	财务报告与分析：一种国际化视角	丁远	从财务信息使用者角度解读财务与会计，强调创业者和创新的重要作用
69738	79	我在摩根的收益预测法：用Excel高效建模和预测业务利润	（日）熊野整	来自投资银行摩根士丹利的工作经验；详细的建模、预测及分析步骤；大量的经营模拟案例
64686	69	500强企业成本核算实务	范晓东	详细的成本核算逻辑和方法，全景展示先进500强企业的成本核算做法
60448	45	左手外贸右手英语	朱子斌	22年外贸老手，实录外贸成交秘诀，提示你陷阱和套路，告诉你方法和策略，大量范本和实例
70696	69	第一次做生意	丹牛	中小创业者的实战心经：赚到钱、活下去、管好人、走对路；实现从0到亿元营收跨越
70625	69	聪明人的个人成长	（美）史蒂夫·帕弗利纳	全球上亿用户一致践行的成长七原则，护航人生中每一个重要转变

财务知识轻松学

书号	定价	书名	作者	特点
45115	39	IPO财务透视：方法、重点和案例	叶金福	大华会计师事务所合伙人经验作品，书中最大的特点就是干货多
58925	49	从报表看舞弊：财务报表分析与风险识别	叶金福	从财务舞弊和盈余管理的角度，融合工作实务中的体会、总结和思考，提供全新的报表分析思维和方法，黄世忠、夏草、梁春、苗润生、徐珊推荐阅读
62368	79	一本书看透股权架构	李利威	126张股权结构图，9种可套用架构模型；挖出38个节税的点，避开95个法律的坑，蚂蚁金服、小米、华谊兄弟等30个真实案例
70557	89	一本书看透股权节税	李利威	零基础50个案例搞定股权税收
52074	39	财报粉饰面对面	夏草	夏草作品，带你识别财报风险
62606	79	财务诡计（原书第4版）	（美）施利特 等	畅销25年，告诉你如何通过财务报告发现会计造假和欺诈
58202	35	上市公司财务报表解读：从入门到精通（第3版）	景小勇	以万科公司财报为例，详细介绍分析财报必须了解的各项基本财务知识
67215	89	财务报表分析与股票估值（第2版）	郭永清	源自上海国家会计学院内部讲义，估值方法经过资本市场验证
58302	49	财务报表解读：教你快速学会分析一家公司	续芹	26家国内外上市公司财报分析案例，17家相关竞争对手、同行业分析，遍及教育、房地产等20个行业；通俗易懂，有趣有用
67559	79	500强企业财务分析实务（第2版）	李燕翔	作者将其在外企工作期间积攒下的财务分析方法倾囊而授，被业界称为最实用的管理会计书
67063	89	财务报表阅读与信贷分析实务（第2版）	崔宏	重点介绍商业银行授信风险管理工作中如何使用和分析财务信息
58308	69	一本书看透信贷：信贷业务全流程深度剖析	何华平	作者长期从事信贷管理与风险模型开发，大量一手从业经验，结合法规、理论和实操融会贯通讲解
55845	68	内部审计工作法	谭丽丽 等	8家知名企业内部审计部长联手分享，从思维到方法，一手经验，全面展现
62193	49	财务分析：挖掘数字背后的商业价值	吴坚	著名外企财务总监的工作日志和思考笔记；财务分析视角侧重于为管理决策提供支持；提供财务管理和分析决策工具
66825	69	利润的12个定律	史永翔	15个行业冠军企业，亲身分享利润创造过程；带你重新理解客户、产品和销售方式
60011	79	一本书看透IPO	沈春晖	全面解析A股上市的操作和流程；大量方法、步骤和案例
65858	79	投行十讲	沈春晖	20年的投行老兵，带你透彻了解"投行是什么"和"怎么干投行"；权威讲解注册制、新证券法对投行的影响
68421	59	商学院学不到的66个财务真相	田茂永	萃取100多位财务总监经验
68080	79	中小企业融资：案例与实务指引	吴瑕	畅销10年，帮助了众多企业；有效融资的思路、方略和技巧；从实务层面，帮助中小企业解决融资难、融资贵问题
68640	79	规则：用规则的确定性应对结果的不确定性	龙波	华为21位前高管一手经验首次集中分享；从文化到组织，从流程到战略；让不确定变得可确定
69051	79	华为财经密码	杨爱国 等	揭示华为财经管理的核心思想和商业逻辑
68916	99	企业内部控制从懂到用	冯萌 等	完备的理论框架及丰富的现实案例，展示企业实操经验教训，提出切实解决方案
70094	129	李若山谈独立董事：对外懂事，对内独立	李若山	作者获评2010年度上市公司优秀独立董事；9个案例深度复盘独董工作要领；既有怎样发挥独董价值的系统思考，还有独董如何自我保护的实践经验
70738	79	财务智慧：如何理解数字的真正含义（原书第2版）	（美）伯曼 等	畅销15年，经典名著；4个维度，带你学会用财务术语交流，对财务数据提问，将财务信息用于工作

最新版
"日本经营之圣"稻盛和夫经营学系列
任正非、张瑞敏、孙正义、俞敏洪、陈春花、杨国安　联袂推荐

序号	书号	书名	作者
1	9787111635574	干法	【日】稻盛和夫
2	9787111590095	干法（口袋版）	【日】稻盛和夫
3	9787111599531	干法（图解版）	【日】稻盛和夫
4	9787111498247	干法（精装）	【日】稻盛和夫
5	9787111470250	领导者的资质	【日】稻盛和夫
6	9787111634386	领导者的资质（口袋版）	【日】稻盛和夫
7	9787111502197	阿米巴经营（实战篇）	【日】森田直行
8	9787111489146	调动员工积极性的七个关键	【日】稻盛和夫
9	9787111546382	敬天爱人：从零开始的挑战	【日】稻盛和夫
10	9787111542964	匠人匠心：愚直的坚持	【日】稻盛和夫 山中伸弥
11	9787111572121	稻盛和夫谈经营：创造高收益与商业拓展	【日】稻盛和夫
12	9787111572138	稻盛和夫谈经营：人才培养与企业传承	【日】稻盛和夫
13	9787111590934	稻盛和夫经营学	【日】稻盛和夫
14	9787111631576	稻盛和夫经营学（口袋版）	【日】稻盛和夫
15	9787111596363	稻盛和夫哲学精要	【日】稻盛和夫
16	9787111593034	稻盛哲学为什么激励人：擅用脑科学，带出好团队	【日】岩崎一郎
17	9787111510215	拯救人类的哲学	【日】稻盛和夫 梅原猛
18	9787111642619	六项精进实践	【日】村田忠嗣
19	9787111616856	经营十二条实践	【日】村田忠嗣
20	9787111679622	会计七原则实践	【日】村田忠嗣
21	9787111666547	信任员工：用爱经营，构筑信赖的伙伴关系	【日】宫田博文
22	9787111639992	与万物共生：低碳社会的发展观	【日】稻盛和夫
23	9787111660767	与自然和谐：低碳社会的环境观	【日】稻盛和夫
24	9787111705710	稻盛和夫如是说	【日】稻盛和夫